本书受江西省教育科学规划课题"人口均衡发展视域下江西基础教育资源优化配置研究"（编号：18YB019）资助

中国中部人口发展报告
（2019）

Annual Report on Population
Development of Central China（2019）

钟无涯　颜　玮　主　编

中国财经出版传媒集团
经济科学出版社
Economic Science Press

图书在版编目（CIP）数据

中国中部人口发展报告.2019/钟无涯，颜玮主编.
—北京：经济科学出版社，2019.7
ISBN 978-7-5218-0696-0

Ⅰ.①中⋯ Ⅱ.①钟⋯②颜⋯ Ⅲ.①人口－研究报告－中国－2019 Ⅳ.①C924.24

中国版本图书馆CIP数据核字（2019）第142898号

责任编辑：于海汛　陈赫男
责任校对：靳玉环
责任印制：李　鹏

中国中部人口发展报告（2019）
钟无涯　颜玮　主编
经济科学出版社出版、发行　新华书店经销
社址：北京市海淀区阜成路甲28号　邮编：100142
总编部电话：010-88191217　发行部电话：010-88191522
网址：www.esp.com.cn
电子邮件：esp@esp.com.cn
天猫网店：经济科学出版社旗舰店
网址：http://jjkxcbs.tmall.com
北京季蜂印刷有限公司印装
710×1000　16开　13.25印张　220000字
2019年7月第1版　2019年7月第1次印刷
ISBN 978-7-5218-0696-0　定价：46.00元
（图书出现印装问题，本社负责调换。电话：010-88191510）
（版权所有　侵权必究　打击盗版　举报热线：010-88191661
QQ：2242791300　营销中心电话：010-88191537
电子邮箱：dbts@esp.com.cn）

本书是江西省教育科学规划课题"人口均衡发展视域下江西基础教育资源优化配置研究"（编号：18YB019）的研究成果，并受教育部人文社会科学重点研究基地项目资助（项目编号：JD790006）。

序

人口的爆炸性增长，无论是从全球视野还是国家层面，客观上都启动于工业化进程。生产力提升是放大土地人口承载力的关键，社会关系的作用尚在其次。我们应该认识到，生产力提升使人口大幅增加成为可能，验证了基于资源承载思维的马尔萨斯人口论具有局限性的同时，反证了人口增长与资源并非天然的线性关系。后工业化社会提供丰裕资源的同时，也伴随更加复杂的社会关系，传统的家庭文化、生育文化和生活方式，演化成为具有多样性的价值与伦理体系。从人口再生产的角度看，进入21世纪之后，世界范围内的人口增长率日益呈现出两极分化的趋势：一方面，高福利的北欧国家，东亚的日本、韩国等发达国家，人口出生率持续下降，踏入人口代际更替的危险区域；另一方面，非洲和拉丁美洲等大量发展中国家，人口出生率不降反增，逐渐成为世界人口增长速度和增长规模最快的区域。

我国执行"全面二孩"生育政策已有多年，但2018年大部分省份的人口出生率出现回落。从人口规模和人口输出来看，中部地区对于国家的影响远超过其地理空间和经济产出占比。中部地区是我国的人口"蓄水池"，湖北、湖南、河南、江西、安徽和山西都是人口输出省份，是我国发达区域劳动力的重要来源。但是，中部六省经历长期的计划生育政策刚性约束，传统生育文化逐渐瓦解，叠加经济、文化和社会发展等冲击，人口出生率下降已成定局。人口结构失衡、老龄化趋势加重、乡村"空心化"蔓延以及城镇化推进效率较低等问题，一定程度上限制着转型发展。

从人口转变理论来看，一个国家人口规模的变化与其经济发展具有强相关关系；人口结构的变化，尤其是在短期内出现的人口结构失衡，则与强制性政策具有强相关关系。生育文化的改变将从根本上扭转一个国家的人口发展趋势，重塑人口均衡发展的生育文化迫在眉睫。

相比长江三角洲和珠江三角洲（以下简称"长三角和珠三角"）等经济发达地区，中部地区的城镇化水平仍较低。中部六省之中，也存在湖北、山西等较高水平和河南较低水平的城镇化差异。人口均衡发展的一个重要内容，就是人口空间的均衡分布。新型城镇化在就地、就近城镇化的过程中，连接"就业""人口流动"等多个关键内容。农村流向城市的早期城镇化，逐渐转化为流动人口就地、就近城镇化，围绕"就业"为核心的人口流动，在新时代中更加关注社会基本公共服务的配置。教育服务、医疗服务与养老服务是其中最为迫切的部分。

新型城镇化强调"人"的变化。国家统计部门的数据显示，近年我国劳动年龄人口年均净减超过 600 多万。农村富余劳动力数量显著减少，城镇化进程已进入新阶段。已进入城市的流动人口，扎根发展是当前就地、就近城镇化的重要内容，也是城镇化转型的必经之路。

当前我国社会的主要矛盾已发生变化，从物质文化需要的短缺转化为人民日益增长的美好生活需要和不平衡不充分的发展之间的矛盾。与此同时，对公平、正义、民主、法治、安全、环境等方面的需求也在不断增加。这需要政府大力提高公共服务、发展公共资源，解决城市居民和流动人口在城市的生活、居住和社会保障等问题。从扩大内需的角度来说，完善的社会公共服务能够减少居民的预防性需求，社会公共服务的提高能够刺激和促进消费，有利于进一步扩大内需、刺激经济增长。城镇化演进的过程，也是经济增长和社会发展的过程。城镇化过程中所创造的价值，包含隐性价值和显性收益，其总和大于社会成本，因此被认为是经济快速增长的重要途径。我国人口流动的经验证明，绝大部分流入城市的人口都不依靠社会保障生存。他们在建设城市的过程中为社会创造价值，社会需要在城市的社会公共服务均等化中肯定他们的贡献。

中部地区在城镇化进程中力图构建大中小城市和小城镇协调发展的格局。借鉴京津冀、长三角和珠三角等地区的城市群发展模式，发挥核心城市的极化作用，加强中小城市的牵引作用，扩大小城镇的承接作用，构建梯级发展的城市群体系，在产业和就业中嵌入分工协作关系。中部地区现阶段尚未形成具备强辐射力的城市群，而是以省会城市为中心依靠行政资源和市场驱动等手段引导发展，最终形成单极化区域发展模式。发展过程中，城市人口集聚的规模、效率、机制和模式等问题始终未能解决，这从最开始的发展驱动因素逐渐成为进一步发展的阻碍。完善的市场化机制，通常需要包容各类要素在城市群内部自由流动和有效配置。这个过程的实现离不开现代化的基础网络设施，既需要支撑城市之间的信息交通，也需要匹配错综复杂的供给需求。城市群内部不同城市之间良性的协调和利益分享机制等也因此不可或缺。这些方面都是中部地区在下一步城镇化推进过程中需要重点解决的问题和挑战。

人口发展、城镇化发展和社会基本公共服务等问题成为社会关注的热点，客观上也反映了我国社会发展阶段的提升：从关注温饱问题演化为关注生活质量。课题组在相关问题的研究过程中，查阅、比较和选取了大量数据。除特别说明外，本书中的数据来自国家统计局、各省市统计局发布的相应年份统计年鉴、统计公报，其中部分来自世界银行（https：//www.worldbank.org/）数据、北京福卡斯特信息技术有限公司数据库（EPS，http：//www.epsnet.com.cn）。书中相应的各类图表等，主要由课题组基于相关原始数据进行绘制。

目 录

第一部分 我国人口发展新趋势：动态与问题

第一章 我国人口发展总体情况 ………………………………… 3
 一、我国人口发展的总量分析 ……………………………… 4
 二、我国人口发展的结构分析 ……………………………… 19

第二章 当前我国人口发展的问题 ……………………………… 35
 一、低生育率或长期持续 …………………………………… 36
 二、老龄化加速超出预期 …………………………………… 41
 三、城镇化与强人口流动 …………………………………… 45

第二部分 中部六省人口均衡发展：现状与挑战

第三章 中部六省人口发展概况 ………………………………… 55
 一、中部六省人口发展现状 ………………………………… 56
 二、中部六省人口结构变化 ………………………………… 67

第四章 后"二孩"政策的中部人口发展 ……………………… 79
 一、经济发展：生育率调整仍在持续 ……………………… 80
 二、政策变更：动态博弈的生育选择 ……………………… 88

三、殊途同归：后"二孩"政策的走向 …………………………… 99

第五章　新型城镇化与中部人口发展 …………………………… 106

一、新型城镇化：聚集的力量 …………………………… 107
二、农民工流动：空间的博弈 …………………………… 121
三、城市群发展：泛城市竞争 …………………………… 130

第三部分　中部地区人口与社会发展：专题报告

第六章　人口发展问题案例：江西人口发展问题与对策 …… 139

一、引言 …………………………………………………… 139
二、相关研究回顾 ………………………………………… 140
三、我国人口认识深化与发展战略演进 ………………… 142
四、江西人口发展现状与主要问题分析 ………………… 143
五、推动江西人口均衡发展的若干对策建议 …………… 145
六、结语 …………………………………………………… 147

第七章　城镇化推进研究案例：江西城乡融合思考 ………… 148

一、问题的提出 …………………………………………… 148
二、研究综述 ……………………………………………… 148
三、江西城乡融合发展的现状与问题 …………………… 150
四、推进江西城乡融合发展的若干思路 ………………… 153
五、江西城乡融合发展机制设计的核心要素 …………… 155
六、结论与建议 …………………………………………… 158

第八章　中部地区人口均衡发展：新形势与新挑战 ………… 160

一、问题的提出 …………………………………………… 161
二、我国人口均衡发展研究进展 ………………………… 162
三、中部地区人口均衡发展思路 ………………………… 168
四、发展对策与建议 ……………………………………… 174

五、结论 ·· 178

附录 ·· 180
　　附录1：我国人口发展速度数据（1954～2018年）·············· 180
　　附录2：我国按年龄和性别分人口数（2017年）················ 181
　　附录3：中部地区城乡分布部分数据（2007～2017年）·········· 182
　　附录4：中部六省基本公共服务部分指标（2010～2017年）······ 183
　　附录5：中部六省部分人口指标（2009～2018年）·············· 185

参考文献 ·· 186

第一部分
我国人口发展新趋势：动态与问题[①]

"全面二孩"政策已实施多年，统计数据显示我国人口出生率在短暂调整后仍呈现整体下降趋势。人口发展有其自身的客观规律，社会发展必须尊重客观规律，合理利用人口发展规律，实现人口均衡发展。本书基于公开的权威统计数据，借鉴世界各国人口发展的现实案例，梳理我国当前人口发展的趋势；结合近年来我国人口结构发生的相应变化，对我国人口性别结构、年龄结构、城乡结构、民族结构等问题进行量化分析；对老龄化问题、生育率变化问题和城镇化问题等进行剖析，并提出相关对策和建议。

---

① 第一部分作者为钟无涯。

第一章

我国人口发展总体情况

人口发展与自然、经济和社会发展一样，都有其自身发展的客观规律。西汉初年贾谊曾在《论积贮疏》中阐明积贮对国计民生的重要价值，其中特别强调了人口、生产和消费的辩证关系，但并未形成体系性知识和结论性观点。真正对社会经济与人口发展关系的系统深入研究，开始于工业革命之后。

工业革命提升了社会生产力之后，经济、社会和人口的发展相比过去有显著提升，学者开始关注到社会发展与人口发展之间存在关联。基于历史学、政治学、社会学、经济学、统计学等理论基础，借助多样化的实证工具，西方学者开始系统研究人口发展过程、发展阶段和演变规律。其中，宏观视角下的社会经济发展，以人口的出生率、死亡率、自然增长率的变动为线索，深刻剖析国家和地区人口发展阶段的关系。在研究过程中综合人口发展的多重相关因素，深入分析欧洲人口再生产动态特征，发现人口再生产与经济社会现代化进程存在密切的、显著的内在联系。这一现象被称为社会发展过程中的"人口转变"。其基本含义是：随着经济和社会的发展，人口再生产逐步从农耕社会的传统模式向工业化社会的现代模式演化，通过人口出生率、死亡率和自然增长率三个维度进行度量，其演进路径表现为：由高位静止状态（即高出生率、高死亡率、低增长率）向低位静止（即低出生率、低死亡率、低增长率）转变。人口转变理论20世纪30年代形成并兴起，代表人物包括法国的兰德里（A. Landry）、英国的布莱克（C. P. Blacker）以及美国的汤普森（W. Thompson）、诺特斯坦（F. W. Notestein）、科尔（A. J. Coale）等。随着社会发展和城市化进程的研究，人们对于人口和社会关系的认识也不断深化。

世界各国之间的发展水平和发展速度具有较大差异，人口发展趋势也各不相同。但从历史发展的视角观察，不同国家和地区的工业化进程虽存在差异，人口发展轨迹却呈现较强的趋同性。进入后工业化时代的富裕国家中，人口发展形态、结构与趋势，与传统农业社会时代和早期工业社会时代出现较大不同。总体上，率先进入工业化的国家较早完成了人口转变。欧美发达国家大都已进入低生育率阶段，后发国家中成功跨越"中等收入陷阱"的新兴国家的生育率也普遍降低。诸如初婚年龄推迟、老龄化程度加深、生育率持续下降等，不断加剧发达国家的人口问题。欠发达国家与地区的人口发展与发达国家不同，呈现出更为多样化的发展特征。例如，高出生率的发展中国家，如赞比亚、印度、印度尼西亚等，也有人口出生率偏低的发展中国家，如苏里南、利比亚等。

我国的"十三五"规划目前已进入后期阶段，"新常态"发展以及相关发展理念、生活方式和发展规划，在宏观、中观和微观等不同层面与生活息息相关。人口发展是具有长周期性质的问题，目前我国正朝向全面均衡发展的目标在推进。但是，在执行了多年计划生育政策后，多维度的人口失衡发展短时间内很难切换过来。虽然近年逐步实施"单独二孩""全面二孩"等政策，但实际的实施效果还需要政策落地程度、执行力度、接受范围和现实反馈等多方因素支撑。总之，我国目前的人口发展出现了许多新的现象和问题，给未来人口政策的制定提出了思考和挑战。

综合而言，国家和地区的空间异质性，在不同的发展阶段执行差异性的人口政策，是当前世界人口发展多样性的客观基础。在各国人口发展的事实经验背后，又有人口发展客观规律的作用。"十三五"规划是我国跨越"中等收入陷阱"的重要发展阶段，也是我国人口发展转型的战略期。因此，分析归纳和总结这些经验与规律，既有利于拓展对经济发展、社会发展和人口发展规律的认识，也有利于了解我国的人口转变过程、定位我国当前人口发展现状、发现人口转变中存在的问题。有助于在下一步工作中制定、完善相关制度，促进人口与经济社会、人口与资源环境协调发展，对我国全面建成小康社会、实现中华民族伟大复兴，具有重要的历史意义和现实指导意义。

一、我国人口发展的总量分析

人口发展具有自然属性和社会属性。在社会不断发展演化的过程中，社会属性远高于自然属性。社会前向演进过程中的人口发展问题，不能超越社会生产力发展和经济发展阶段等因素。因此，以人口发展为探索原点，考察人口、就业、生育和资源环境等问题时，纳入相关因素的反馈机制尤其重要。其中，从外部的全球视角和内部的结构视角与规模视角定位当前我国的人口发展现状，是思考我国人口发展问题的前提和基础。

（一）世界人口格局中的中国

我国人口存量超过美国、日本、英国、法国、德国等发达国家总和，但空间资源与自然储备等方面，却远不到这些国家的总和，因而人均资源占有量低于发达国家。机械的平均指标和静态发展观点无法客观评价国家之间的发展差异。因此，如何合理、科学地探索人口与经济、社会发展的相互依存，如何动态、有效地平衡人口与资源、环境之间的相互制约，是我国在发展进程中始终要面对的问题。

全世界人口最多的地区是亚洲，中国则是目前人口最多的国家。随着发达国家人口自然增长率的回落，亚洲人口在全球人口分布的比重呈提升趋势。表1-1是目前人口最多的25个国家及其所占全球人口比重的数据。

表1-1　世界各国人口数量排名前25名及其比重（2017年）

排名	国家（地区）	人口数（万人）	占全球总人口比重（%）
1	中国（不含港、澳、台）	135 570	18.82
2	印度	123 634	17.86
3	美国	31 889	4.42
4	印度尼西亚	25 361	3.53
5	巴西	20 266	2.81
6	巴基斯坦	19 617	2.64
7	尼日利亚	17 716	2.50
8	孟加拉国	16 628	2.25
9	俄罗斯	14 247	2.01
10	日本	12 700	1.73
11	墨西哥	12 627	1.73
12	埃塞俄比亚	10 403	1.42
13	菲律宾	10 241	1.40

续表

排名	国家（地区）	人口数（万人）	占全球总人口比重（%）
14	越南	9 266	1.27
15	埃及	9 016	1.23
16	德国	7 976	1.09
17	伊朗	7 892	1.08
18	土耳其	7 772	1.06
19	刚果（金）	7 285	1.00
20	泰国	6 831	0.94
21	法国	6 702	0.92
22	英国	6 504	0.94
23	意大利	6 055	0.89
24	南非	5 528	0.83
25	缅甸	5 512	0.83

资料来源：根据联合国人口司官方网站数据下载整理。http://www.un.org/en/development/desa/population/。

当前世界人口分布相对集中，亚洲占有很大比例。其中，"中国—中国+印度—亚洲8国"是一条人口规模逐阶放大的地理脉络线。从全球人口分布的比例来看，我国目前人口总量较大，2017年达到18.82%，约占全球人口总量的1/5。亚洲的另外一个人口大国印度，2017年的人口规模超过12亿，占世界人口总量的17.86%。"中国+印度"的人口组合则占世界总人口的36.68%。中国（不含港、澳、台）、印度、印度尼西亚、巴基斯坦、孟加拉国、日本、菲律宾和越南这8个亚洲国家，其人口总数已达到全球人口的50%。显然，从一定意义上说，亚洲的人口体量决定了亚洲的人口发展问题，对于全球人口发展具有极其重要的影响、意义和作用。

亚洲的人口存量只是世界人口格局的一个方面，人口增量因素决定了未来世界人口格局的发展趋势。亚洲8个人口大国中，中国和日本已经进入老龄化阶段，其中日本的"少子化"已经非常严重，中国也在低生育率阶段徘徊。在未来几十年中，印度人口规模将超过中国已成为广泛共识。亚洲的人口规模排序必然发生较大调整。另外，非洲国家目前仍呈现较高的生育率，医疗卫生水平的提升将进一步降低新生婴儿死亡率。

综合相关因素来看，非洲在世界人口格局中的比重将得到较大提升。

综合来看，从世界人口发展格局中定位中国的人口发展问题，可以发现中国的人口发展无论是对亚洲人口格局或世界人口格局，都具有举足轻重的影响。结合中国近年在经济发展方面的影响力，梳理我国人口发展的进程、现状、目标，对整个世界人口发展、经济发展和区域格局也具有很高的应用价值。

（二）我国人口总体规模趋稳

中国是目前世界上最大的发展中国家，虽然有辽阔疆域与丰富资源，但作为世界第一的人口大国，人均资源极其有限。人口的规模、质量和分布，是经济社会发展的基础性要素，人口的年龄结构、性别结构和生命周期的不同阶段，也影响着经济和社会活动的流向与趋势；从另一方面看，经济和社会发展又影响着社会人群在微观层面的选择趋向。例如，经济因素影响区域人口在就学、就业、生育、迁移等行为上的权衡取舍（trade off），进而形成公共服务需求。

近年统计数据显示，虽然先后有"单独二孩"和"全面二孩"的生育政策松绑，但人口出生率并未出现显著上升，反而有一定程度的下降；与此同时，北京、上海、深圳和广州等经济发达城市的初婚年龄与生育年龄，近年呈现出持续走高趋势，在一定程度上反映出现代社会中经济因素对于人口发展趋势的显著影响。

进入"十三五"之后，我国已从持续的、高速推进的经济增长进入新常态的"L"型。经济发展伴随的生活水平改善、工作方式优化和社会热点转向的同时，人口年轻化也进入老龄化。但是，现阶段我国仍处于人口流动活跃期。

我国整体人口规模一直处于上升通道，但在经历长期的计划生育政策之后，人口的增速逐渐趋缓。图 1-1 对我国从 1991 年到 2012 年"双独二孩"政策时间序列下的出生率数据进行了一个描绘。

图 1-1 很直观地表现出我国出生率的下降趋势。1991～2001 年间，人口出生率在计划生育政策背景下，10 年间下降了约 6‰，这是一个非常剧烈的下降。在推行"双独二孩"的 2002～2012 年间，人口出生率不但没有增加，反而持续下降。虽然在其中的若干年份，如 2005 年与 2007 年，出生率有轻微的反复，但总体上仍处于出生率持续下降的通道之中。

第一部分 我国人口发展新趋势：动态与问题

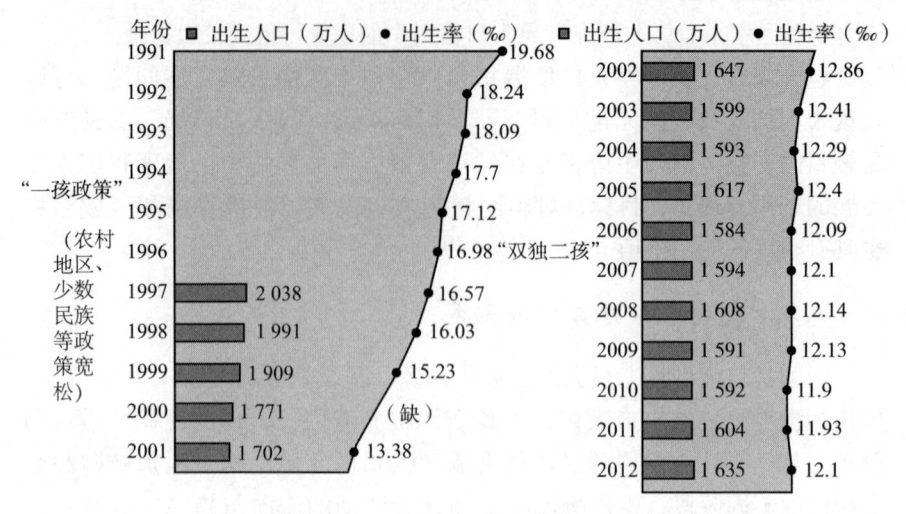

图1-1 我国人口出生率与出生人口变化（1991~2012年）

资料来源：相应年份中国统计年鉴、相应省份统计年鉴和统计公报，其中部分数据来自EPS，课题组在此基础上对相关数据进行了整理。

表1-2是对2013~2018年我国人口出生规模和出生率的一个描绘。这段时间覆盖了两个政策阶段。和图1-1的人口出生率发展趋势不同，"全面二孩"政策推行的第二年，人口出生率出现了显著的提升。不过，大部分人口学学者认为，2016年人口生育率的短暂提升是前期累积的"二孩"生育欲望释放的结果。从未来发展的趋势来看，我国的人口出生率仍在下降通道中运行。

表1-2 我国人口出生率与出生人口变化（2013~2018年）

生育政策	出生年份	出生人口（万人）	出生率（‰）
"单独二孩"	2013	1 640	12.08
	2014	1 687	12.37
"全面二孩"	2015	1 655	12.07
	2016	1 786	12.95
	2017	1 723	12.43
	2018	1 523	10.94

资料来源：相应年份中国统计年鉴、相应省份统计年鉴和统计公报，其中部分数据来自EPS，课题组在此基础上对相关数据进行了整理。

通常区域经济发展较快、提供更多就业岗位和更高就业回报的区域，能够吸收更多的劳动力。在我国当前的户籍制度下，经济发达区域所吸收的人口，很大比例难以融入就业所在地，人口大规模流动成了必然现象。总体上，发达地区呈现人口净流入趋势；反之，如果区域经济发展乏力，就业机会较少，就业收入较低，则劳动人口长期呈流出状态。表1-3以2017年的人口规模为标准进行降序排列。目前我国人口规模排前十名的省份分别是广东、山东、河南、四川、江苏、河北、湖南、安徽、湖北和浙江。这一人口分布的空间格局已经延续了多年。这十个省份从行政区域划分和地缘行政来看，大多属于东部地区和中部地区。中部地区是具有资源优势的传统人口大省，如湖北、湖南、江西、山东、河南、四川等。从发展现状和发展潜力维度来看，我国经济相对发达的地区主要集中在东部地区与中部地区。中部、东部地区目前聚集了我国的大部分人口。

表1-3 全国各省、自治区、直辖市人口规模增长情况（2009~2017年）

单位：万人

全国及各省份	2009年	2010年	2011年	2012年	2013年	2014年	2015年	2016年	2017年
全国总计	133 450	134 091	134 735	135 404	136 072	136 782	137 462	138 271	139 008
广东	10 130	10 441	10 505	10 594	10 644	10 724	10 849	10 999	11 169
山东	9 470	9 588	9 637	9 685	9 733	9 789	9 847	9 947	10 006
河南	9 487	9 405	9 388	9 406	9 413	9 436	9 480	9 532	9 559
四川	8 185	8 045	8 050	8 076	8 107	8 140	8 204	8 262	8 302
江苏	7 810	7 869	7 899	7 920	7 939	7 960	7 976	7 999	8 029
河北	7 034	7 194	7 241	7 288	7 333	7 384	7 425	7 470	7 520
湖南	6 406	6 570	6 596	6 639	6 691	6 737	6 783	6 822	6 860
安徽	6 131	5 957	5 968	5 988	6 030	6 083	6 145	6 196	6 255
湖北	5 720	5 728	5 758	5 779	5 799	5 816	5 856	5 885	5 902
浙江	5 276	5 447	5 463	5 477	5 498	5 508	5 539	5 590	5 657
广西	4 856	4 610	4 645	4 682	4 719	4 754	4 796	4 838	4 885
云南	4 571	4 602	4 631	4 659	4 687	4 714	4 742	4 771	4 801
江西	4 432	4 462	4 488	4 504	4 522	4 542	4 566	4 592	4 622
辽宁	4 341	4 375	4 383	4 389	4 390	4 391	4 382	4 378	4 369
福建	3 666	3 693	3 720	3 748	3 774	3 806	3 839	3 874	3 911
陕西	3 727	3 735	3 743	3 753	3 764	3 775	3 793	3 813	3 835
黑龙江	3 826	3 833	3 834	3 834	3 835	3 833	3 812	3 799	3 789

续表

全国及各省份	2009年	2010年	2011年	2012年	2013年	2014年	2015年	2016年	2017年
山西	3 427	3 574	3 593	3 611	3 630	3 648	3 664	3 682	3 702
贵州	3 537	3 479	3 469	3 484	3 502	3 508	3 530	3 555	3 580
重庆	2 859	2 885	2 919	2 945	2 970	2 991	3 017	3 048	3 075
吉林	2 740	2 747	2 749	2 750	2 751	2 752	2 753	2 733	2 717
甘肃	2 555	2 560	2 564	2 578	2 582	2 591	2 600	2 610	2 626
内蒙古	2 458	2 472	2 482	2 490	2 498	2 505	2 511	2 520	2 529
新疆	2 159	2 185	2 209	2 233	2 264	2 298	2 360	2 398	2 445
上海	2 210	2 303	2 347	2 380	2 415	2 426	2 415	2 420	2 418
北京	1 860	1 962	2 019	2 069	2 115	2 152	2 171	2 173	2 170
天津	1 228	1 299	1 355	1 413	1 472	1 517	1 547	1 562	1 557
海南	864	869	877	887	895	903	910.82	917	926
宁夏	625	633	639	647	654	662	667.88	675	682
青海	557	563	568	573	578	583	588.43	593	598
西藏	296	300	303	308	312	318	323.97	331	337

资料来源：相应年份中国统计年鉴、相应省份统计年鉴和统计公报，其中部分数据来自EPS，课题组在此基础上对相关数据进行了整理。

表1-3中数据显示，广东始终是我国人口规模最大的省份，同时也是我国的经济第一强省，是以与京津冀、长三角并列的珠三角经济圈为地理支撑。排名广东之后的省份分别是山东、河南和四川，都是我国传统的人口输出大省；排名前十的其他几个省份，如安徽、湖南和湖北等，都是中部地区省份，也是我国劳动力输出大省。这几个省份的人口规模排序具有较强的稳定性和延续性。

现代社会的一个重要特征，是人口流动的空间范围扩大、流动频率增强、就业驱动明显。就业驱动的人口流动，我国现阶段主要表现为中西部劳动力向东南部省份的劳务输出。城镇化进程在"十三五"期间得到更深入的推进，人口在就业驱动下分流的同时，也形成空间聚集的分化，越来越多的人口从乡村聚集到镇、县和市。其中，一部分输出人口会在劳务城市稳定下来并逐渐融入其中，另外一部分将以就地、就近城镇化的形式从农村转移到城镇。限于数据的可得性，本书尚未能在微观数据层面对人口的多渠道和多维度流动进行统计。一方面，人口统计在户籍人口、年末常住人口和流动人口等方面一直未能实现准确跟踪；另一方面，各省、自治区和直辖市在人口统计方面存在口径差异；此外，统计数据的时间连续方面也存在若干不足。但是，在众多学者研究的框架设计中，针对人口流动趋势在省际、省内市际等范围的变动，仍可通过其他维度信息进行交叉研究获得。

对表1-3进行处理形成表1-4，选择环比增速指标表述全国和各省、自治区、直辖市变化如下。

表1-4　全国和各省、自治区、直辖市人口环比增速（2010~2017年）

单位：%

全国及各省份	2010年	2011年	2012年	2013年	2014年	2015年	2016年	2017年
全国总计	0.48	0.48	0.50	0.49	0.52	0.50	0.59	0.53
广东	3.07	0.61	0.85	0.47	0.75	1.17	1.38	1.55
山东	1.25	0.51	0.50	0.50	0.58	0.59	1.01	0.59
河南	-0.86	-0.18	0.19	0.07	0.24	0.47	0.55	0.28
四川	-1.71	0.06	0.32	0.38	0.41	0.79	0.71	0.48
江苏	0.76	0.38	0.27	0.24	0.26	0.20	0.28	0.38
河北	2.27	0.65	0.65	0.62	0.70	0.55	0.61	0.66
湖南	2.56	0.40	0.65	0.78	0.69	0.68	0.57	0.56
安徽	-2.84	0.18	0.34	0.70	0.88	1.00	0.85	0.95
湖北	0.14	0.52	0.36	0.35	0.29	0.61	0.57	0.29
浙江	3.24	0.29	0.26	0.38	0.18	0.56	0.92	1.20
广西	-5.07	0.76	0.80	0.79	0.74	0.88	0.88	0.97
云南	0.68	0.63	0.60	0.60	0.58	0.59	0.62	0.63
江西	0.68	0.58	0.36	0.40	0.44	0.52	0.58	0.65
辽宁	0.78	0.18	0.14	0.02	0.02	-0.20	-0.10	-0.21
福建	0.74	0.73	0.75	0.69	0.85	0.87	0.91	0.96
陕西	0.21	0.21	0.27	0.29	0.29	0.48	0.53	0.58
黑龙江	0.18	0.03	0.00	0.03	-0.05	-0.56	-0.33	-0.27
山西	4.29	0.53	0.50	0.53	0.50	0.44	0.49	0.54
贵州	-1.64	-0.29	0.43	0.52	0.17	0.61	0.72	0.70
重庆	0.91	1.18	0.89	0.85	0.71	0.85	1.04	0.89
吉林	0.26	0.07	0.04	0.04	0.04	0.05	-0.74	-0.59

续表

全国及各省份	2010年	2011年	2012年	2013年	2014年	2015年	2016年	2017年
甘肃	0.20	0.16	0.55	0.16	0.35	0.33	0.40	0.61
内蒙古	0.57	0.40	0.32	0.32	0.28	0.24	0.36	0.36
新疆	1.20	1.10	1.09	1.39	1.50	2.69	1.62	1.96
上海	4.21	1.91	1.41	1.47	0.46	-0.44	0.20	-0.08
北京	5.48	2.91	2.48	2.22	1.75	0.86	0.12	-0.11
天津	5.78	4.31	4.28	4.18	3.06	1.97	0.97	-0.32
海南	0.58	0.92	1.14	0.90	0.89	0.87	0.68	0.98
宁夏	1.28	0.95	1.25	1.08	1.22	0.89	1.07	1.04
青海	1.08	0.89	0.88	0.87	0.87	0.93	0.78	0.84
西藏	1.35	1.00	1.65	1.30	1.92	1.88	2.17	1.81

资料来源：相应年份中国统计年鉴、相应省份统计年鉴和统计公报，其中部分数据来自EPS，课题组在此基础上对相关数据进行了整理。

表1-4反映了当前我国人口规模的一些发展特点：

1. 整体增速稳定

近10余年全国人口规模的环比增长率总体相对稳定，增速围绕0.50%轻微波动。2016年出现一个显著人口增长冲击，主要来源于"全面二孩"对于累积生育欲望的释放性冲击，从2017年的增长情况来看，冲击已经趋于消散。人口发展的问题仍然不能忽视，我国人口规模已经逼近14亿，极小比例变化也对应巨大存量波动。人口结构调整和更新具有漫长周期，从人口增速到人口规模和人口结构的调整，存在彼此衔接的漫长人口更替过程。在没有特别外力冲击的前提下，人口增减的因素主要是老人和小孩，他们是社会增加的抚养人口。

2. 省际差异显著

全国各省、自治区和直辖市人口增长速度差异显著。选择东部、中部、西部具有代表性特征的省份为例，如以全国和广东、河南、江西、新疆、黑龙江五个省份为例，以五年为周期进行算术平均值测算，分别为0.526%、1.064%、0.322%、0.518%、1.832%和-0.236%。全国平均水平为0.526%，峰值是新疆的1.832%，最低为黑龙江的-0.236%。类似差异也存在于广东、河南和江西。

省际人口规模变化差异显著的另一面，就是国家层面的人口规模增长指标一定程度模糊了个体的异质性发展事实。全国人口环比增长值不能代表省际人口变化方向和发展趋势。新疆、宁夏和西藏近年的人口增长速度都很快。基于我国的生育政策，对于汉族家庭基本是严格执行计划生育政策。因此，这些省份高速增长的人口基本来源于少数民族，极大改变了现有人口结构中的民族构成。

3. 部分人口负增

与全国其他省市不一样，北京、吉林、辽宁、上海、黑龙江和天津2017年人口环比增长为负值，其中北京和上海具有较强的政策引导与分流的因素，但东北三省和天津的负增长需要正视。北京是我国的首都，上海是直辖市，都是经济发达、资源汇集和人口密集的强功能支撑一线城市。上海和北京近年都执行严格的人口管控措施，伴随房价上涨迅速、生活成本日渐增加等因素，人口规模的环比负增长是人口严控的期望结果。江苏、浙江与上海构筑的长三角地区，是我国区域经济最为活跃和发达的地区，也是属于受经济、文化冲击转变生育观念较快的区域。吉林、辽宁和黑龙江等东北地区的人口负增长已有多年，原因与长三角地区存在较大区别。黑龙江2014~2017年对应的环比增速为-0.05%、-0.56%、-0.33%、-0.27%，已经连续4年负增长。类似情况的省份还有辽宁。辽宁近三年的人口环比增速分别为-0.20%、-0.10%、-0.21%，也是持续负增长，下行趋势非常明显。从表1-4的数据趋势来看，未来进入负增长的省区市可能会进一步增加，如湖北、内蒙古等。

（三）区域人口发展强者恒强

省域视野的人口发展，结合省际经济区域发展等因素，思考区域人口发展问题，具有更宏观的价值。区域经济划分目前存在多种不同的标准，"经济圈—区域圈—城市群"视野获得广泛的重视。基于保持数据连续性和可比较性，本书沿袭国家统计局对东、中、西部和东北地区的划分方法[①]。东部地区包括北京、天津、河北、上海、江苏、浙江、福建、山东、广东和海南共10个省市；中部地区则包括山西、安徽、江西、河南、湖北和湖南共6个省；西部地区包括内蒙古、广西、重庆、四川、

---

① 目前国内对于区域的划分方法存在多个不同标准，本书选择国家统计局的划分标准。http://www.stats.gov.cn/tjsj/zxfb/201405/t20140527_558611.html。

贵州、云南、西藏、陕西、甘肃、青海、宁夏和新疆共12个省区市；东北地区包括辽宁、吉林和黑龙江共3个省，这也是传统概念的"东北三省"。表1-5对全国与东部地区、中部地区、东北地区和西部地区的人口规模增长情况进行了梳理。

表1-5　全国分地区人口规模增长情况（2009~2017年）　　单位：万人

全国及各地区	2009年	2010年	2011年	2012年	2013年	2014年	2015年	2016年	2017年
全国总计	133 450	134 091	134 735	135 404	136 072	136 782	137 462	138 271	139 008
东部地区	49 548	50 665	51 063	51 461	51 818	52 169	52 519	52 951	53 363
中部地区	35 603	35 696	35 791	35 927	36 085	36 262	36 494	36 709	36 900
东北地区	10 907	10 955	10 966	10 973	10 976	10 976	10 947	10 910	10 875
西部地区	36 385	36 069	36 222	36 428	36 637	36 839	37 133	37 414	37 695

资料来源：相应年份中国统计年鉴、相应省份统计年鉴和统计公报，其中部分数据来自EPS，课题组在此基础上对相关数据进行了整理。

表1-5反映的是我国2009~2017年东、中、西部和东北地区人口发展规模变化情况。东部地区集聚主要人口，东北地区人口最少，这一格局具有稳定性。从变化情况来看，强势的东部地区具有"强者恒强"的人口发展特征；相反，中部地区和西部地区人口规模增长有限。东北地区人口几乎没有变化，2009年东北地区人口为10 907万，2017年是10 875万，规模不增反降。全国人口总量的增加，大部分来源于东部地区人口增量。对表1-5的总量数据进行比值运算，能直观了解我国人口发展趋势。表1-6对2010~2017年东部地区、中部地区、东北部地区和西部地区的人口环比增速进行了列表比较。

表1-6　全国分地区人口环比增速（2010~2017年）　　单位：%

全国及各地区	2010年	2011年	2012年	2013年	2014年	2015年	2016年	2017年
全国总计	0.48	0.48	0.49	0.49	0.52	0.50	0.59	0.53
东部地区	2.25	0.79	0.78	0.69	0.68	0.67	0.82	0.78
中部地区	0.26	0.27	0.38	0.44	0.49	0.64	0.59	0.52
东北地区	0.44	0.10	0.06	0.03	0.00	-0.26	-0.34	-0.32
西部地区	-0.87	0.42	0.57	0.57	0.55	0.80	0.76	0.75

资料来源：相应年份中国统计年鉴、相应省份统计年鉴和统计公报，其中部分数据来自EPS，课题组在此基础上对相关数据进行了整理。

第一章 我国人口发展总体情况

总体上，环比增速数据呈现出各省际区间的人口发展趋势。东部地区依然保持较高增速，每年人口总体规模的环比增速都显著高于全国增速。需要重视的是，东部地区不仅人口增速高于全国同期水平，近年还呈现出加速增长的趋势，是近两年全国人口增速最快的区域。东北地区的人口增速显著低于全国水平，而且近几年进入了负增长阶段，很难短时间依靠自身力量恢复人口规模的正向增长。基于前期历史数据，中西部的人口增速经历了多年的低速状态，近年稳定在全国人口增速水平。稳定回升具有多方面因素，如区域经济发展加速、计划生育政策调整以及社会文化氛围影响等。基于表1-6的环比增速数据，图1-2对我国分地区环比增速进行了趋势描述。

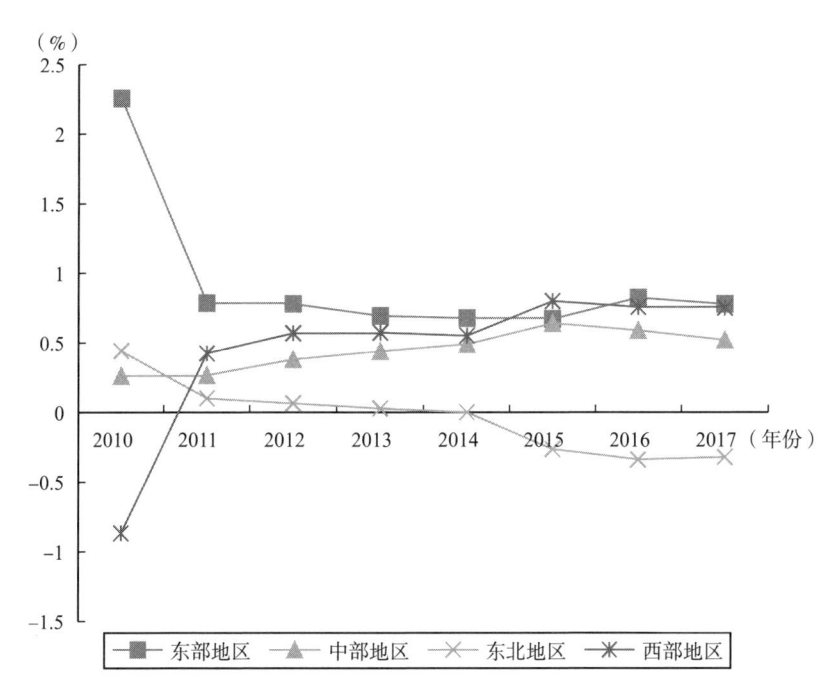

图1-2 全国分地区人口环比增速趋势（2010~2017年）

资料来源：相应年份中国统计年鉴、相应省份统计年鉴和统计公报，其中部分数据来自EPS，课题组在此基础上对相关数据进行了整理。

从图1-2可以看出，东北地区人口环比增速下降趋势明显，而且并无缓解的迹象；东部地区、西部地区近年增速趋同，都呈现出较好的人口增长趋势。相反的是，虽然中部地区目前与东部地区和西部地区整体接近，但是在发展趋势上，中部地区具有人口增长趋势下降的可能。如果这一现象延续，中部地区的人口可能会呈现出加速朝东部地区聚集。

（四）人口流动东向聚集加强

经济活跃程度是就业供给的重要前提，而就业是吸收劳动力的重要驱动。因此，通常经济发展速度较快的地区会成为人口流入的重要目的地。全国的人口规模变化趋势，归根结底是由31个省区市的规模变化共同构成[①]，而对于区域发展战略日益突出的现阶段，观察由若干省份共同构建的区域人口规模变化，在实践层面则更具有价值。延续前文逻辑将全国分成东部地区、中部地区、西部地区和东北地区，从时间序列考察各大区域的人口流动变化趋势。

东南沿海地区在改革开放之后，经济发展开始启动。随着生产力提升，经济影响逐渐扩大，慢慢成为中西部地区富余劳动力的重要务工选择地区。近年来，随着东部地区经济持续发展所形成的"虹吸效应"，人口流动的东向聚集趋势呈现出强化的特征。

相关特征能够从夜晚的灯光亮度数据得到反映。事实上，相关类型研究已经成为人口、经济和信息流动等方面的热点，如刘艳姣、王介勇和王志炜（2019）等人的研究[②]。黑夜光亮代表此处的活跃人口规模；对应地，黑暗处即代表不活跃地区。在网络时代的今天，网络活跃数据更能代表真实的人群聚集和就业现实。腾讯提供了一个非常立体、直观和实时的位置信息大数据平台[③]，提供位置流量趋势、区域热力图、人口迁徙图和数据接口等服务。根据观察，我国目前存在一条显著的灯光数据"胡焕庸线"，客观地反映出当前阶段我国区域人口的分布事实。"胡焕庸线"即黑河—腾冲线，1935年，胡焕庸自黑龙江瑷珲至云南腾冲画一条直线（约为45°）：线东南半壁36%的土地供养了全国96%的人口；西北半壁64%的土地仅供养4%的人口。二者平均人口密度比为42.6∶1。基于1982年的人口普查数据，胡焕庸发现分界线以东的地区仍居住着全国94.4%的人口；西半部人口仅占全国人口的5.6%，两边人口分布差异极

[①] 现阶段的全国人口统计将内地（大陆）、港、澳、台进行分开统计，因此一般统计报告中的全国人口统计数据只包含内地（大陆）人口。

[②] 刘艳姣，王介勇，王志炜. 基于NPP/VIIRS夜间灯光数据的黄淮海地区城乡常住人口格局模拟[J]. 地域研究与开发，2019，38（3）.

[③] https://heat.qq.com/index.php.

第一章 我国人口发展总体情况

大。2000年第5次人口普查发现,"胡焕庸线"两侧的人口分布比例,与70年前相差不到2%。随着经济发展和人口政策的调整,从腾讯的信息大数据平台中仍能发现,"胡焕庸线"两侧人口分布不仅未能平衡,东向聚集的趋势相比过去还更加显著了。

根据时间序列数据,考察东部地区、中部地区、西部地区和东北地区人口占全国人口比重的变化情况,从而考察各大区域模块的人口发展趋势。表1-7对2009~2017年的比重情况进行了统计。

表1-7　　　　区域人口全国占比趋势（2009~2017年）　　　　单位：%

地区	2009年	2010年	2011年	2012年	2013年	2014年	2015年	2016年	2017年
东部地区	37.13	37.78	37.90	38.01	38.08	38.14	38.21	38.30	38.39
中部地区	26.68	26.62	26.56	26.53	26.52	26.51	26.55	26.55	26.55
东北地区	8.17	8.17	8.14	8.10	8.07	8.02	7.96	7.89	7.82
西部地区	27.26	26.90	26.88	26.90	26.92	26.93	27.01	27.06	27.12

资料来源：相应年份中国统计年鉴、相应省份统计年鉴和统计公报,其中部分数据来自EPS,课题组在此基础上对相关数据进行了整理。

表1-7数据显示,近年四大区域人口的全国占比相对稳定。考虑到绝对规模,极小的比重也对应着庞大的人口数字,因此仍需注意数值的变化原因。考察期内中部地区和西部地区相对稳定。2009年中部地区全部人口占比为26.68%,2017年为26.55%,其间波动幅度基本控制在0.1%左右,占比非常稳定。同样地,西部地区人口占比2009年为27.26%,2017年为27.12%,其间波动幅度与中部地区接近,基本控制在0.1%左右。东北地区的人口占比变化,2009年是8.17%,2017年下降到7.82%,下降幅度并无想象中的严重,但占比下降趋势比较明显。东部地区的人口全国占比变化较大。数据显示东部地区人口全国占比从2009年的37.13%上升到2017年的38.39%,而且这一增长趋势从2000年后就一直延续。显然,无论是基于腾讯位置信息大数据平台的动态数据,还是表1-6都客观反映当前我国区域人口流动的现实,即全国人口流动过程中持续的东向聚集趋势不但没有减弱,近年反而呈现出进一步聚集的态势。最后,通过图1-3展示我国当前各省市人口规模变化情况,图中核心指标是年末常住人口增量、出生率、自然增长率和增长率。

第一部分 我国人口发展新趋势：动态与问题

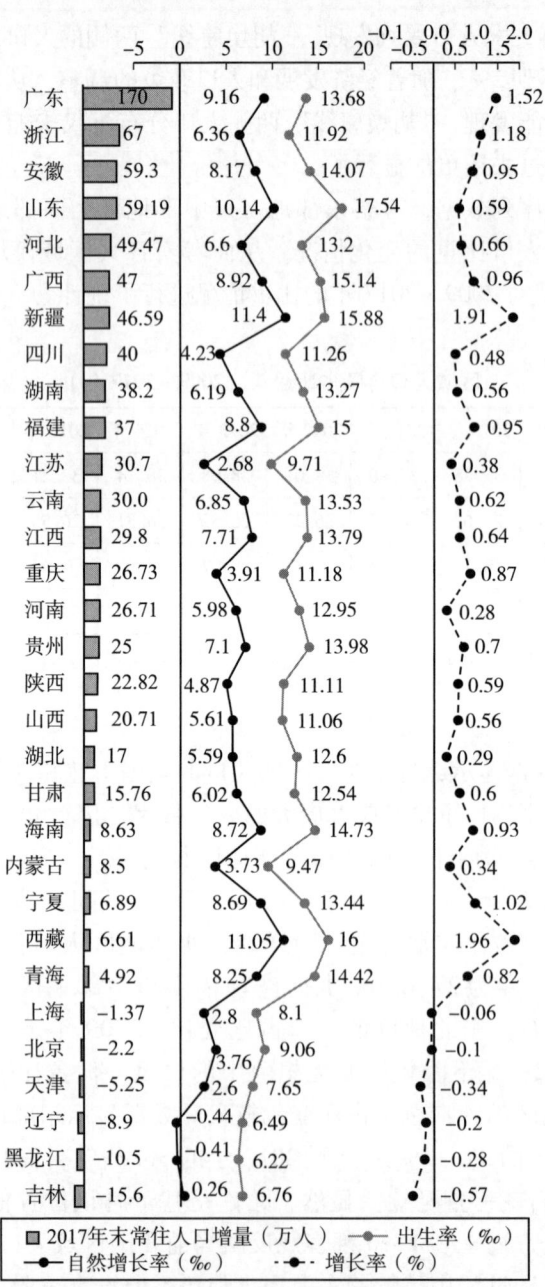

省份	2017年末常住人口增量（万人）	自然增长率（‰）	出生率（‰）	增长率（%）
广东	170	9.16	13.68	1.52
浙江	67	6.36	11.92	1.18
安徽	59.3	8.17	14.07	0.95
山东	59.19	10.14	17.54	0.59
河北	49.47	6.6	13.2	0.66
广西	47	8.92	15.14	0.96
新疆	46.59	11.4	15.88	1.91
四川	40	4.23	11.26	0.48
湖南	38.2	6.19	13.27	0.56
福建	37	8.8	15	0.95
江苏	30.7	2.68	9.71	0.38
云南	30.0	6.85	13.53	0.62
江西	29.8	7.71	13.79	0.64
重庆	26.73	3.91	11.18	0.87
河南	26.71	5.98	12.95	0.28
贵州	25	7.1	13.98	0.7
陕西	22.82	4.87	11.11	0.59
山西	20.71	5.61	11.06	0.56
湖北	17	5.59	12.6	0.29
甘肃	15.76	6.02	12.54	0.6
海南	8.63	8.72	14.73	0.93
内蒙古	8.5	3.73	9.47	0.34
宁夏	6.89	8.69	13.44	1.02
西藏	6.61	11.05	16	1.96
青海	4.92	8.25	14.42	0.82
上海	-1.37	2.8	8.1	-0.06
北京	-2.2	3.76	9.06	-0.1
天津	-5.25	2.6	7.65	-0.34
辽宁	-8.9	-0.44	6.49	-0.2
黑龙江	-10.5	-0.41	6.22	-0.28
吉林	-15.6	0.26	6.76	-0.57

图1-3　全国各省区市人口发展主要变量比较（2017年）

资料来源：相应年份中国统计年鉴、相应省份统计年鉴和统计公报，其中部分数据来自EPS，课题组在此基础上对相关数据进行了整理。

二、我国人口发展的结构分析

人口结构涉及诸多内容,包括人口自然结构(如性别结构、年龄结构等)、人口经济结构(如产业结构、职业结构等)、人口地域结构(如城乡结构、地域分布等),以及人口社会结构等。现阶段我国正处于经济建设和社会发展的转型跨越期,人口发展正经历与以往截然不同的发展形势。从人口总体规模来看,我国20世纪末担心的人口过快增长已被有效遏制,总量压力已经缓解。但从人口整体可持续发展视角审视,我国人口发展的周期性和结构性矛盾日益突出。我国现阶段的出生率、死亡率和自然增长率,包括人口性别结构、年龄结构、区域分布结构等,距离人口均衡发展的目标仍有差距。具体表现在人口结构性矛盾日益凸显,男女性别比例失衡、人口老龄化进程加速、城镇化进程中人口分布重构等。

(一)总体性别结构变化

对照当前主要人口转变模式,我国实现高出生率、高死亡率、高增长率向低出生率、低死亡率、低增长率转变,已迈入老年型社会。2018年我国人口自然增长率3.81‰。总和生育率为1.5~1.6,已进入世界低生育率国家行列。中国作为儒家文化圈的主体国家,长期以来具有"男孩偏好",因此,在严格的计划生育政策下,人口性别结构失衡难以避免。

我国人口规模从1949年的5.4亿人,增加至2017年的13.9亿人,规模增加超过一倍。其中,男性71 137万人,女性67 871万人。

图1-4直观显示了我国男性与女性人口规模保持着较为稳定的结构,男性数量高于女性数量是常态,但自从进入2000年以后,两者之间相对稳定的发展趋势出现了变化。男性人口的增长数量开始高于女性,这显示出自2000年左右,我国的男女性别结构开始逐渐失衡。相比绝对人口数量的趋势图,男女性别比例趋势图更能直观反映时间序列下性别比例变化。图1-5对男女性别比例趋势进行了描述。

图1-5中男性、女性人口在总人口数中占比变化具有渐进性。历年占比基本在1个百分点内浮动。对于超过13亿人体量的人口规模,1个百分点的浮动对应2个百分点的差距,意味着超过2 600万人规模的性别失衡。从总量数据层面分析的男女性别结构偏向静态,选择年龄层进行性别结构对比,更能直观考察目前我国的人口性别结构状况。年龄区间的性别对比情况可见图1-6。

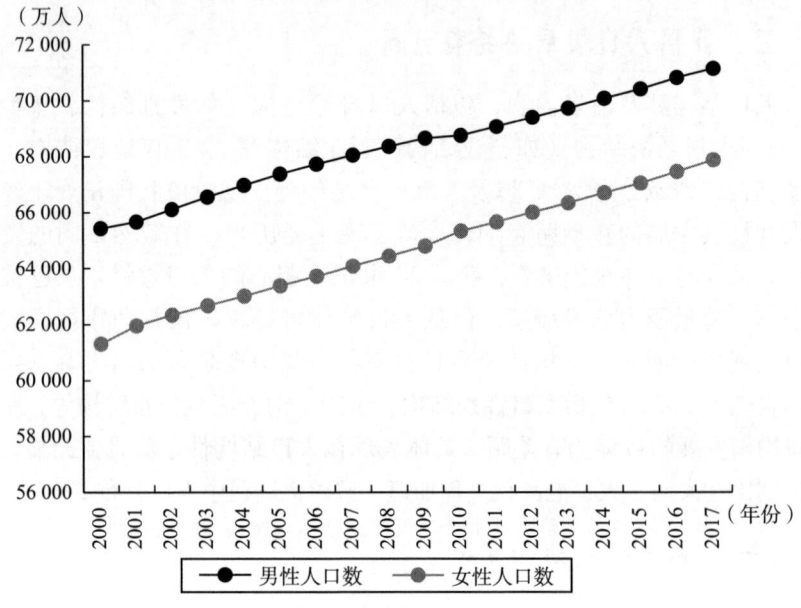

第一部分 我国人口发展新趋势：动态与问题

图 1-4 全国男女数量变化趋势（2000~2017 年）

资料来源：相应年份中国统计年鉴、相应省份统计年鉴和统计公报，其中部分数据来自 EPS，课题组在此基础上对相关数据进行了整理。

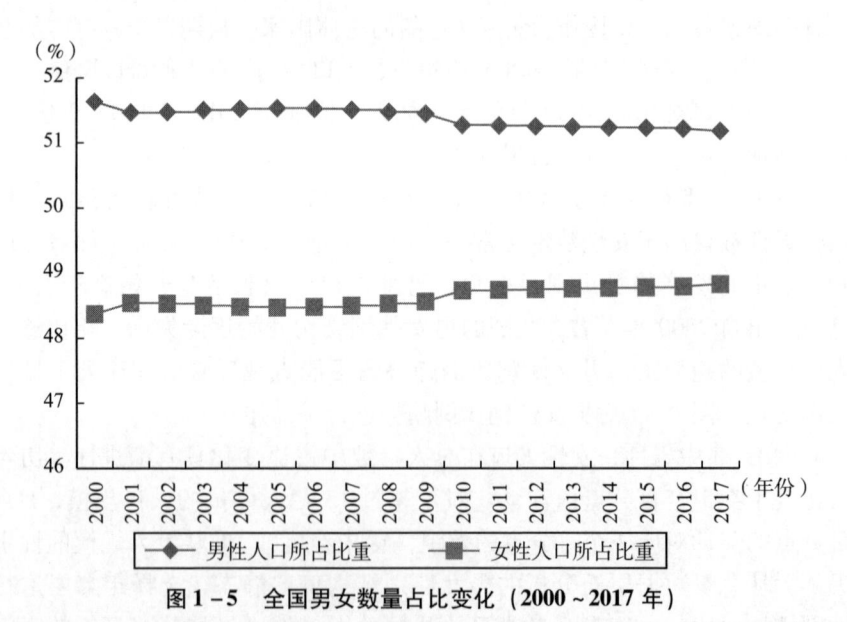

图 1-5 全国男女数量占比变化（2000~2017 年）

资料来源：相应年份中国统计年鉴、相应省份统计年鉴和统计公报，其中部分数据来自 EPS，课题组在此基础上对相关数据进行了整理。

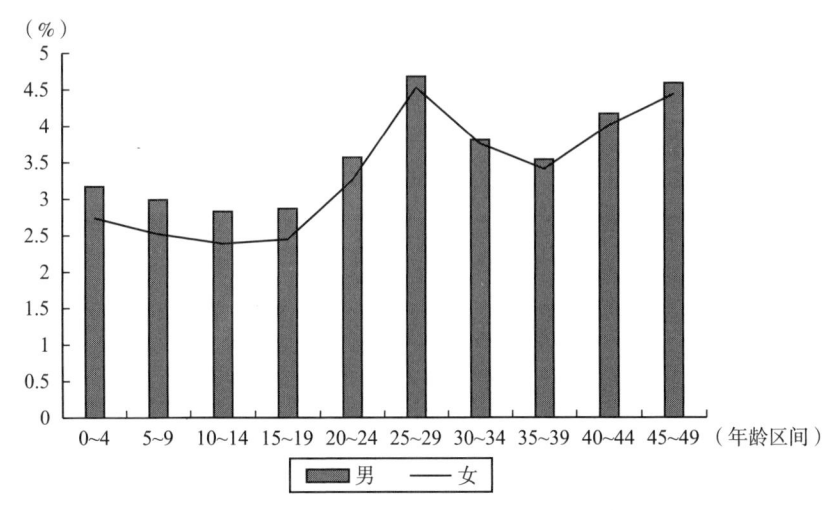

图 1-6 全国分年龄段男女比例（2016 年）

资料来源：相应年份中国统计年鉴、相应省份统计年鉴和统计公报，其中部分数据来自 EPS，课题组在此基础上对相关数据进行了整理。

  图 1-6 中柱形代表该年龄区间男性的人口百分比，折线是代表该年龄区间女性的人口百分比。可以看出，几乎在图中的各个年龄区间，男性占比都要高于女性占比，但占比失衡的程度存在差异。从女性生理特点出发，目前学界一般考察女性生育率问题倾向选择以 48 岁为年龄节点。图 1-6 选择 49 岁为节点。其原因主要在于：一方面，40~49 岁这一年龄段人口出生时并未经历严格的生育控制；另一方面，统计数据显示这一年龄段的性别比处于相对正常区间。值得注意的是性别结构在黄金生育期和青少年区间存在较严重的性别失衡。具体的数据，男女性别比例处于 105∶100，通常被认为是合理的性别比区间。因此，现阶段 25~29 岁、30~34 岁、35~39 岁、40~44 岁、45~49 岁年龄段仍处于正常性别结构。性别失衡最严重的区间是 0~4 岁、5~9 岁、10~14 岁、15~19 岁、20~24 岁。从生育角度出发，这个跨度 25 年的性别失衡区间正是下一阶段我国人口的生育旺期群体。并且，随着时间的推进，5~9 岁、10~14 岁、15~19 岁年龄段的性别结构失衡会更加严重。此外，从全国层面看，5~9 岁、10~14 岁、15~19 岁、20~24 岁年龄段的主体人群绝大部分是独生子女。联系到我国正进入老龄化社会的事实，性别结构失衡问题已对我国未来人口均衡发展形成严峻挑战。

  性别偏好广泛存在，东西方国家都存在类似的情况。但事实上，其他国家并未出现严重的性别结构失衡。人口发展不是独立、静止和片面的问题,往往随时间推移演化出诸多关联问题。现阶段迫切需要采取有效措施,逐步缓解并最终平衡性别失衡发展问题,积极推进人口结构优化,实现人口适度和均衡的发展。

(二) 总体年龄结构变化

人口年龄结构指一定时点、一定地区各年龄组人口在全体人口中的比重,又称为人口年龄构成,通常用百分比表示。人口年龄结构是时间维度下人口自然增长和人口迁移变动综合作用的结果,也是人口再生产变动的基础和起点。不同年龄结构类型的人口,具有不同的人口再生产的规模、速度和发展趋势,具有不同的社会经济和人口问题,也会对未来的社会发展、经济发展和文化发展产生较大影响。根据1956年联合国《人口老龄化及其社会经济后果》中确定的划分标准,当一个国家或地区65岁及以上老年人口数量占总人口比例超过7%时,则意味着这个国家或地区进入老龄化。1982年维也纳老龄问题世界大会,确定60岁及以上老年人口占总人口比例超过10%,意味着这个国家或地区进入严重老龄化。结合当前学术界对于年龄结构类型的划分,将人口年龄结构划分为三种类型:年轻型、成年型和老年型。参考联合国的划分标准,表1-8对三种类型的基本因素进行了列举。

表1-8 人口年龄结构类型

类型	少儿人口比重	老年人口比重	老年少儿比	年龄中位数
年轻型	40%以上	4%以下	15%以下	20以下
成年型	30%~40%	4%~7%	15%~30%	20~30
老年型	30%以下	7%以上	30%以上	30以上

资料来源:相应年份中国统计年鉴、相应省份统计年鉴和统计公报,其中部分数据来自EPS,课题组在此基础上对相关数据进行了整理。

社会的稳定发展离不开经济基础,而经济的长期增长是经济基础长期稳固的前提。决定经济长期增长速度、规模和时间的因素是潜在经济增长率,而劳动力人口占比的规模与比重,则是支撑潜在经济增长率的重要因素。通常认为,人口结构较为年轻的社会,通常也更具有精力、活力和创造力。从社会演进的动力机制来看,支撑社会进步的人力资源、科技创新的冒险精神、提升公共服务的资源累积、社会基础细胞家庭的发育和发展等因素，都与人口结构，特别是人口年龄结构相关联。如果从经济的可持续发展来看，具有劳动力规模优势、劳动力年龄结构优势和劳动力技能提升优势的区域，将具有更明确的经济增长预期。

老龄化社会从未出现在工业化之前的任何时期，因为生产力和社会环境不具备相应物质基础。直到20世纪80年代，绝大多数发展中国家和地区的人口属于年轻型，少年儿童比重较高。由于育龄妇女的基数较大，即使在妇女生育率水平不变的情况下，人口增速也较快，西方发达国家已纷纷迈入老龄化社会。与此相伴的是西方发达国家的持续低生育率，人口年龄结构成为令人担忧的社会问题。我国在进入2010年之后，劳动年龄人口在总人口中的占比、劳动年龄人口总规模等指标也先后下降。主流的人口学者认为，即使目前推行积极的生育政策，老龄化这一趋势也仍将持续至少20年。人口年龄结构的变化，对经济长期增长具有重要影响。我国作为发展中的人口大国，正处于跨越"中等收入陷阱"的攻坚时期，低生育率、老龄化、性别结构失衡和城镇化推进等多类问题叠加，加剧了我国人口问题的严峻性、复杂性和迫切性。

由于生活水平、卫生水平和经济发展等因素，我国的人均预期寿命得到快速提高。新中国成立之后的"婴儿潮"一代，目前正接近70岁。因此以60岁为门槛统计，1949~1959年也正是我国人口的一个生育高峰期。相对应地，近年来我国的人口出生率下降较快，其中，不可否认有计划生育政策的惯性因素。但是，更至关重要的是经济快速发展中所凸显的生育的机会成本日益增加，生育自主性加强背景下的生育欲望下降。因素叠加之后，我国当前的快速老龄化已然不可避免。图1-7对我国2008~2017年的老年人口增加数量和人口占比情况进行了描绘。

2008~2017年的10年时间，我国60岁以上人口增加了8 000多万人，而且这一趋势仍将延续。由于统计口径的差异，国家统计局发布的相应年份的中国统计年鉴对65岁以上人口进行了单独列示。65岁以上人口比重显然是更深度老龄化的重要指标。图1-8将2017年的我国人口分为14岁以下、15~64岁、65岁以上三个年龄区间，通过饼状图对当前人口比例进行描绘。

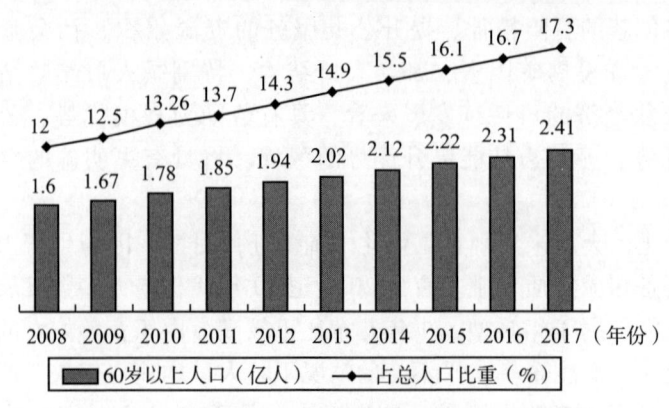

第一部分　我国人口发展新趋势：动态与问题

图1-7　我国老年人口增量发展（2008~2017年）

资料来源：相应年份中国统计年鉴、相应省份统计年鉴和统计公报，其中部分数据来自EPS，课题组在此基础上对相关数据进行了整理。

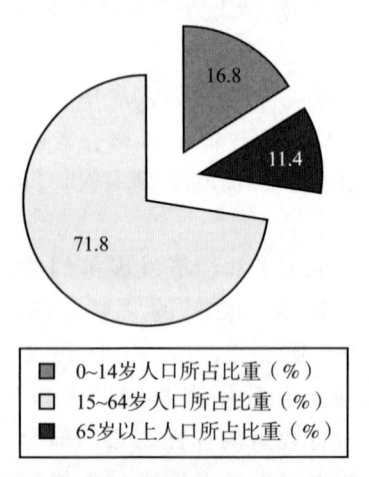

图1-8　我国主要年龄段人口占比（2017年）

资料来源：相应年份中国统计年鉴、相应省份统计年鉴和统计公报，其中部分数据来自EPS，课题组在此基础上对相关数据进行了整理。

显然，按照国际通行的老龄化划分标准，包括接受度较高的"维也纳标准"和"联合国标准"，图1-8中我国65岁以上人口占比11.4%，已经进入了严重老龄化阶段。14岁以下人口占比仅为16.8%，意味着未来一段时期我国的老龄化程度将持续加深。统计数据显示，60岁以上人口占比17.3%，这些人口也将成为深度老龄化的推进因素。宏观大范围的年龄分布数据并不适合具体年龄对应的性别匹配数据分析，因此，我们选择将年龄按照5年为间隔进行性别结构和年龄结构梳理，详细情况见图1-9。

·24·　中国中部人口发展报告（2019）

第一章 我国人口发展总体情况

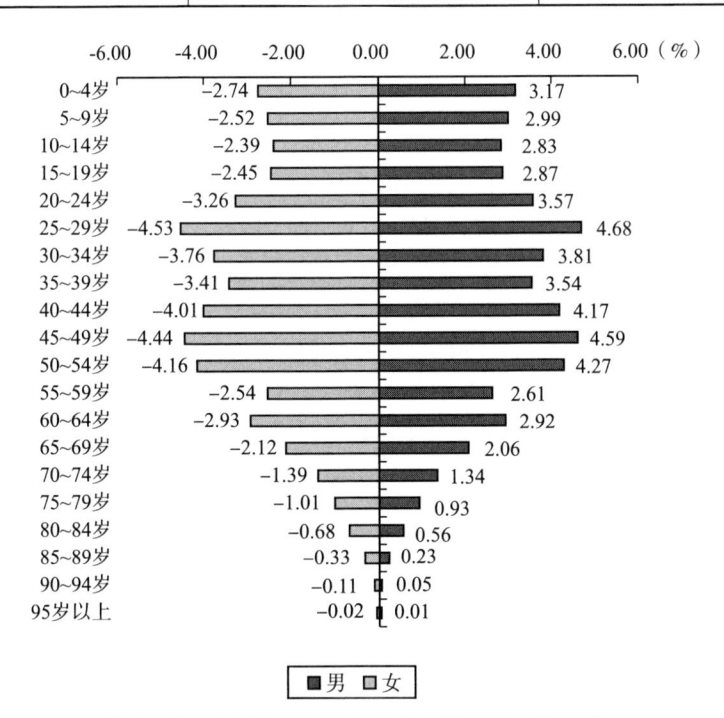

年龄段	男(%)	女(%)
0~4岁	-2.74	3.17
5~9岁	-2.52	2.99
10~14岁	-2.39	2.83
15~19岁	-2.45	2.87
20~24岁	-3.26	3.57
25~29岁	-4.53	4.68
30~34岁	-3.76	3.81
35~39岁	-3.41	3.54
40~44岁	-4.01	4.17
45~49岁	-4.44	4.59
50~54岁	-4.16	4.27
55~59岁	-2.54	2.61
60~64岁	-2.93	2.92
65~69岁	-2.12	2.06
70~74岁	-1.39	1.34
75~79岁	-1.01	0.93
80~84岁	-0.68	0.56
85~89岁	-0.33	0.23
90~94岁	-0.11	0.05
95岁以上	-0.02	0.01

图 1-9 全国分年龄段人口分布塔形图（2015 年）

资料来源：相应年份中国统计年鉴、相应省份统计年鉴和统计公报，其中部分数据来自 EPS，课题组在此基础上对相关数据进行了整理。

图 1-9 是基于《2015 年全国 1% 人口抽样调查主要数据公报》绘制的塔形图，数据主要来自《中国统计年鉴 2017》。图中显著特征为中间部分堆积，代表中年人群比重较大。下部是高龄人口比重，上部是青少年人口比重。虽然图 1-9 是 2015 年的静态人口结构，但不难想象，随着时间的推移，中间部分的中年人口转化为高龄人口后，比重偏低的青少年人口必然会面对老龄化社会。

我国的老龄化社会和西方发达国家的有较大差异。发展中国家的各项基础设施、医疗保障、管理经验等，都尚未做好应对准备。老龄化虽然是一个自然发展过程，但过去并未得到重视。目前我国的老年人口基数大、增速快，高龄化、失能化、空巢化趋势明显，叠加未富先老、家庭小型化、独生子女、城镇化和就业流动性大等因素，我国的养老问题异常严峻。图 1-9 根据各年龄段人口占比所构成的塔图，塔基薄弱、塔顶过重，这意味着随着时间推移，中间层人口将依次进入老龄阶段，继而形成过于膨胀的塔顶；薄弱的塔基在未来阶段也将成为脆弱中间阶段，所谓的"腰"。即使目前放开生育政策，短时间也无法夯实塔基。一方面，生育率的提升在生理基础方面具有年龄、时间周期等限制；另一方面，社会因素、文化因素、经济因素等，已成为现代社会生育选择的重要基础。"低生育率陷阱"的惯性难以逆转。

人口学家卢茨（W. Luts，1997）提出"低生育率陷阱"概念。他认为，生育率下降到一定程度的时候，通常指总和生育率低于1.5，由于生育观念、生活压力、社会价值观等因素共同作用，生育率将形成下跌惯性，很难或将不能再逆转。目前我国的总和生育率[①]估计在1.5~1.6，"全面二孩"后可能达到1.8。社会各界对于我国总和生育率估算值存在多种不同观点，但对于我国已进入低生育率阶段的判断没有异议。图1-10展示了2000~2017年间我国0~14岁人口数量和65岁以上人口数量的发展趋势。

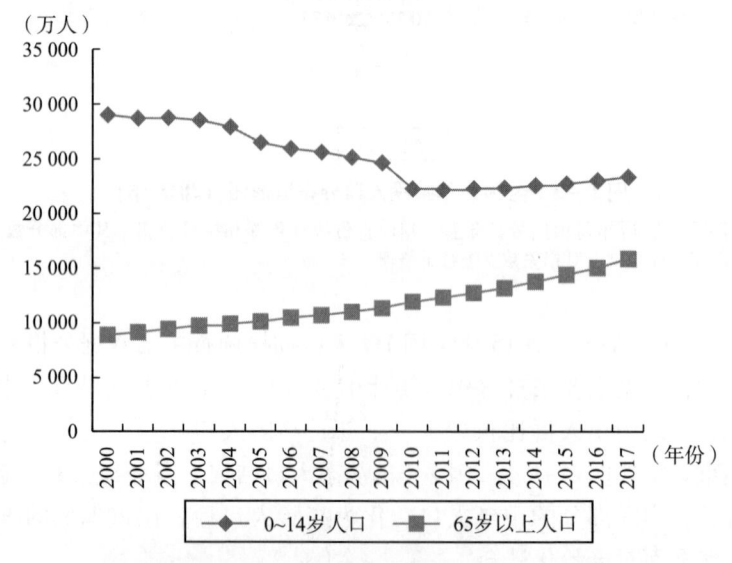

图1-10 全国65岁以上与0~14岁人口变化趋势（2000~2017年）

资料来源：相应年份中国统计年鉴、相应省份统计年鉴和统计公报，其中部分数据来自EPS，课题组在此基础上对相关数据进行了整理。

图1-10中曲线上升和下降的速度与幅度都很显著。随着时间轴的右移，我国65岁以上人口的数量在进入21世纪之后快速增加。2000年不到1亿，2017年已经超过1.5亿；与此对应的是0~14岁人口的变化趋

[①] 2010年人口普查显示，2010年全国总和生育率为1.18110。

势，2000年3亿左右，2017年已经低于2.5亿，刚刚超过2.3亿。沿此人口发展路径演化，青少年人口数量将接近老年人口，基于人口发展问题衍生的经济问题、社会问题甚至于国家安全问题，必然极其严峻。

从分阶段的人口绝对规模，转向总体人口格局中各年龄区间所占的比例变化趋势进行分析。图1-11选择0~14岁、15~64岁和65岁以上人口指标，用条状图对相互占比情况合成比较。可以看出65岁以上人口占比增加很快，2000年占7%，到了2017年已经达到11.4%，距离翻一番的占比已非常接近；与此对应的是0~14岁区间的人口占比，已经从2000年的22.9%，即超过总人口的1/5，下降到2017年的16.8%，只超过总人口的1/6。具体的变化情况如图1-11所示。

年份	0~14岁	65岁以上	15~64岁
2017	16.80	11.40	71.80
2016	16.70	10.80	72.50
2015	16.52	10.47	73.01
2014	16.50	10.10	73.40
2013	16.40	9.70	73.90
2012	16.50	9.40	74.10
2011	16.50	9.10	74.40
2010	16.60	8.90	74.50
2009	18.50	8.50	73.00
2008	19.00	8.30	72.70
2007	19.40	8.10	72.50
2006	19.80	7.90	72.30
2005	20.30	7.70	72.00
2004	21.50	7.60	70.90
2003	22.10	7.50	70.40
2002	22.40	7.30	70.30
2001	22.50	7.10	70.40
2000	22.90	7.00	70.10

■ 0~14岁人口所占比重（%）　■ 15~64岁人口所占比重（%）
□ 65岁以上人口所占比重（%）

图1-11　全国分阶段人口占比趋势（2000~2017年）

资料来源：相应年份中国统计年鉴、相应省份统计年鉴和统计公报，其中部分数据来自EPS，课题组在此基础上对相关数据进行了整理。

通常情况下，一个社会存在规模庞大且快速增长的老年人群，或者大量需要抚养的少年儿童等，都必然会增加现期社会抚养负担。衡量社会的抚养负担程度，可以通过抚养比指标进行度量和比较。抚养比是指非劳动力人口数与劳动力人口数量之间的比率，它测度劳动力人均负担的赡养非劳动力人口的程度。其中，少儿抚养比指人口中少年儿童人口数与劳动年龄人口数之比；老年抚养比则指人口中非劳动年龄人口数中老年部分与劳动年龄人口数之比；总抚养比指在人口中非劳动年龄人口数与劳动年龄人口数之比，涵盖了老年抚养比和少儿抚养比。通常情况下，抚养比越大，表明劳动力人均承担抚养人数越多，劳动力抚养负担越重。老年抚养比直接度量劳动力的养老负担。图1-12对我国少儿抚养比、老年抚养比和总抚养比分类趋势做了描述。

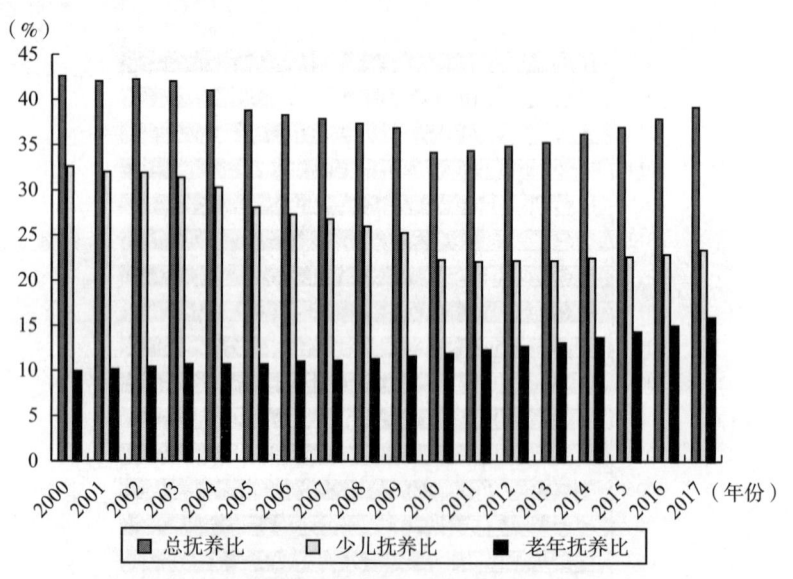

图1-12 我国抚养比分类趋势（2000~2017年）

资料来源：相应年份中国统计年鉴、相应省份统计年鉴和统计公报，其中部分数据来自EPS，课题组在此基础上对相关数据进行了整理。

图1-12显示出几个重要的特征，大致可以分为以下几点：

1. 我国总抚养比相对稳定

进入21世纪以来，总抚养比基本保持在40%左右波动。其中峰值在2000年，2010年是最低点。但是，在低点之后，随着老龄化程度的提升，总抚养比开始呈现上升趋势。

2. 老年抚养比稳步上升

图 1-12 中所显示出来的趋势很明显。结合前文的统计数据，可以判断未来时期的老年抚养比仍将继续上行，这将继续推高总抚养比。

3. 少儿抚养比缓慢下降

我国的少儿抚养比前期持续下行，但是近年趋于稳定。"全面二孩"政策并未形成生育强烈冲击，因此，也并未能推高少儿抚养比。结合其他统计数据分析，未来少儿抚养比仍将延续缓慢下降的趋势。

总体上，现阶段我国的总抚养比对社会发展而言并未形成很大负担。图 1-12 描绘趋势所揭示的风险在于，随着经济发展和社会进步，我国的人均预期寿命不断增加，老年人口增速和增幅不但不会下降，反而呈现加速趋势。低生育率背景下的少儿抚养比下降，预示在未来阶段我国的劳动人口数量必然下降。需要强调的是，我们在思考老龄化应对政策的同时，不能只从静态的角度思考，老龄化问题从来都伴随医疗保健、养老保障、社会抚养以及其他诸多的方面，所谓牵一发而动全身。因此，在这样的背景下，未来阶段我国社会总抚养比将急速攀升，这一演化路径下的我国人口年龄结构在一定程度上将成为社会和经济发展的障碍。

（三）总体城乡结构变化

我国城乡二元结构历时已久，城镇化和工业化①的一个重要任务，就是打破、融合和重构这个结构。人口从乡村流出，并以就业形式聚集，从而形成城市，是广泛存在于东西方工业化进程的模式。经济发展视角下，人口流动也是一个城镇化和工业化过程。东西方的城乡发展路径有相似之处，也存在差异。西方工业化、城镇化同步推进，我国工业化、城镇化时空分离，并且很大程度上"空间城镇化"与"人口城镇化"割裂。形成这些差异除了工业化演进的历史阶段不同，也和文化、历史

---

① 相比西方国家常用的城市化（urbanization）概念，我们国家偏向于"城镇化"。参考国家发展和改革委员会发布的《人口和社会发展报告 2014》，本书认为西方的城市化偏向一个国家或地区的农村向城市转变的过程。"urban"通常包含城市（city）和城镇（town），世界上许多国家镇的人口规模较小，甚至没有"镇"的建制。因此，"urbanization"往往指人口向城市转移和集中的过程。中国设有"镇"的建制，且人口规模与国外小城市相当，向"city"转移和集中的同时，还向"town"转移和集中。本书沿用政府文件和主流文献"城镇化"的提法。

和习俗等因素密切相关。正是这些因素的综合作用，决定了我国的人口流动和城乡结构与西方存在较大区别。

城镇化是指人口向城镇地区聚集和乡村转变为城镇的过程。通常界定城镇化有静态视角和动态视角。静态视角将城镇化视为一种状态，指城镇人口占社会总人口比重，城镇经济占国民经济比重，城镇生活方式在社会生活中接受程度、普及程度和发展状态等。动态视角将城镇化视为一种过程，其中包含四个转换过程：一是人口的转换，即农业人口转化为非农业人口，并逐渐向城镇集聚的过程；二是经济结构的转换，即生产要素从农业向非农产业转换、第一产业为主导向第二和第三产业转换，要素不断向城镇集聚的过程；三是地域的转换，即城镇的形成在数量上逐渐增多、规模上不断扩大、功能设施上逐步完善的过程；四是生产方式和生活方式的转换，即农村生活方式、价值理念逐渐向城镇生活方式转变的过程。这就是所说的动态的城镇化过程。

我国城镇化演进路径与过程不能脱离我国的发展背景，因此，和西方的工业化和城镇化过程相比，具有鲜明的中国特色。新中国成立后，国家完成社会主义改造即着手工业化建设，计划经济时期"政策规制型城镇化"和市场改革时期"市场吸纳型城镇化"，人口流向表现为中西部乡村向沿海发达地区跨省转移，具有"离乡""两栖""钟摆"型特征。城镇化是一个长期的过程，农业、农村和农民在很长时期内仍占有绝对比重。随着生产力的提高和社会经济持续增长，生产要素逐渐由农村向城市流动和集中，并在城市体系的重构中不断升级，推进农村生产方式、生活方式积极与城镇接轨，动态实现城乡一体化。因此，传统计划经济体制下生产要素基于分配的配置方式，脱离了市场平台的互动性供求型流动机制，以往政策驱动型"土地城镇化"显然不可持续。现阶段我国正积极转向市场驱动型"人口城镇化"，实现农业人口就地、就近转移的新型城镇化。这既是我国城镇化发展方式的必然转型，也是我国城镇化演进的节点目标与发展方向，是"十三五"规划城乡融合发展的一个重要目标。

基于历年人口统计数据，我们把城镇人口与乡村人口存量信息变化绘成图形，能够对近几十年来我国城乡二元结构下人口流动的基本趋势有直观了解，详见图1-13。

第一章 我国人口发展总体情况

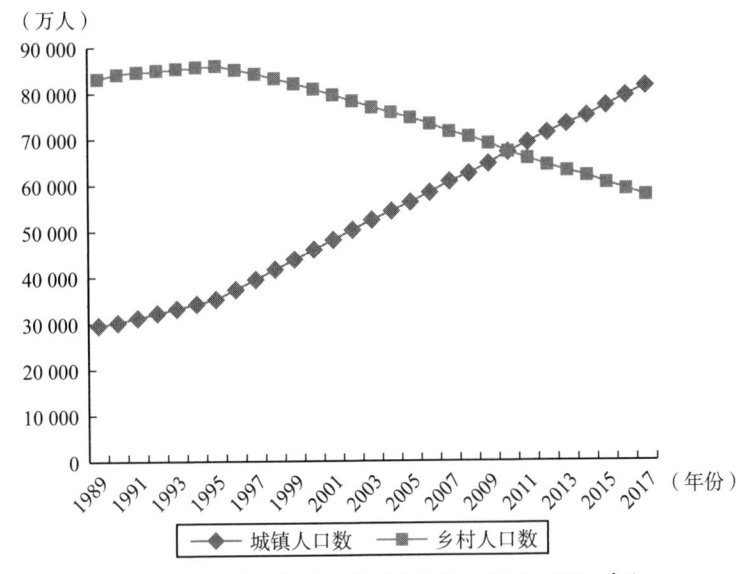

图 1-13 城乡人口规模变化趋势（1989~2017 年）

资料来源：相应年份中国统计年鉴、相应省份统计年鉴和统计公报，其中部分数据来自 EPS，课题组在此基础上对相关数据进行了整理。

图 1-13 中一个显著的交叉，是我国城镇化进程的重要节点。2011 年城镇人口数第一次超过了乡村人口数，这是我国千年来从乡村转向城镇的一个里程碑。2010 年我国城镇人口为 6.6978 亿人，占全部人口 49.95%；乡村人口为 6.7113 亿人，占比为 50.05%。这是乡村人口最后一次超过 50% 的时间节点；2011 年之后，城镇人口延续上升趋势，在超过乡村人口规模之后，标志着我国城镇化进程迈入了一个新的阶段。随后，就业继续推进城镇人口规模的扩大，城镇和乡村人口绝对数量变化反映出总量趋势，比例变化则能够更直观反映城镇化进程其他重要节点，详见图 1-14。

图 1-13 和图 1-14 在曲线图形上并无太多差异，其主要信息量体现在坐标轴上。可以直观发现的是，在时间轴的最开始，即 1989 年，已经是新中国成立 40 周年，乡村人口所占全国人口比重仍然高达 75% 左右，城镇化进程相对较慢。进入 21 世纪之后，城镇化加速推进。当时间轴移动到 2011 年，城镇人口占比超过了乡村。拥有 13 亿多人口的世界大国，城镇化进程已经进入了新阶段。

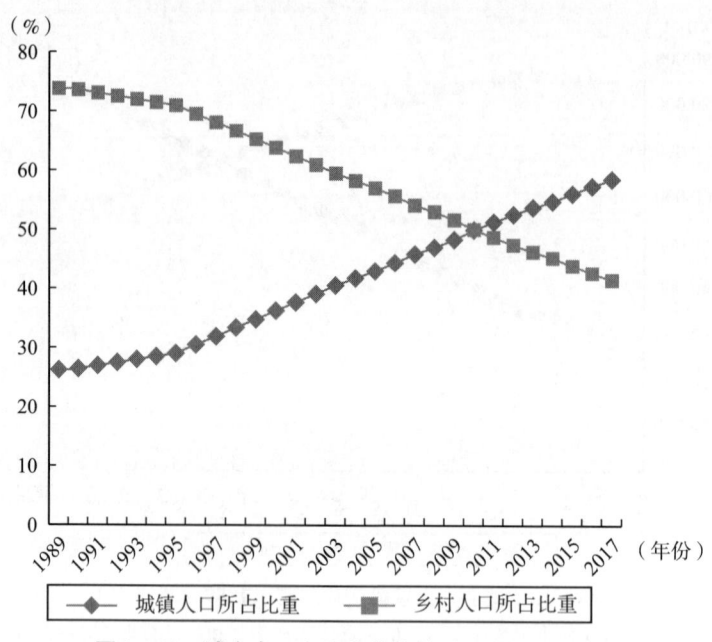

第一部分　我国人口发展新趋势：动态与问题

图 1-14　城乡人口占比变化趋势（1989~2017 年）

资料来源：相应年份中国统计年鉴、相应省份统计年鉴和统计公报，其中部分数据来自 EPS，课题组在此基础上对相关数据进行了整理。

西方的部分研究者认为，城镇化水平并不是线性发展，它也会随时间推移呈现"S"形变化。他们认为，城镇人口比重在 30% 以下是城镇化发展初级阶段，30%~70% 为城镇化加速阶段，70% 以上为城镇化后期阶段。从国家统计局发布的城乡结构数据看，2017 年我国城镇常住人口 81 347 万人，乡村常住人口 57 661 万人，城镇人口占总人口比重（城镇化率）为 58.52%，仍处于城镇化加速发展的阶段。

现阶段我国城乡发展差距依然较大，单纯延续过去传统粗放的城镇化模式，必然导致产业升级缓慢、社会矛盾增多等问题，城镇化将成为无源之水。协调、平衡、引导和促进相关积极因素，由政策主导转向市场驱动为主，弱化土地城镇化，转向"人"的城镇化，以人口为核心转向提升城镇化发展质量。从近 10 年我国城镇化进程的统计数据分析，我国每年都要持续提出超过 1 个百分点的城镇化率。虽然学术界对于未来我国城镇化水平有不同的预测，但是，国家发展和改革委员会的观点认为，预计城镇化发展趋势将持续到 2030 年左右，届时城镇人口比重将达到约 70%①，逐渐实现所有社会成员共享经济、社会发展成果。

（四）总体民族结构变化

我国拥有 56 个民族，其中汉族是主体民族。无论是从空间分布维度，还是人口总量维度，汉族在全体国民中占有绝对多数。我国总体人口规模的变化，和民族结构维度下的人口变化并不吻合。基于多次人口大普查数据和抽样调查数据的结果来看，汉族的人口规模增长速度要低于其他少数民族。

我国目前最近一次的人口普查是 2010 年，普查数据显示：汉族人口为 12.26 亿人，占 91.51%；各少数民族人口为 1.14 亿人，占 8.49%。相比 2000 年第五次全国人口普查，汉族人口增加 6 653.72 万人，增长 5.74%；各少数民族人口增加 736.26 万人，增长 6.92%。

对比 10 年间的人口普查数据可以发现，少数民族的人口增幅远高于汉族。这一方面是人口政策的非平衡性，国家层面对于少数民族具有倾向性的强支持政策；对于汉族则实施相对严格的人口控制政策。另一方面，汉族人大都接受现代生活方式，生活成本的高企、教育程度的提高、社会竞争的强化等因素，一定程度导致了汉族人主动控制生育的比例较高。从时间数据上看，我国少数民族人口增长快于汉族具有一贯性。少数民族占全国人口总数的比例，从 1953 年占全国人口的 6.1%，到 1990 年的 8.04%，2000 年的 8.41%，2010 年的 8.49%，2015 年的抽样统计数据中已经上升到 8.54%。

如果把人口统计数据聚集在新生儿方面，汉族和各少数民族人口发展速度的差异更大。据 2005 年的全国抽样数据显示，与第五次全国人口普查相比，新生儿中少数民族人口比例为 14%，汉族人口占 86%，也就是说未来少数民族占中国人口将达到 14% 以上，汉族人口比例将会下降到 86% 以下。我国人口民族结构的非平衡发展具有深刻的社会因素、政策因素、经济因素和文化因素，深入的分析仍需进一步的数据支撑。但是，激进的人口变化对于我国这样的大国而言，尤其是人口性别结构变化、民族结构变化、年龄结构变化等，对于我国的稳定持续发展，可能造成多方面的影响，需要引起政府和各界学者的关注和重视。

---

① 对于我国是否能达到 70% 的城镇化率，目前仍有不同看法。中国城市科学研究会理事长仇保兴认为中国城镇化率在 65% 左右即可能到顶。主要理由是我国的农耕文明、土地制度等因素与欧美发达国家不同，因此不能简单参考西方国家的城镇化路线和节点。

目前最新的我国民族结构统计数据,是国家统计局《2015年全国1%人口抽样调查主要数据公报》公布的信息。统计数据显示,目前我国大陆31个省、自治区、直辖市和现役军人的人口中,汉族人口为125 614万人,占91.46%。各少数民族人口为11 735万人,占8.54%。同2010年第六次全国人口普查相比,汉族人口增加3 021万人,增长2.46%;各少数民族人口增加356万人,增长3.13%。表1-9汇总了我国汉族和少数民族人口的历次重要统计数据。

表1-9　　　　　　　　我国民族结构变化数据

项目	1990年	2000年	2010年	2015年
汉族(万人)	104 248	115 940	122 593	125 614
汉族占总人口比重(%)	91.96	91.59	91.51	91.46
少数民族(万人)	9 120	10 643	11 379	11 735
少数民族占总人口比重(%)	8.04	8.41	8.49	8.54

资料来源:国家统计局《2015年全国1%人口抽样调查主要数据公报》。

第二章

当前我国人口发展的问题

相比工业化前期，全球生产力都已获得普遍性的提高。生产力提升从各个方面改变世界发展的趋势，包括区域发展格局、居民生活方式和传统文化的内涵。尤其是进入21世纪以来，全球经济、政治环境发生较大变化，从人口发展问题的视角来看，国际人口发展差异愈加突出。综合来看，全球人口发展问题具有个体性、局部性和异质性，又呈现普遍性、阶段性和关联性。

虽然主要工业国家的生育率在下降，但是全球范围内的平均情况却完全不同，世界生育率总体高出预期，低生育率国家和地区的生育水平稳步回升。全球的人口发展特征归纳起来可以分为五个方面：

第一，国际上生育率分化。简单来说就是欧美发达国家——主要是后工业化阶段的西方国家生育率持续走低，部分国家甚至进入人口负增长。其中也包括东方完成工业化的国家和地区，如日本、韩国等。发展中国家生育率与发达国家不一样，其主旋律是生育率增长。联合国统计数据显示，2017年全球的总和生育率（TFR）达到2.50，其中个别国家在7左右，如尼日尔（7.24）等。

第二，老龄化问题的全球化。老龄化已成为几乎所有发达国家最关心的议题之一。按照联合国的划分标准，最大的发展中国家中国早已成为重度老龄化国家。老龄化将成为未来国家和地区之间政治、经济、社会、文化和宗教等问题的矛盾焦点。

第三，城镇化程度继续提高。全球的城镇化都在推进，但是推进的总体速度趋缓。人口超千万的特大城市持续增加，区域性经济体人口聚集度提升，经济活跃度加强，世界的区域发展"中心极"也在增加。世界银行数据显示，2008年全球城镇化率首次超过50%，预计2030年能够达到60%，2017年人口超千万级的特大城市有37个。人口从乡村地区向城镇转移、从中小城市流向超大型城市，是21世纪区域人口的重要流动趋势。

第四，人口转变的多样化。世界人口发展历史显示，人口转变与工业化进程关系密切，转变阶段和模式与经济发展阶段不可分割。欧美发达国家大都已进入"四阶段"模式的第四阶段，低生育率、低死亡率并存，老龄化严重。非洲大都处于高生育率阶段，人口处于膨胀状态。据联合国的预测，非洲人口2050年或达24亿人，人口增量或超出全球增量的50%。全球人口转变进程呈现多元化局面。

第五，科技驱动的"再工业化"。工业化是社会演进的重大力量，是进入现代社会的重要阶段。科技驱动下的"再工业化"，驱动产业升级，加剧以创新为核心的多维度竞争，人口竞争也从劳动力竞争转向高素质人口竞争。在"再工业化"背景下，劳动力已不仅建立在传统的人口基础之上，内化、强化和提升劳动力素质，逐渐演化成对劳动力的基本要求，高素质劳动力国际流动成为趋势。

我国是最大的发展中国家。在区域发展层面，"梯度"的立体层级是问题研究过程不可忽视的方面；"梯度"同时也是我国人口发展问题复杂的原因。比如，低生育率与高生育率并存、城镇化高速推进与城镇化推进缓慢并存、高收入区域与低收入区域并存等。总体上看，现阶段我国人口发展问题突出表现在老龄化、生育率和城镇化等方面。

一、低生育率或长期持续

我国在解冻严格的计划生育政策之初，曾有巨大的争议，很多学者认为若放开严格的生育限制，我国将面临报复性的人口高速增长，几十年的计划生育成果将付之东流。结合历史统计数据来看，国家统计局人口普查和抽样调查显示，1995年总和生育率为1.46，2000年为1.22，2005年为1.33，2010年为1.18，2012年为1.26。人口统计学认为，当总和生育率低于1.5就属于超低生育水平。一旦跌破1.5以下，将很难再有显著回升。1.4的总和生育率就意味着中国已经跌入了"低生育率陷阱"。对比西方发达国家，这已属极低生育率水平，和非洲国家相比差距更大。有的专家认为国家统计局的普查和抽样数据存在严重漏报和瞒报。2000年人口普查的抽样原始数据显示总和生育率为1.22。中国社会科学院人口与劳动经济研究所王广州根据2010年人口普查数据复核，认为2000年的生育率在1.39～1.49之间。

传统文化中的儒家文化圈一直存在"多子多福""不孝有三，无后为大"的生育偏好,但是现代社会并未传承这一点。尤其是完成工业化之后,现阶段东南亚国家的生育现实,与曾经的传统偏好形成强烈反差。在西方,联合国统计数据显示,2015年的总和生育率情况,意大利、葡萄牙、波兰和乌克兰分别为1.3、1.2、1.4和1.5,属于现阶段欧洲生育率偏低的国家;在东方,东南亚地区的总和生育率情况也不容乐观,2015年韩国、中国香港、中国台湾、中国澳门和新加坡的总和生育率分别是1.25、1.17、1.11、1.3和1.2。现实的生育率显然与曾经的"多子多福"生育传统自相矛盾。

人口转变完成后进入低生育率状态的动力、机制和过程,已有较完备的理论阐述,东西方工业化国家的数据样本也是现实支撑。欧洲近年来一直处于低生育率状态,亚洲的日本、韩国等地也陷入所谓的"生育率陷阱"。经过严格的计划生育政策的我国,虽然经过"单独二孩"和"全面二孩"的逐级放开,但是对于是否面临着"生育率陷阱",仍没有获得确切的实证数据。现实的情况是,我国虽然依次放开生育限制,现阶段已经施行"全面二孩"政策,但是客观的生育率数据并未呈现出之前有些人口学家所担心的人口井喷现象。相反,在经历了2016年生育率的轻微提升之后,又呈现出掉头向下的趋势。图2-1汇总了国家统计部门的中国女性总和生育率数据。

随着我国生育率的持续走低,围绕生育率的思考开始增多,尤其是"低生育率陷阱"假说和中国是否已跌入"低生育率陷阱"等问题,引起包括学者在内的社会群体广泛关注与讨论。但是,目前学界对这一问题却仍未能形成一致观点。对中国生育率持乐观态度的研究者认为,中国目前并不存在所谓的"生育率陷阱",其主要理由可以归结为两点:第一,该观点持有者认为目前的低生育率是暂时现象,主要原因是高压的生育政策,而并非个体主动选择。一旦放开生育管制,生育率会出现爆发性反弹并将持续。第二,我国现阶段的社会经济发展水平与其他低生育率发达国家相比有一定差距,尤其是人均收入维度差距较大。因此,我国的生育意愿仍然较高。这两个理由在已经执行"全面二孩"多年的今天来看,已经没有多少微观支撑。针对第一个理由,吴帆(2016)曾考察德国、西班牙、塞浦路斯、英国、法国等欧洲17个国家,发现在现代化进程中,生育率与政策直接的联系并非因果关系。在欧洲大多数国家中,居民理想子女数一般都在2.5个左右,即使希腊、意大利、西班牙这样处于极低生育率的国家,居民理想子女数也超过了2.1个,而中国却不到1.9个。

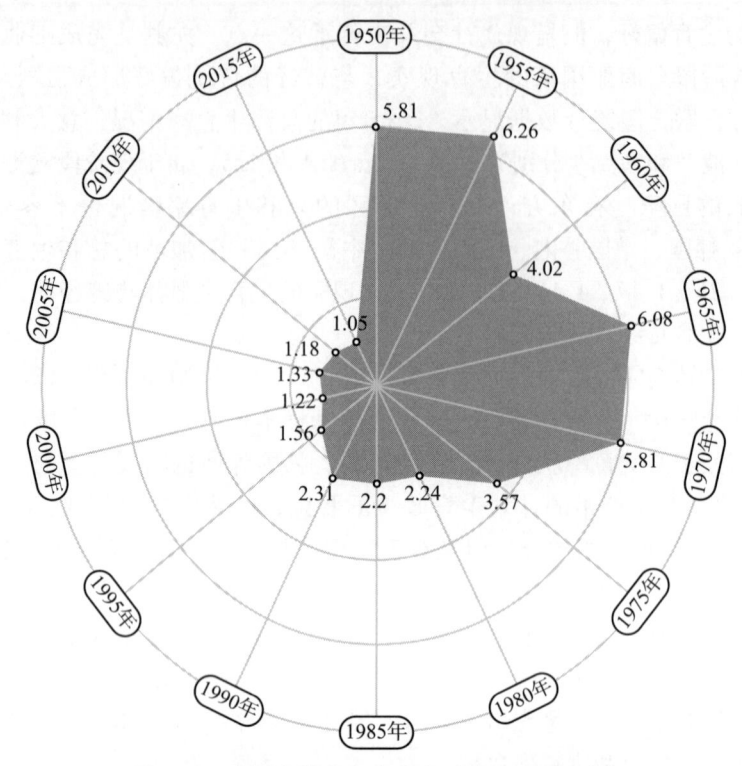

图 2-1 中国女性总和生育率（1950~2015年）

资料来源：相应年份中国统计年鉴、相应省份统计年鉴和统计公报，其中部分数据来自 EPS，课题组在此基础上对相关数据进行了整理。

也就是说，从生育意愿的虚拟角度出发，我国也远低于欧洲发达国家。退一步说，在政策维度，我国与欧洲国家普遍实行鼓励生育的家庭政策不同，在儿童照料、看护和公共服务支撑方面仍很薄弱，没有鼓励生育的政策，客观上女性还因为生育的原因，在就职等方面存在许多障碍。图 2-2 是我国 2010~2017 年的结婚率与离婚率趋势，需要强调一点，我国目前的生育行为绝大部分都处于婚姻内，婚外生育的比例可以忽略不计，这也是我国与西方国家婚姻与生育的较大区别。

回到生育率这一核心问题，陈卫和张玲玲（2015）根据国家统计局的人口普查和人口变动抽样调查数据，认为我国近年的生育水平不会低于 1.5，维持在 1.6 左右的可能性较大；郭志刚（2011）以第六次全国人口普查（以下简称"六普"）的人口年龄结构为基础，与其他来源人口指标进行相互印证，认为 1990~2010 年间人口估计存在的普遍问题是高估了

第二章 当前我国人口发展的问题

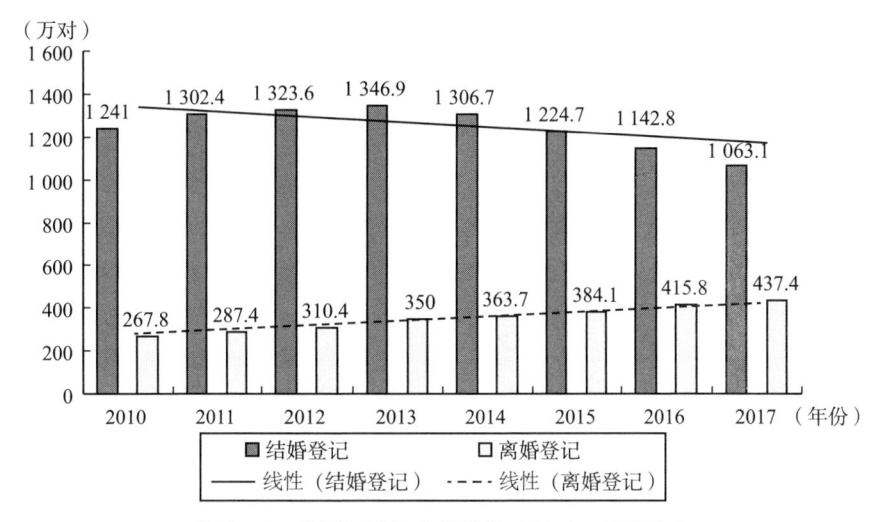

(万对)

年份	结婚登记	离婚登记
2010	1241	267.8
2011	1302.4	287.4
2012	1323.6	310.4
2013	1346.9	350
2014	1306.7	363.7
2015	1224.7	384.1
2016	1142.8	415.8
2017	1063.1	437.4

图 2-2 我国结婚与离婚趋势（2010~2017 年）

资料来源：相应年份中国统计年鉴、相应省份统计年鉴和统计公报，其中部分数据来自 EPS，课题组在此基础上对相关数据进行了整理。

出生人口数量、低估了人口老龄化程度，认为当前我国总和生育率已经低于 1.5。在后续研究中，郭志刚（2017）根据大量人口数据分析发现，青年女性晚婚趋势与生育率下降密切相关，而且标准化比较显示，晚婚因素所导致的生育率下降幅度很大。晚婚是理解生育率下降并达到极低水平的一个不可忽略的重要因素。

虽然目前对于我国总和生育率存在不同观点，但无论是 1.5、1.6 或者 1.8，都已属于低生育水平。"六普"数据显示，2010 年 45~49 岁女性的终身生育率仅为 1.83，低于欧洲低生育率国家同龄女性的终身生育率。欧洲经验显示，如果生育水平在 1.5~1.6 停止下降，家庭政策可促使其回升至更替水平（如丹麦、芬兰、瑞典、英国等）；若不及时应对，生育率会继续下降。事实上，生育率降到 1.5 以下的国家中，很少有国家能够成功回升到 1.6 以上。

欧洲发达国家深陷"生育率陷阱"的前车之鉴，为中国人口发展敲响警钟。仔细观察、谨慎分析、慎重判断、合理建议、审慎推进，是一个人口大国在人口政策方面的基本规范。我国已经执行"全面二孩"多年，但是生育率依然未能出现所谓的"井喷"。随着育龄女性群体规模的缩小、结婚率的下降以及初婚年龄的不断推迟，目前几乎找不到在短期内可以提升出生率的有利因素。与此同时，我国的老龄化程度将在未来阶段快速深化，低生育率与老龄化加深已难以回避。

中国中部人口发展报告（2019） · 39 ·

综合起来,我国的低生育趋势或将长期持续,形成这一现状的原因包括但不限于以下因素:

第一,经济发展的负面影响。社会生产力的发展,推动经济增长的同时,生产要素的市场价格大幅提升,意味着要素使用的机会成本大大提升。另外,受教育程度的普遍提高,也意味着"人"的社会成本增加,机会成本的提升必然会迫使"人"在面临事业选择、职业选择、生活选择的时候权衡取舍。女性在生育中面临的机会成本显然要高于男性,这就意味着经济发展的过程中,女性在面临生育、工作和生活等诸多问题时,不可回避机会成本的比较。

改革开放以后,我国的经济快速发展,区域发展也处于"梯级"所形成的空间不平衡状态,分配制度和社会保障制度所形成的壁垒仍未打破,生活成本的快速上升导致生育成本高昂。生育观念和生育行为既是自然行为,也是社会决策。因此,生育率变化不能脱离所处社会阶段。当前我国正处于高强度竞争、高生活成本、高生育成本和高养育成本阶段,个体的生育意愿必然受到抑制。

第二,长期政策下的生育惯性。计划生育政策的长期严格执行,捆绑了太多附加条件,因而形成一种心理定式,一种复杂且高昂的社会交易成本——"麻烦"。政策惯性的直接后果是,其内核已内化为人们的价值观和生活方式。

第三,个人价值的重新定位。经济发展、文明进步和国际交流,一定程度对传统中国人的价值观和生活方式形成冲击,从而重新塑造当代年轻人的价值观,国民生活方式日益多元化。年轻人追求新生活、新文化和新理念,部分人将自我价值、自我实现置于更高位置。欧洲发达国家越来越多的女性自愿不生育。在我国香港地区,女性的结婚率和生育率也较低。

施行"全面二孩"后,我国仍延续对独生子女家庭的奖励措施。这是政策调整的"拖尾效应",是前期政策的效力延续。根据图2-3的数据也可以发现,我国女性的多孩次生育率很低。当然,随着"全面二孩"的常态化,多孩次生育现象可能增多,但终身未婚、终身未育者增多,也是难以忽视的现象。欧洲国家的经验证明,跳出"生育率陷阱"需要家庭政策支持。我国尚未出台生育支持的家庭政策,这是后期的重要工作内容。

综合而言,我国已进入"低生育率陷阱"的高风险期。"全面二孩"已实施多年,实际生育效果并未达成预期,客观上存在进一步调整生育政策的迫切性。对于我国这样的人口大国,要实现人口的长期均衡发展,生育率必须回升到更替水平。欧美发达国家的人口发展之路，已经提供很多经验教训，我们必须认真批判吸收。尊重"全面二孩"政策后我国的人口发展现实，找出人口发展的相关问题，落实党中央对于我国人口发展的战略方针，促进人口均衡发展。

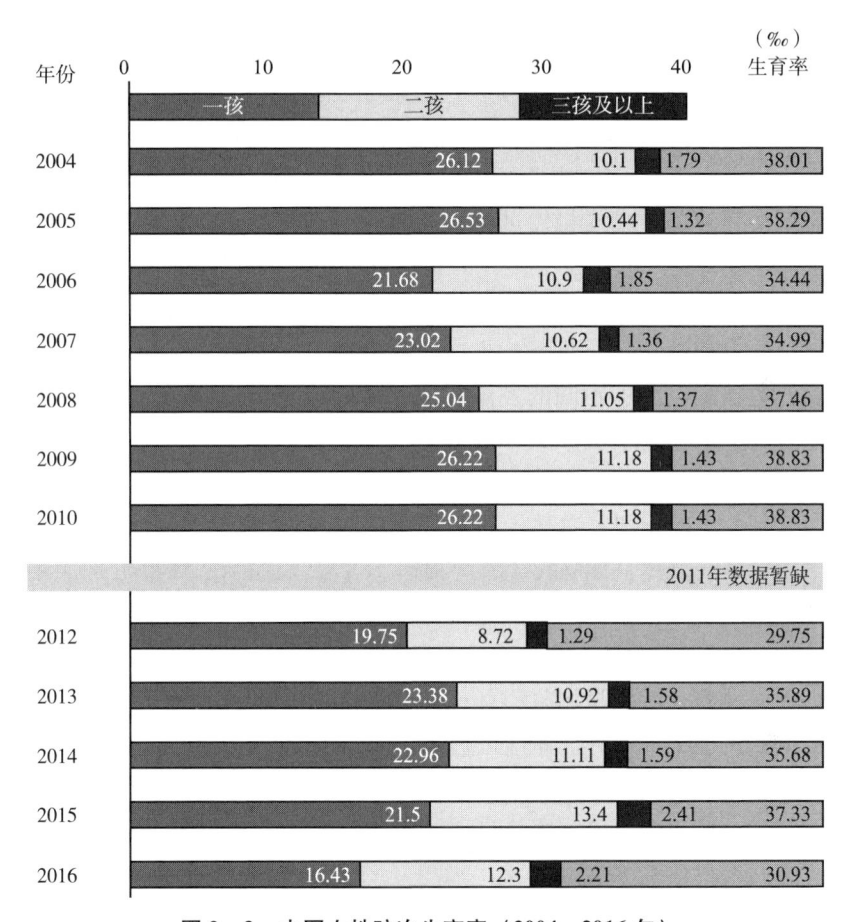

年份	一孩	二孩	三孩及以上	生育率(‰)
2004	26.12	10.1	1.79	38.01
2005	26.53	10.44	1.32	38.29
2006	21.68	10.9	1.85	34.44
2007	23.02	10.62	1.36	34.99
2008	25.04	11.05	1.37	37.46
2009	26.22	11.18	1.43	38.83
2010	26.22	11.18	1.43	38.83
2011	2011年数据暂缺			
2012	19.75	8.72	1.29	29.75
2013	23.38	10.92	1.58	35.89
2014	22.96	11.11	1.59	35.68
2015	21.5	13.4	2.41	37.33
2016	16.43	12.3	2.21	30.93

图 2-3　中国女性孩次生育率（2004~2016 年）

资料来源：相应年份中国统计年鉴、相应省份统计年鉴和统计公报，其中部分数据来自 EPS，课题组在此基础上对相关数据进行了整理。

二、老龄化加速超出预期

老龄化已经成为全球热点问题。本质上看，老龄化和性别结构失衡、人口分布失衡等，都属于人口结构框架下的研究问题。从性质上和严重性等视角看，老龄化问题的缓解难度很高。一方面，人口生育是基于文化、传统、法律、经济和社会等多维度的交叉问题,不可能通过简单行政要求实现;另一方面,人口迭代具有长周期性质,从孕育到成长为法定劳动人口,通常需要16~18年。这使人口结构失衡的影响呈现逐期叠加,问题因此更加复杂。

从时间线上看,1850年法国60岁及以上人口比例已超过10%,挪威达到这样标准的时间是1882年。按照联合国的标准,欧洲出现人口老龄化趋势可追溯到19世纪。欧美发达国家迈入老龄化社会已有较长时间。东亚国家日本目前60岁以上人口比例超过20%,65岁以上人口接近15%,老龄化程度也很高。"二战"后全世界的生产力和生产方式都得到快速的发展,生育的机会成本相比过去增加,同时人们的医疗卫生和健康意识增强,预期寿命不断增加,多方因素使老龄化成了世界的普遍性问题。

发展中国家的老龄化发展呈现出多元化趋势。一方面是由于发展中国家的分布相对分散,亚洲、非洲、南美洲等数量众多;另一方面是各个发展中国家也处于不同的发展阶段,时间线上的立足点各不相同。这些因素决定了发展中国家人口转变的进程有较大差异,加上不同国家的人口规模差异,导致发展中国家的人口老龄化程度差别较大。

现阶段老龄化国家总体上可以归类为四种类型。第一类是人口老龄化出现较早的群体,如乌拉圭、阿根廷、古巴等,早在20世纪80年代就已经进入老年型社会。第二类进入老龄化社会的时间略晚,大都在世纪之交的2000年左右进入,如中国、韩国、新加坡、泰国等。第三类是属于将要进入型,特征是国家整体人口仍较年轻,但死亡率和出生率已经开始下降,老年人口呈加速增长趋势,预计在21世纪20年代进入老龄社会,如印度、印度尼西亚、南非等。还有第四类国家,暂时离老龄化有一段距离,目前的人口整体趋势是年轻型,主要是一些西亚和北非国家。这些国家人口中位数偏低,死亡率正在下降,而出生率也有下降趋势,是一种较理想的人口年龄状态。这些国家预计在2050左右才会迎来老龄化,如埃及等。

我国进入老龄化社会是在2000年左右,目前60岁以上老人超过2.2亿人,占总人口数的16.14%。作为目前世界上排名第二的经济大国,我国的人均收入水平在全球排名仍处于中下游,社会各项保障措施、医疗设施、看护制度等仍亟待完善。从经济发展维度来看,发达国家经济发展与老龄化同步,进入老龄社会时人均国民生产总值(GDP)一般在5 000~10 000美元,部分国家还超过10 000美元。我国进入工业化的阶段较晚，老龄化到来之时，社会生产力并未达到较高水平。2017年统计的我国人均GDP为低于9 000美元，排世界第70位；同时65岁以上人口也已经超过10%，已进入深度老龄化社会。9 000美元的人均GDP尚未剔除通货膨胀，显然还有较多水分。我国区域发展、收入分配、社会保障等诸多方面与先行国家有所不同，在老龄化应对思路上不能盲目照搬国外做法，应该吸收其管理经验，同时结合我国的现实国情。表2－1是我国主要年龄段人口占比与人口中位数趋势数据。

表2－1　　我国主要年龄段人口占比变化趋势（1953~2017年）

年份	0~14岁（%）	15~64岁（%）	65岁及以上（%）	中位数
1953	36.3	59.3	4.4	22.7
1964	40.7	55.8	3.6	20.2
1982	33.6	61.5	4.9	22.9
1987	28.7	65.9	5.4	24.1
1990	27.7	66.7	5.6	25.3
1995	26.6	67.2	6.2	27.9
2000	22.9	70.1	7.0	30.8
2005	20.3	72.0	7.7	33.4
2010	16.6	74.5	8.9	35.2
2015	16.5	73.0	10.5	38.2
2016	16.7	72.5	10.8	39.1
2017	16.8	71.8	11.4	39.9

资料来源：相应年份中国统计年鉴、相应省份统计年鉴和统计公报，其中部分数据来自EPS，课题组在此基础上对相关数据进行了整理。

表2－1中的数据反映了我国老龄化程度的逐年加深。统计初期的0~14岁人口比例为36.3%，对应的65岁以上人口仅4.4%，年龄中位数是22.7岁。人口逐渐老化的过程中，0~14岁人口的补充有限。1953年中国人口为较为年轻的成年型，其后向年轻型转变，1964年已经成为年轻型人口，0~14岁人口比重在40%以上，65岁以上人口比重在4%以下。我国的生育率和死亡率从20世纪60年代开始稳定下降，人口类型从年轻型开始向成年型转变。进入80年代之后，0~14岁人口比重不断降低，逐渐低于30%，65岁以上人口比重持续上升，逐渐超过5%，人口结构已迈入成年型。随着老年人口比重和年龄中位数进一步提高，1990年的我国已经是典型的成年型人口。

第一部分 我国人口发展新趋势：动态与问题

人口年龄结构中的各年龄阶层是个相互依存的部分，老龄化、高龄化占比的提高，意味着其他年龄人口占比的下降。2017年的人口数据显示，0～14岁与65岁以上人口比分别为16.8%：11.4%，相比2015年和2016年而言，这两个年龄段的人口占比都在提高；与此对应的是15～64岁人口，从2010年的74.5%下降至2017年的71.8%。根据生育率下降的趋势预测，在未来阶段老龄化向高龄化转化的同时，0～14岁人口占比将下降更快，所以老龄化比重将持续走高。中国财政科学研究院课题组在其课题《2020：积极应对人口老龄化的挑战》中，以现有人口数据为预测基础，对目前至2050年的我国老龄人口占比进行了预测，具体节点见图2-4。

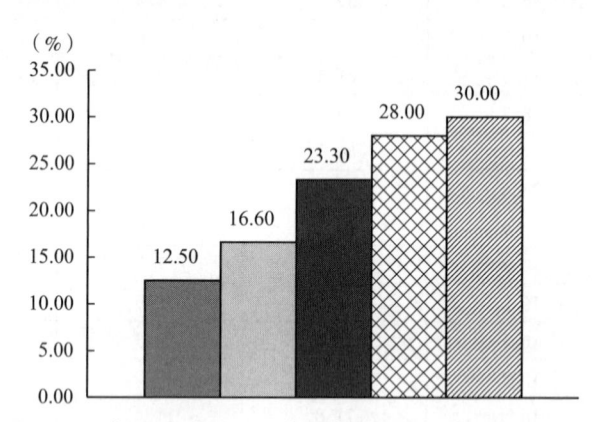

图2-4 我国60岁及以上人口占比预测（2010～2050年）

资料来源：中国财政科学研究院课题组《2020：积极应对人口老龄化的挑战》。

我国的老龄化到来得较为突然，其背景是延续了几十年的计划生育政策。这是一种全民奉行"我国人口过多"观念下和大量紧缩生育率背景下，尚未做好思想准备和物质准备的老龄化，也是在尚未完成工业化，经济发展处于转型背景下提前进入的老龄社会，即"未富先老"。因此，穆光宗（2011）指出，中国老龄化趋势不可阻挡，而养老服务体系滞后于养老服务需求，可谓"未备先老"。党的十九大已提出"人口均衡发展"的要求，并将老龄化问题划为重点研究内容。因此，虽然我国面临"未富先老""未备先老"的困境，但是我们仍有信心在党和政府的决策下群策群力，逐步缓解和合理应对相应挑战。

三、城镇化与强人口流动

根据美国地理学家诺瑟姆对世界各国城镇化的研究，世界城镇化分为三个阶段：初期是人口城镇化率在30%以下。城镇化初期阶段的基本特征是：农村人口占优势，工农业生产力水平较低，工业提供就业机会少，农业剩余劳动力得不到释放，城乡二元结构特征明显。中期通常指人口城镇化率30%~70%。城镇化中期阶段的基本特征包括：工业基础比较雄厚，经济实力明显增强，农村劳动生产率提高，剩余劳动力转向工业，城市人口比重快速突破50%，而后上升到70%。人口流入城市的速度逐渐放慢，很多地域城镇化率很难突破70%，会在中期阶段长期徘徊。城镇化后期人口城镇化率将突破70%，接近90%。农村人口向城镇人口的转化趋于停止，农村人口占比稳定在10%左右，城市人口占比可以达到90%左右，趋于饱和，这个过程的城镇化不再是人口从农村流向城市，而是城市人口在产业之间的结构性转移，主要是从第二产业向第三产业转移。

我国启动城镇化进程以来，从新中国成立初期不到20%的城镇化率，到2017年接近60%，对于一个人口超过13亿的大国而言，这既是经济发展框架下的人口迁徙和生活方式的变化，更是一种多元社会关系的调整和重构。如果选择1978年作为我国城镇化进程的起点，大致可将我国前期的城镇化进程归为三个具有不同侧重点的发展阶段：

第一阶段（1978~1985年）：城镇化建设的启动阶段。1978年安徽凤阳的小岗村开始家庭联产承包责任制的试验性尝试。随着家庭联产承包责任制被承认、施行、推广，我国的农村经济体制改革得到广泛推进。农业生产力的提高、农村生产关系的改善、农业的整体发展和农村市场化政策的逐步改进，使农村中大量闲置劳动力资源得到激发和利用。此外，一部分剩余劳动力加速从传统种植业向非农产业部门转移，也从农村向城镇转移，这些因素推动了我国的城镇化运动，出现大量"先进城后城建"现象。在城镇发展方面，束缚也在逐步放松。20世纪80年代之前的几十万上山下乡知青和干部逐渐返城就业，多种就业形势开始出现。城乡集贸市场开始吸收从农村转移的城镇暂住人口，从而推动了私营企业、乡镇企业和各地小城镇的发展。长期计划经济下的人口流动限制得到一定程度的释放，这一时期城镇化率已从1978年的17.92%快速攀升到1985年的23.71%。

第二阶段（1986~1995年）：城镇化建设的加速阶段。经过前期农村经济改革对农村闲置人口的释放和向城乡转移的推动，工业化进程成了重要的推进力量。改革开放后，国内市场需求拉动和外向型经济拉动成为主要的经济力量。在此期间，我国劳动密集型的轻工业得以迅速发展，从而带动工业就业人口迅速增长，沿海地区出现了大量由新兴小城镇组成的"工业化地区"。城乡二元经济下的工业化启动，通过"离土不离乡"的模式，人口流动空间、规模和时间都存在一定限制。城镇化增速明显低于工业化增速。从1986年到1995年，全国建制镇发展到17 532个，城镇总人口数达到35 174万人，人口城镇化率提高到29.04%。

第三阶段（1996年至今）：城镇化加速发展阶段。这一阶段我国城镇化迈入加速发展的阶段。外资企业、合资企业、乡镇企业、民营企业等数量和规模都有很大提高，工业化推进速度加快，产业结构进一步调整优化，农业比重快速下降，第二产业比重快速上升，其中制造业上升幅度很快，工业化与城镇化的联系更加紧密。城乡人口流动方面，农村人口向城镇转移的频率、规模都逐年增加。经济发达城市也出台相应政策，为有利于农村务工人员外出提供各种便利条件，就业保障、医疗保障等社会保障措施不断完善。中国统计年鉴显示，2017年我国常住人口城镇化率为58.5%，而户籍人口城镇化率为42.4%。

图2-5基于统计的基础上对新中国成立后我国城镇化发展进行了归纳与总结。图2-6则基于统计数据对未来发展趋势进行了展望，预测部分数据来源于联合国的预测结论。

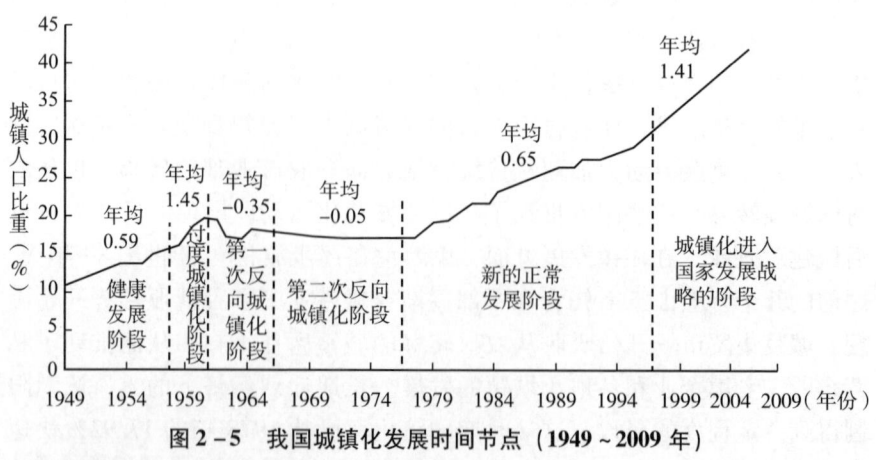

图2-5 我国城镇化发展时间节点（1949~2009年）

资料来源：相应年份中国统计年鉴、相应省份统计年鉴和统计公报，其中部分数据来自EPS，课题组在此基础上对相关数据进行了整理。

我国高速推进的城镇化进程，用几十年走完发达国家上百年的路。因此，不可避免会存在一些问题。国内外许多专家学者注意到，现阶段我国城镇化无法绕开两个核心要素：空间与人口。如何平衡空间与人口等因素在工业化进程中的相互影响，如何综合城镇化推进过程中速度、规模和效率等问题，始终是我国城镇化和工业化过程中需要谨慎处理和综合平衡的问题。

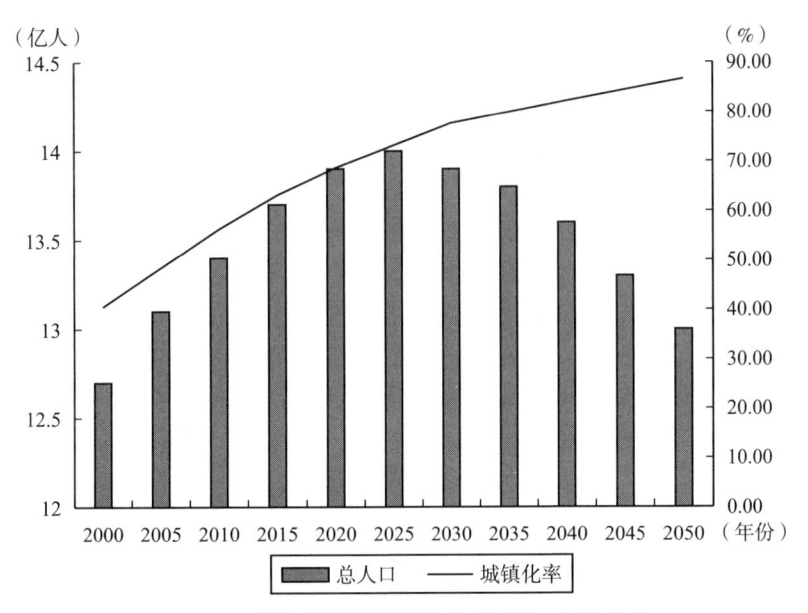

图 2-6 我国城镇化演进节点（2000~2050 年）

资料来源：历年中国统计年鉴及联合国发布的《2015 年世界人口展望》。

蔡昉（2018）认为目前我国城镇人口的年度增量构成中，有大约 16% 为自然增长，即城镇人口生育带来的增长；5% 是农转非人口；26% 为农民工增长的贡献；最大的 53% 来自所谓的就地变更——即通过行政区划变动导致的城镇化，例如县改市（区）、乡改镇、村改居委会等手段导致城镇人口的增加。就地变更在单纯统计口径中，大批农村居民身份变为市民，甚至很多还获得了城镇户口，但这本身并不涉及他们就业类型和居住地的变化，并不发生劳动力的重新配置，不是典型的库兹涅茨过程。真正符合库兹涅茨过程的城镇化因素是进城的农民工，而这个源泉已经开始式微。从人口趋势看，农村 16~19 岁人口在 2014 年达到峰值后，迄今已经处于负增长状态。

国家层面的总城镇化率只是一个总数，近年来我国三、四线城市在棚改和人口回流驱动下城镇化率有了明显提升，从分地区数据来看，我国各省城镇化率中较高的已经达到80%以上，进入城镇化后期的包括上海（87.9%）、北京（86.5%）和天津（82.9%），其中有13个省级行政单位（上海、北京、天津、广东、浙江、江苏、辽宁、福建、重庆、内蒙古、山东、黑龙江、湖北）的城镇化率均超过全国平均的58.52%。根据城镇化进程划分的三阶段，我国除了北京、上海和天津外，其他都已经进入中期阶段。根据李奇霖（2018）的测算，2017年我国一线城市的户籍城镇化率加权平均数为86%。对比先行国家的国际经验，城镇化中期通常是城镇化发展推进较快的阶段，进入后期阶段城镇化速度会明显放缓。如果我们假设城镇化速度每年增长1%，达到90%后有很大可能将长期保持在90%左右，因为城镇化后期的演进将进入平台期。

对于我国城镇化发展水平，目前也存在多种不同的观点。这些观点归纳起来，主要有严重滞后型、水平适度型和隐性超城镇化三种。严重滞后型观点基于工业化与城镇化、中国现实与国际经验的静态比较，结合政府在城乡二元结构中的人口流动控制、户籍管制和体制管制等因素，以及部分大城市发展过程中空间控制等多种因素，认为现阶段我国的城镇化进程"严重滞后"现实工业化发展。水平适度型观点则认为，虽然存在上述的问题，但是，如果把参与城镇经济活动的近郊农民和进城务工经商的外地农民一并统计在城镇人口中，我国目前城镇化水平与工业化进程基本合理。这一观点的主要依据是，目前我国"离土不离乡"的人口流动特征，实际上已把人口和空间都限定在较小范围。隐性超城镇化观点认为，目前我国城镇化发展不仅未滞后于工业化，反而存在隐性的超城镇化。这一观点的依据主要是，目前我国统计的工业总产值和工业增加值中很大部分是乡镇企业和农民工创造，但实际统计过程中又并未将其计算在内，因此存在低估工业总产值和工业增加值的现象。按照这样的逻辑，目前阶段我国的城镇化和工业化就存在一定的低估现象。以上三种观点都以城镇人口占比，即城镇化率为核心指标测度城镇化水平，存在一定局限性。

应该看到，城镇化是一个内涵丰富的立体概念，并不是城镇化率越高，社会发展和经济发展就越合理，二者并不存在必然的联系。从世界各国的城镇化进程来看，也同样存在多样化的现象。如同时存在同步城镇化（如多数欧洲国家）、过度城镇化（如部分南美国家）和滞后城镇化（如印度等国家）等不同模式。判断城镇化发展水平，既要考虑到人口向城镇集聚的人口因素，也考虑到城镇化发展的质量、规模、健康程度等空间因素。从城镇人口比重维度分析，中国城镇化水平存在一定滞后。表2-2对世界部分国家和地区的城镇化水平进行了梳理，并选择1990年和2017年两个时间截面进行比较。

表2-2　　世界部分国家和地区城镇化水平（1990年和2017年）

各个国家及全球	城市人口占总人口比例（%）		最大城市人口占城市人口比例（%）	
	1990年	2017年	1990年	2017年
澳大利亚	85	89	25	21
巴西	74	86	13	12
加拿大	77	82	18	20
中国	26	59	3	3
古巴	73	77	27	24
法国	74	80	22	20
德国	73	75	6	6
印度	26	33	6	6
日本	77	93	34	32
俄罗斯	73	74	8	11
瑞典	83	86	15	18
瑞士	73	74	20	20
英国	78	83	18	19
美国	75	82	9	7
全球	43	56	17	18

资料来源：世界银行官方发布（*World Development Indicators：Urbanization*），本书进行收集排序。http：//www.worldbank.org/。

由表2-2可以看出，2017年全球的城镇化水平在56%，我国目前是59%，已高于全球平均水平3个百分点。全球的城镇化水平是个平均值，参考意义有限。实际上，欧洲、拉美、北美、中东和北非，以及东亚等地区，其城镇化水平都远高于我国，南亚地区则远落后于世界平均水平。我国目前城镇化水平仍存在较大提升空间,这既是经济和社会发展的客观要求,也是我国持续发展的主观愿望。现阶段我国仍处于工业化进程之中,"中等收入陷阱"也未完全跨越,经济和人口的发展都需要持续推进。此外,从空间资源的集聚程度考察,最大城市所吸纳的全部城市人口比重的情况中,世界水平是18%,我国则是3%左右,其他地区基本超过10%,北美为8%。即使参考最低水平的北美,我国在城镇化集聚的程度上,亦即人口和空间的规模与效率维度,也仍有所欠缺。

根据一般发展规律,我国城镇化的任务远未完成。从城镇化率指标来看,我国目前距离世界银行划分的中等偏上收入国家65%的水平还有较大的差距。根据世界银行的划分,高收入国家的城镇化率是84%,中等偏上收入国家城镇化率为65%,目前我国常住人口城镇化率为59%,而且户籍人口城镇化率与常住人口城镇化率尚有16个百分点的缺口要填补。

不合理的人口分布,特别是经济社会资源的空间分布与人口分布协调度低,必然伴随生产要素不匹配、资源利用低效率等问题。在现代社会中,人口空间效率建立在诸多方面,包括经济、环境、文化、社会等。党的十九大强调全面的均衡发展,包括人类社会与自然和谐相处的模式等,都需要我们重视人口分布的空间效率。为了衡量人口规模与经济规模的协调性,学界构造了反映某地区经济集聚和人口分布状况的指标GPR_i[①]。对于区域经济规模和人口规模的协调度而言,$GPR_i > 1.25$表明区经济集聚度高于人口集聚度,$GPR_i < 0.75$表明区经济集聚度低于人口集聚度。GPR_i越偏离1,表明从一国范围内看,该地区经济集聚和人口集聚的协调度越差。图2-7对我国2000~2017年的GPR_i指数进行了核算,并通过图形方式描述发展趋势。

---

① 以$G_i(i=1,2,3,\cdots,n)$表示某国家n个一级行政区的国内生产总值,P_i表示各一级行政区的人口规模。因此,该国的国内生产总值可记为$G = \sum G_i$,该国的人口总规模为$P = \sum P_i$,该国某地区生产总值占全国的比重为:$g_i = \frac{G_i}{G}$;该国某地区人口规模占全国的比重为:$p_i = \frac{P_i}{P}$。基于g_i、p_i的数据,可进一步获得反映某地区经济集聚和人口分布状况的简单度量指标GPR_i,即:$GPR_i = \frac{g_i}{p_i}$。

第二章 当前我国人口发展的问题

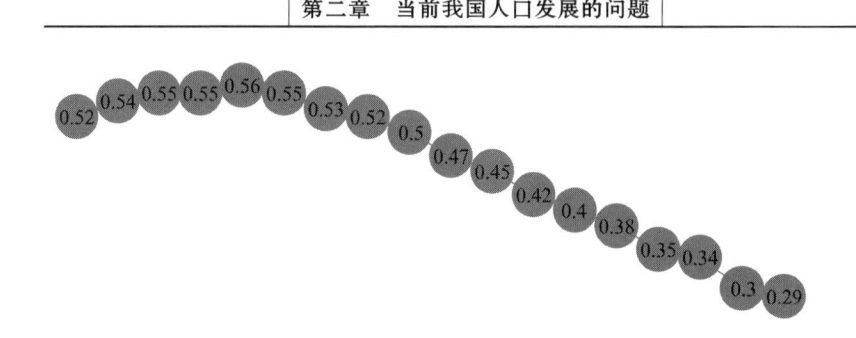

图中数据点：0.52、0.54、0.55、0.55、0.56、0.55、0.53、0.52、0.5、0.47、0.45、0.42、0.4、0.38、0.35、0.34、0.3、0.29（对应年份2000～2017）

图 2-7 区域经济规模与人口规模协调指数趋势（2000～2017 年）

当考察一个国家的状况时，区域间经济规模与人口规模完全均衡，即各区域经济比重和人口比重完全相等，各个区域的 GPR_i 都为 1 时，国家（区域）经济与人口在地理空间上的分布最为均衡。在考察相关概念时，有学者基于 GPR_i 构建基础，形成了评价区域人口规模与经济规模空间分布协调度的指数——区域人口规模与经济规模协调偏离度指数（HD），通过 HD 来更确切评价区域经济规模与人口规模的协调情况。具体公式如下：

$$HD = \sqrt{\sum_{i=1}^{n} P_i (GPR_i - 1)^2}$$

从公式的表达式可以看出，当一个国家或地区 GPR_i 偏离 1 的区域空间越多、偏离人口比越高、偏离数值越大，则该国家或地区的经济规模与人口规模越不均衡，HD 值也因而会越大。一般地，$HD < 0.25$ 为协调状态，$HD \in (0.25, 0.35)$ 为较协调状态，$HD \in (0.35, 0.5)$ 为较不协调状态，$HD > 0.5$ 为很不协调状态。

20 世纪 90 年代至 21 世纪初，我国区域人口规模与经济规模的协调偏离度指数出现总体上行态势，大部分时期处于较不协调状态，一度跨入很不协调的区间范围，人口分布的合理性有降低趋向。进入 21 世纪以来，随着我国人口城镇化的快速推进，社会各界对城镇化、人口、空间和生态日益重视，HD指数持续下降。但是，参考发达国家平均0.2左右的HD指数水平，现阶段我国的区域人口规模和经济规模仍处于较不协调状态。因此，从这个数值维度来看，我国人口空间分布的合理性依然存在很大提升空间。

第二部分
中部六省人口均衡发展：现状与挑战[①]

  中部地区是我国重要的劳动力输出地区，是我国人口"蓄水池"。中部地区人口发展的稳健与持续，是我国社会和经济发展的重要保障。本书基于各部门统计资料，从静态和比较静态等维度对中部地区与中部六省的人口规模、人口出生率、人口死亡率、人口年龄结构、人口性别结构、人口城乡分布结构等指标进行分析。选择生育政策视角和城镇化视角对中部六省人口均衡发展进行量化分析后，概括发展现状并提出问题，聚焦中部地区新兴城镇化、农民工流动和城市群发展等问题，提出观点、对策和建议。

---

① 第二部分作者为颜玮。

第三章

中部六省人口发展概况

关注中部地区的人口发展问题，无法脱离经济发展和社会发展这两大背景。目前中部人口发展的诸多相关问题中，最重要的两个分别是劳动就业问题和社会保障问题。中部地区既没有东部沿海发达地区的经济基础，也未能获得西部地区的政策倾斜。近年中部地区已呈现较强上冲趋势，在当前城镇化转型、东部产业转移背景下，具有非常重要的意义，有利于下一阶段实现人口等资源的聚集。

中部地区包含安徽、湖北、湖南、山西、河南和江西六省。根据国家统计局2018年发布的统计公报显示，2017年年底中部地区人口规模为3.69亿，人口增速与全国水平接近，但低于东部地区和西部地区。东北地区近年人口增速都为负，不具有时间维度的可比性。从经济发展维度比较，中部六省GDP规模从大到小依次为河南、湖北、湖南、安徽、江西和山西，近年这一格局保持相对稳定。其中，湖北和湖南的排序屡有调整。统计数据显示，2017年河南、湖北、湖南、安徽、江西和山西的生产总值依次为44 552.83亿元、35 478.09亿元、33 902.96亿元、27 018.00亿元、20 006.31亿元、15 528.42亿元，相比2016年都有较明显增长。在人均生产总值维度，湖北以60 199元居于中部六省首位，湖南则以49 558元居次席。从数据中可以发现，目前的中部六省之中，人均生产总值超过60 000元的只有湖北。排名第三至第六位的分别是河南、江西、安徽和山西，四个省份的人均产值接近，分别为46 674元、43 424元、43 401元、42 060元。

中部地区一直以来承担向东南沿海发达地区输出劳动力的功能，是传统的人口"蓄水池"。经济发展速度存在差异，各省处在不同的经济发展阶段，因此各地区间存在显著的发展梯度。梯度是导致人口流动与聚集的重要因素。传统上，人口是从经济欠发达地区向发达地区输出并聚集，但这一发展过程中也伴随回流，即目前的城镇化进程中的逆城镇化现象。统计数据显示，2015年全国乡村就业人员比2005年减少9 217万人，2015年农民工总量大概有2.77亿人。10年时间里乡村就业人员减少近1亿，其中主体务工群体流入各城市。但是，根据国家统计局的流动人口统计数据显示，近距离跨乡镇外出农民工增量自2010年就开始下滑，2015年的数据是63万人，2015年外出农民工数量相比2014年接近于零增长。《2016年农民工监测调查报告》显示，2016年农民工总量达到28 171万人，比上年增加424万人，增长1.5%，增速比上年加快0.2个百分点；2017年增长率趋近于零。农民工外出规模和增长速度的调整变化，可以解读为我国流动人口规模，包括整体的青壮年劳动力供应等人群已经接近增长临界值。

农民工流动的频率、规模和质量，对于我国经济发展、城镇化推进和工业化深入具有深远的影响。现阶段，我国的城市规模越来越大，许多一线城市和二线城市不断撤县为区，朝更大的城市和城市群演进。其中，联市扩张的城市群发展战略，业已成为区域发展的重要内容。城市的发展无法离开人口的聚集，只有聚集产生的规模和效率才能推进空间资源的重构。在一定时期内，人口存量基本稳定的背景下，人口流动趋势和规模具有重要的意义。因此，探析中部地区的人口发展现状、趋势和问题，对于整体国民经济发展模块中的劳动力供给和需求，以及未来阶段的人口发展具有极其重要的价值和意义。

中部地区的经济发展、区域发展和文化发展，相比东南沿海发达地区相对滞后。但是，客观上中部地区工农业基础雄厚，现代服务业发展迅速，尤其在环比增速等维度上具有显著进步，已成为目前中国经济发展的第二梯队。中部地区依靠约占全国10%的土地，承载超过全国约1/4的人口，创造超全国1/5的生产总值，中部地区不仅是我国人口大区、交通枢纽、经济腹地和重要市场，也是地域分工、经济增长和国家建设中的重要角色。

一、中部六省人口发展现状

中部地区是我国劳动力"蓄水池"，在人口规模、人口结构等方面具有历史优势。随着区域经济发展的不平衡，人口持续流出，叠加生育政策约束和社会发展驱动下的生育率下降，近年来中部地区也面临人口发展的诸多问题。客观上，中部地区的人口发展趋势与我国整体人口发展趋势具有总体的一致性，但是在省际发展层面，不同省份也有较大差异。

随着区域经济、城市群经济等多框架的区域竞争日趋加剧,人口资源以生产要素的角色在区域间流动更加频繁。中部地区近年人口发展情况大概可归为以下几方面。

(一)人口增速渐缓

"全面二孩"政策在一定程度上刺激了我国逐渐下降的人口生育率,在2015年、2016年表现显著,但2017年的统计数据显示,"全面二孩"政策的刺激效果日渐消散。传统的人口大省,如河南、湖南、湖北和安徽等,在过去的几年中人口增速形成一波小冲击。例如,河南2012~2016年的环比增速分别为0.19%、0.07%、0.24%、0.47%、0.55%,但2017年下降到0.28%;湖南2011~2015年的环比增速分别为0.40%、0.65%、0.78%、0.69%、0.68%,随后的2016年和2017年分别是0.57%和0.56%。随着我国生育政策的逐步放松,累积生育意愿得到集中性释放,是过去几年这些省份人口增速有所上升的主要原因。显然,外生冲击在人口增长的持续性方面效率有限。21世纪之前,中部六省的人口上升趋势较为显著;进入21世纪之后,尤其是过去10余年,人口总数无明显变化。表3-1汇总了2007~2017年中部六省以及全国的人口规模变化。

表3-1 中部六省人口规模变化(2007~2017年) 单位:万人

全国及中部六省	2007年	2008年	2009年	2010年	2011年	2012年	2013年	2014年	2015年	2016年	2017年
全国	132 129	132 802	133 450	134 091	134 735	135 404	136 072	136 782	137 462	138 271	139 008
山西	3 393	3 411	3 427	3 574	3 593	3 611	3 630	3 648	3 664	3 682	3 702
安徽	6 118	6 135	6 131	5 957	5 968	5 988	6 030	6 083	6 144	6 196	6 255
江西	4 368	4 400	4 432	4 462	4 488	4 504	4 522	4 542	4 566	4 592	4 622
河南	9 360	9 429	9 487	9 405	9 388	9 406	9 413	9 436	9 480	9 532	9 559
湖北	5 699	5 711	5 720	5 728	5 758	5 779	5 799	5 816	5 852	5 885	5 902
湖南	6 355	6 380	6 406	6 570	6 596	6 639	6 691	6 737	6 783	6 822	6 860

资料来源:相应年份中国统计年鉴、相应省份统计年鉴和统计公报,其中部分数据来自EPS,课题组在此基础上对相关数据进行了整理。

以河南为例,2007年人口规模是9 360万人,10年后的2017年人口总数为9 559万人,人口变化在200万人左右;湖南、江西、安徽、湖北等，基本是同样的人口变化趋势。中部地区的人口规模变化已经进入了稳定的高原期。将人口规模变化趋势采用折线图表示，能够更直观地发现中部地区的人口规模变化情况，详见图3-1。

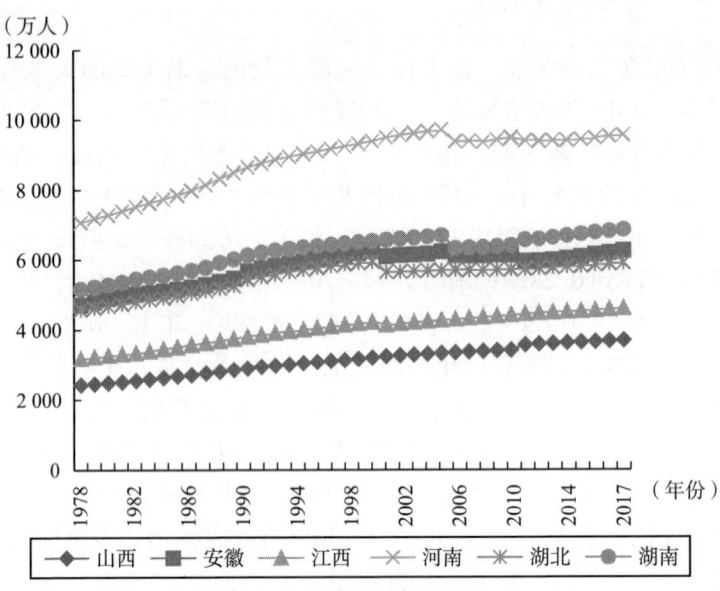

图3-1 中部六省人口规模增长趋势（1978~2017年）

资料来源：相应年份中国统计年鉴、相应省份统计年鉴和统计公报，其中部分数据来自EPS，课题组在此基础上对相关数据进行了整理。

将表3-1的绝对人口规模变化情况转化成环比增长率，有利于直观发现中部六省的人口增长变化情况和发展趋势，尤其是对人口增长在正负之间的变化趋势有更直观的把握，详见表3-2。

表3-2　　　　中部六省人口环比增长率（2007~2017年）　　　单位：%

全国及中部六省	2007年	2008年	2009年	2010年	2011年	2012年	2013年	2014年	2015年	2016年	2017年
全国	0.52	0.51	0.49	0.48	0.48	0.50	0.49	0.52	0.50	0.59	0.53
山西	0.53	0.53	0.47	4.29	0.53	0.50	0.53	0.50	0.44	0.49	0.54
安徽	0.13	0.28	-0.07	-2.84	0.18	0.34	0.70	0.88	1.00	0.85	0.95

续表

全国及中部六省	2007年	2008年	2009年	2010年	2011年	2012年	2013年	2014年	2015年	2016年	2017年
江西	0.67	0.73	0.73	0.68	0.58	0.36	0.40	0.44	0.52	0.58	0.65
河南	-0.34	0.74	0.62	-0.86	-0.18	0.19	0.07	0.24	0.47	0.55	0.28
湖北	0.11	0.21	0.16	0.14	0.52	0.36	0.35	0.29	0.61	0.57	0.29
湖南	0.20	0.39	0.41	2.56	0.40	0.65	0.78	0.69	0.68	0.57	0.56

资料来源：相应年份中国统计年鉴、相应省份统计年鉴和统计公报，其中部分数据来自EPS，课题组在此基础上对相关数据进行了整理。

表3-2聚集了最近10年的信息。从表中看，虽然略有小增速波动，但全国的人口环比增长速度基本稳定在0.5%。中部六省之间的人口规模变化异质性较大，而且同一个省份在这10年间也存在一定波动性，这与国家层面的人口规模变化不太一样。综合分析可以归纳为以下几点：

1. 湖南、安徽、河南人口发展波动性大

选择2007年为起点，河南多年出现环比负增长，其中2010年达到-0.86%。对于人口近1亿的省份而言，-0.86%是巨大的人口变动幅度。安徽2007年的人口环比增速为0.13%，2010年为-2.84%，2017年为0.95%，人口增幅呈现跳跃性。湖南的人口增幅跳跃性虽无如此夸张，但也有一定波动性，2007年人口环比增速为0.20%，2017年增长为0.56%，总体上回归于全国平均水平。人口增速的大幅跳跃，在自然环境下很少出现，因此通常被理解为外生冲击。对于安徽、河南这样的负增长，计划生育政策的强烈冲击可能是其中的部分原因。

2. 江西、山西、湖北人口发展较为稳定

中部六省中江西、山西和湖北的人口发展趋势相对稳定。江西一直以来的人口增长趋势都保持与全国趋势接近。在2010年之前，略高于全国平均水平，但随后趋于稳定。一个合理的解释是，江西是农业大省，很多农村家庭具有生育"二孩"的机会，人口出生率具有高于一孩家庭为主省份的天然基础。"全面二孩"政策推行后，累积生育欲望的释放效应不强烈，政策的"催生"效果不明显，从江西的人口增速上可以体现。

山西和湖北是中部地区进入工业化和城镇化最早的省份,也是工业化和城镇化程度最高的省份。湖北的人口增长在"全面二孩"政策后冲高,现阶段也进入了回落区间。山西情况类似,但是山西的人口在2017年仍保持着增速上冲的趋势。

3. 河南、湖北人口增速相对偏低

若以国家平均水平0.53%为参照基础,河南和湖北2017年的人口环比增速为0.28%和0.29%,都远低于国家平均水平;如果参考之前的增速,河南、湖北仍处于过低状态。其中,河南在过去10年一直呈现增幅波动剧烈的状态,人口生育政策调整之后,2014年、2015年和2016年都呈现回升趋势,但是2017年的降速显得较为突兀;湖北也呈现相似发展趋势,是生育政策调整之后的剧烈回落。抛开其他因素单从人口规模变化来看,湖北和河南的人口集聚如果不能维持,未来的经济和社会发展必然将面临许多问题,其中将包含基于人口问题而伴随的严峻挑战。

(二) 出生率超稳定

中部六省的人口出生率变化,最终依赖于国家整体的生育政策、生育文化和社会的生育大环境。虽然从人口规模的总体变化趋势上,中部六省之间存在较大的省际差异,但目前仍处于可控性较高的增长过程中。关注人口的全面均衡发展,必须关注人群的出生率、死亡率和自然增长率等指标。人口整体规模是静态概念和存量概念,出生率和死亡率则是与"流动"人口关联的动态概念,更具有趋势性的预判价值。

中部六省之中,河南和江西的人口出生率曾长期处于较高的位置。20世纪80年代之前的江西和90年代的河南,人口出生率都超过25‰,属于现代社会中极高的人口出生率;相对地,山西、安徽和湖北的人口出生率在同时期相对较低。通常情况下,人口出生率高低与工业化进程密切相关,人口转变理论不仅适用于国家,同样能够解释区域视角下各省份的人口发展历程。表3-3对中部六省在2007~2017年的人口出生率进行了统计。

第三章　中部六省人口发展概况

表3-3　　　　　　中部六省人口出生率（2007~2017年）　　　　　单位：‰

省份	2007年	2008年	2009年	2010年	2011年	2012年	2013年	2014年	2015年	2016年	2017年
山西	11.30	11.32	10.87	10.68	10.47	10.70	10.81	10.92	9.98	10.29	11.06
安徽	12.75	13.05	13.07	12.70	12.23	13.00	12.88	12.86	12.92	13.02	14.07
江西	13.86	13.92	13.87	13.72	13.48	13.46	13.19	13.24	13.20	13.45	13.79
河南	11.26	11.42	11.45	11.52	11.56	11.87	12.27	12.80	12.70	13.26	12.95
湖北	9.19	9.21	9.48	10.36	10.39	11.00	11.08	11.86	10.74	12.04	12.60
湖南	11.96	12.68	13.05	13.10	13.35	13.58	13.50	13.52	13.58	13.57	13.27

资料来源：相应年份中国统计年鉴、相应省份统计年鉴和统计公报，其中部分数据来自EPS，课题组在此基础上对相关数据进行了整理。

表3-3所提供的2007~2017年中部六省出生率数据具有以下几个特征：

1. 省际人口出生率异质性较强

无论是表3-3的起始年份2007年，或是终点年份2017年，人口出生率在各省之间的差异都显而易见。同处中部地区的六个省份，人口出生率长期呈现如此大的差异，这一现象本身就超越了地理因素的解释范围。其中，山西和湖北的人口出生率长期低于其他省份，江西则长期处于人口出生率较高的位置。需要注意的是，受生育政策放松而获得累积生育意愿释放的省份中，山西和湖北是生育率反弹最强劲的省份，江西、河南和湖南则相对平淡。"全面二孩"政策对生育率偏低省份推进力的持续性问题，现阶段仍不能做出满意回答。

2. 省际人口出生率有趋同趋势

虽然从表3-3的数据来看，中部六省的人口出生率具有显著异质性。放在更长的时间序列下，各省的差异性呈现出缩小趋势。图3-2的考察期比表3-3要长，起点年份从2007年提早至1978年。更长的时间轴提供了更多互动信息。

可以发现，相比过去较为显著的省际差异，2010年后中部六省出生率呈现出趋同趋势。一方面是省际差距逐渐缩小，另一方面是六个省份都趋于自身的发展平稳，以往那种较大振幅的波动几乎不再出现。当然，在这些共同点之外，仍不能忽视形成省际生育率差异的相关因素。图3-3

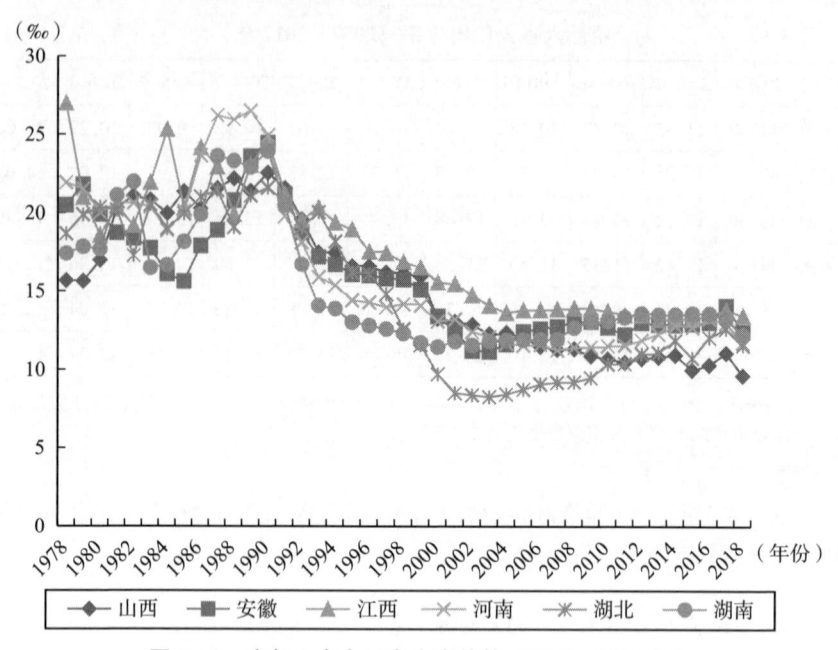

图 3-2 中部六省人口出生率趋势（1978~2018 年）

资料来源：相应年份中国统计年鉴、相应省份统计年鉴和统计公报，其中部分数据来自 EPS，课题组在此基础上对相关数据进行了整理。

通过对 1978~2018 年中部六省生育率极差的变化趋势汇总，客观表述了中部六省从差异化到趋同化的逐渐平稳发展历程。

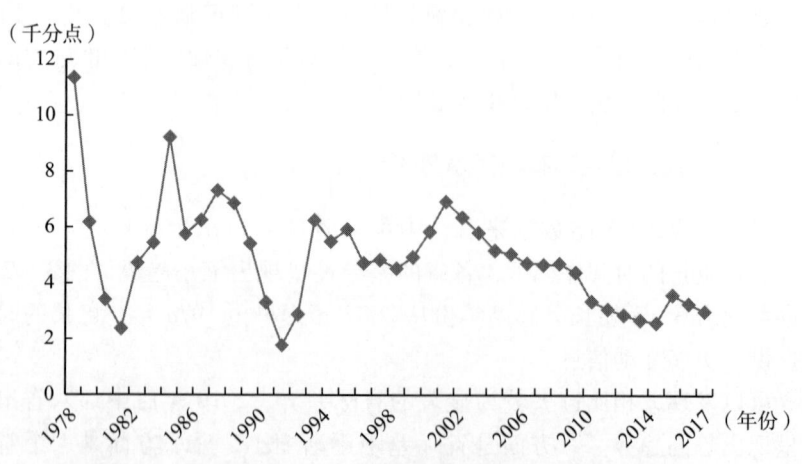

图 3-3 中部六省人口出生率极差变化趋势（1978~2017 年）

资料来源：相应年份中国统计年鉴、相应省份统计年鉴和统计公报，其中部分数据来自 EPS，课题组在此基础上对相关数据进行了整理。

3. 六省人口出生率趋于自身平稳

如前文所述，中部六省的人口出生率波动日趋缓和，省际极差已从 20 世纪 80 年代左右超过 10 个千分点，回落至 2010 年后的 2~3 个千分点之间。相比本省的人口出生率变化，出生率波动性也逐渐收缩至 2 个千分点，各省之间出生率趋于省际差异的"稳定"。趋于自身平稳是主要特征，但小范围的调整仍在持续。从表 3-3 可以发现，以山西为例，其人口出生率一路下滑，虽然生育政策放宽后出生率有所回弹，但增加幅度有限，目前仍是中部生育率最低的省份。此外，一直偏低的湖北，近年人口出生率也呈现出一定程度反弹。工业化和城镇化与人口出生率直接的反向关系，使生育政策放松对中部地区生育率反弹的持续性形成调整。生育率趋稳是中部六省人口发展的一个重要特征。

目前人口学和社会学的很多学者认为，"全面二孩"政策的实施，是全国范围内的人口出生率近 2~3 年持续回升的重要原因，但不能把回升原因全部归为可持续的人口出生率增长。过长的计划生育政策已经累积了大量生育需求，这对于大量的"70 后"和"85 前"育龄女性而言，时间窗口弥足珍贵。这是近 2~3 年生育率走高的客观基础，具有短期冲击与长期趋势交织的特殊性。其中，短期冲击会通过时间被消除，长期趋势也将在更长时间维度被修正。随着社会进步、经济发展和文明演化，生育欲望降低、生育成本上升是必然现象。因此，基于人口出生率思考目前中部六省的人口发展现状，可以认为，中部地区的人口均衡发展存在各种各样的问题，短期冲击需要引起重视，长期发展则需要规划和引导。

（三）死亡率存差异

人口出生率、死亡率和自然增长率，是社会人口发展的基础性指标，也是考察人口可持续发展的核心因素。人口死亡率具有多维度内容，包括自然死亡率和非自然死亡率。因此，死亡率能够侧面反映一个地区的生活水平、医疗水平、卫生状况和社会保障水平，是宏观社会与经济发展在人口发展的综合结论，也是衡量人口健康状况、社会发展程度等因素的重要参考指标。进入工业化之前，西方国家的死亡率很高，随着生产力提升、科技进步、医学发展以及生活水平提高，死亡率快速下降。新中国成立之后，我国的死亡率也出现大幅下降。从历史数据来看，前工业化时期和工业化早期，世界各国的死亡率普遍在30‰以上。我国在1949年以前死亡率长期处于较高水平，曾一度高达28‰~33‰。新中国成立之后，死亡率快速下降，1949年为20‰，1957年降到10.80‰，1970年降到7.60‰，1986年为6.69‰，1990年为6.28‰。但是，2011年为7.16‰，2015年降至7.11‰，2016年为7.09‰，2017年回到7.01‰。目前国家层面的死亡率基本稳定，处于当前世界较低死亡率水平。

中部六省的人口出生率与全国水平接近，死亡率则显著低于全国平均水平，这一情况已延续较长时间。如前所述，死亡率与地区经济、文化、医疗保障等关联较为密切，也与人群生活方式和生活习惯有关。死亡率的变化调整也反映出一些问题。表3-4对2007~2017年中部六省死亡率进行了收集整理。

表3-4　　　　　　中部六省人口死亡率（2007~2017年）　　　　　　单位：‰

省份	2007年	2008年	2009年	2010年	2011年	2012年	2013年	2014年	2015年	2016年	2017年
山西	5.97	6.01	5.98	5.38	5.61	5.83	5.57	5.93	5.56	5.52	5.45
安徽	6.40	6.60	6.15	5.95	5.91	6.14	6.06	5.89	5.94	5.96	5.90
江西	5.99	6.01	5.98	6.06	5.98	6.14	6.28	6.26	6.24	6.16	6.08
河南	6.32	6.45	6.46	6.57	6.62	6.71	6.76	7.02	7.05	7.11	6.97
湖北	5.96	6.50	6.00	6.02	6.01	6.12	6.15	6.96	5.83	6.97	7.01
湖南	6.71	7.28	6.94	6.70	6.80	7.01	6.96	6.89	6.86	7.01	7.08

资料来源：相应年份中国统计年鉴、相应省份统计年鉴和统计公报，其中部分数据来自EPS，课题组在此基础上对相关数据进行了整理。

以2017年我国7.11‰的平均死亡率为参考基准，表3-4内的数据大都低于此水平。在2007~2017年的中部六省死亡率数据中，仅有2008年湖南的死亡率高出2017年的全国平均死亡率。因此，整体上中部地区的死亡率水平低于全国。通过比较分析表3-4的数据，我们得出以下结论：

1. 死亡率趋于自稳

北京、广东、宁夏、新疆等省区市的死亡率一直较低，从历史数据上看，大部分时期低于5.00‰。包括我国的重要城市上海，作为经济、文化和科技发达的代表性城市，近年的死亡率也仅略高于5.00‰。这些省份是中部地区的发展参考。

总体上看,中部各省的死亡率近年呈下降趋势。其中,河南、湖南和安徽等省份,近年死亡率数据不太稳定,时有冲高。2017年中部地区大部分省份死亡率趋稳回落。通常情况下,死亡率数据随着经济发展下降到一定程度之后便保持相对稳定,极少出现大幅度起伏。河南、湖北等省份在过去10年间,死亡率有一定幅度的跳跃与反复,详细趋势可参见图3-4。中部地区死亡率将趋同于上海、北京和天津等地区,这种乐观预期建立于经济增长和科教文卫投入的大环境,微观上需要医疗保障和社会服务水平等方面提高密度和强度。

2. 省际差异未能消失

图3-4中部六省死亡率发展趋势中很直观地反映出一个趋势,即20世纪90年代后的中部六省,经过动荡调整后先后进入平稳阶段。虽然进入21世纪之后,部分省份有振荡,如安徽在2003~2005年的降低、湖南在2008~2010年的突然冲高等,但是,整体上中部六省死亡率维持在5.00‰~7.00‰的区间内调整,保持稳定的相对结构。湖南和河南的位置相对较高。山西在开始阶段与其他省份接近,但2010年之后逐渐下移。

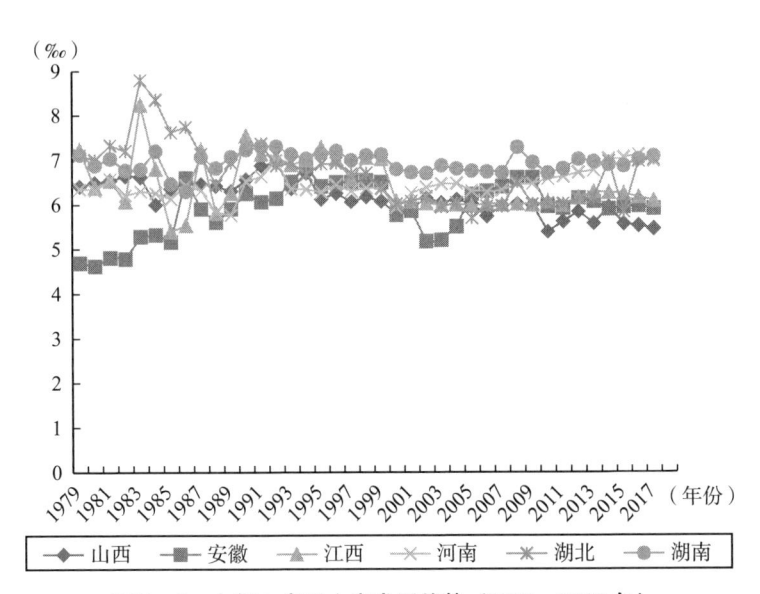

图3-4 中部六省死亡率发展趋势(1979~2017年)

资料来源:相应年份中国统计年鉴、相应省份统计年鉴和统计公报,其中部分数据来自EPS,课题组在此基础上对相关数据进行了整理。

不容忽视的事实是，中部六省之间的死亡率差异仍较为显著。从理论上说，随着生产力水平提高和经济发展，各省之间的医疗水平、教育水平和生活方式会趋于收敛，表现在死亡率上就是逐渐降低，省际差异逐渐缩小。图3-4呈现出省际死亡率结构的相对稳定，从图3-5的极差趋势也可看出，中部六省呈现出明显的收敛趋势。但是，省际的异质性仍然显著。从结果上看，近10年六省之间的死亡率差异接近2个千分点。考虑到这种差异产生于地理位置相邻的区域，并且基于5 000万左右的人口规模，2个千分点的差异对应的人口总数已然较大。因此，中部六省目前仍然存在一定的死亡率差距，仅用经济发展差异来解释可能还不够。

中部地区城镇化水平和工业化水平较高的两个省，分别是湖北和山西。其中，湖北的生育率一直偏低，近年略有回升；对应地，湖北的死亡率相对而言略高，与其自身的经济发展地位、文化发展地位和区域发展地位不相匹配。山西的死亡率一直处于中部地区的最低，与其工业化和城镇化水平较为契合。从这个维度上思考，湖北、湖南等省的数据值得进一步挖掘。

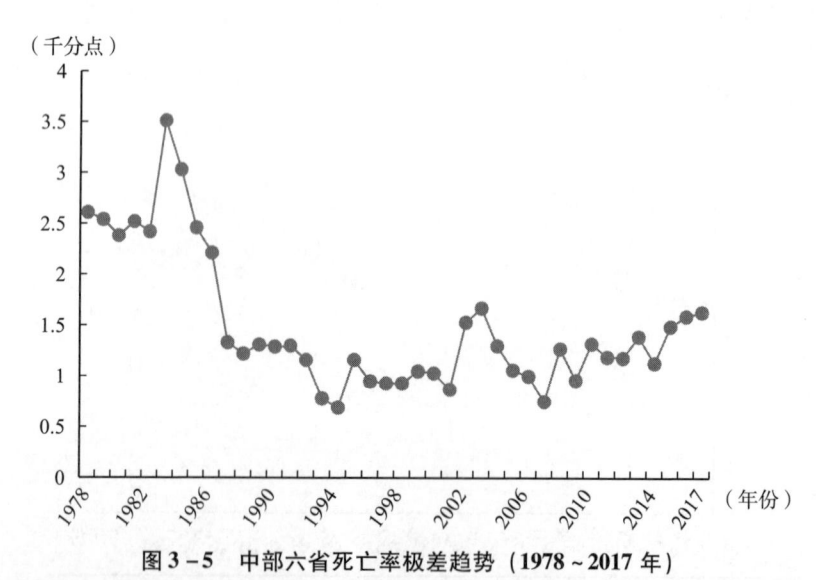

图3-5 中部六省死亡率极差趋势（1978~2017年）

资料来源：相应年份中国统计年鉴、相应省份统计年鉴和统计公报，其中部分数据来自EPS，课题组在此基础上对相关数据进行了整理。

3. 偏高省份仍然走高

与六省之间死亡率差异问题相关的另一个方面就是,死亡率相对偏高的省份,并未随着经济发展而逐渐降低,没有实现预期中的趋同。死亡率不仅反映一个地区的经济发达程度、医疗保障水平、文化发展水平以及生活现代程度等,也反映该地区的生活幸福程度、社会管理水平等诸多方面。从图3-4中可以看出,中部六省中湖南、河南的死亡率相对偏高,且这一偏高持续存在。虽然中部地区死亡率相比全国水平而言相对较低,从发展方向上,中部地区应该向北京、天津和上海等地靠拢;在中部地区内部,各省份应该向山西靠拢。中部地区人口规模最大的省份是河南,人口规模最小的是山西,目前湖南的人口规模也仅次于河南。湖南和河南两个人口最大的省份,有必要对相关的问题进行关注和跟踪,限于篇幅和本书研究方向,在此不再展开。

二、中部六省人口结构变化

习近平总书记在党的十九大报告中指出:"积极应对人口老龄化,构建养老、孝老、敬老政策体系和社会环境,推进医养结合,加快老龄事业和产业发展。"国家统计局发布的《2018年国民经济和社会发展统计公报》显示,2018年年末,我国0~15岁(含不满16周岁)人数为24 860万,占总人口比重17.8%,而60周岁及以上人数24 949万,占总人口比重17.9%,60周岁及以上人口首次超过了0~15岁的人口。国务院参事、中国人口与发展研究中心原主任马力表示,出现60周岁及以上人数超过0~15岁人数的现象,是老龄化社会加速到来的表现,说明人口结构需要不断优化。基于当前我国人口年龄结构已经发生深刻变化的前提,一方面,在年龄结构改变、老龄化程度继续加深的背景下,做好养老、孝老、敬老等工作;另一方面,也需要积极应对老龄化,通过合理政策优化人口年龄结构、性别结构等多方面因素,使我国人口得到全面均衡发展。

从人口政策的角度看,我国持续数十年的计划生育政策、传统文化的"男孩偏好",以及社会发展过程中生活成本不断增加、职业发展的压力提升和社会竞争加剧等诸多因素,都是推进我国人口结构加速调整变化的重要原因。虽然近两年我国人口出生率略有回升,但其回升的可持续性已为社会所忧虑。在新生人口稳定可持续增加存在不确定性的同时,还伴随着我国人口性别结构、年龄结构等失衡加剧的风险。婚育年龄人口中结婚率不断走低，离婚率持续走高，独身群体不断壮大，都成为当前我国人口结构问题的重要挑战。

人口结构是人口均衡发展的重要环节，长期失衡的人口结构必然触发诸多社会问题、经济问题和种群问题，如动态时间的人口年龄结构、空间分布的人口流动结构、就业流动的城乡分布结构等。前文已对我国整体人口结构进行简单分析，后续将在中部六省的省际语境下聚焦人口结构的相关差异。

（一）性别结构变化

性别结构失衡的现象，在东西方很多国家都存在。通常情况下，男性人口规模、女性人口规模与总体人口规模之间存在相应的稳定结构，即使在战争、饥荒等外生冲击下一段时期失衡，后期也大都能够通过自我机制实现调整，最终还是能够回到人口均衡发展的阶段。进入现代社会后，由于避孕、胎儿性别识别和妊娠终止等技术普及，赋予了人类选择出生婴儿性别的选择权。同时，由于男女生理差异、社会属性差异等原因，男性数量会超出女性数量，这个差额在一定范围内，则属于正常区间。

农耕时代具有"男孩偏好"的传统，但是总体上性别结构都处于相对正常的状态。进入21世纪之后，我国的人口性别结构逐渐超出了正常的范围，新生儿的男性比例增长显著高于女性，在年龄梯队中对应的性别比环节，失衡情况也日益严重。从我国人口总体规模上看，统计数据显示2017年年末中国总人口（包括31个省、自治区、直辖市和中国人民解放军现役军人，不包括香港、澳门特别行政区和台湾地区以及海外华侨人数）139 008万人，比上年年末增加737万人。男性人口71 137万人，女性人口67 871万人，总人口的男女性别比为104.98∶100，相比2016年总体有所下降。但是，新生儿出生人口男女性别比为115.62∶100，相比过去两年持续上升，人口性别比失衡程度加深。

中部六省的人口性别结构和全国整体有所区别。表3-5通过对各省相关数据的收集和汇总，将包含性别结构在内的基本人口情况进行了梳理。

表3-5　　　　　　　中部六省人口性别情况（2017年）

指标	河南	湖南	湖北	江西	安徽	山西
常住人口（万）	9 559	6 860	5 902	4 622	6 255	3 702
男性（万）	4 856	3 535	3 010	2 356	3 171	1 895
女性（万）	4 703	3 325	2 892	2 236	3 084	1 807
男性比例（%）	50.80	52.00	51.00	51.30	50.70	51.19
女性比例（%）	49.20	48.47	49.00	48.70	49.30	48.81

资料来源：中部六省统计公报、统计年鉴和EPS的数据库数据。其中，需要说明的是，中部六省的统计项目有较大区别，例如，江西的统计公报未显示当年常住人口的性别比例。表中数据选择通过抽样调查数据进行处理，类似情况也存在于相应年龄段人口比例等指标。

表3-5归类统计了2017年中部六省年末常住人口、男性人口、女性人口以及各自所占比例。男女比例转换成柱状图比较，能更直观反映男女性别比例的省际差异，详见图3-6。

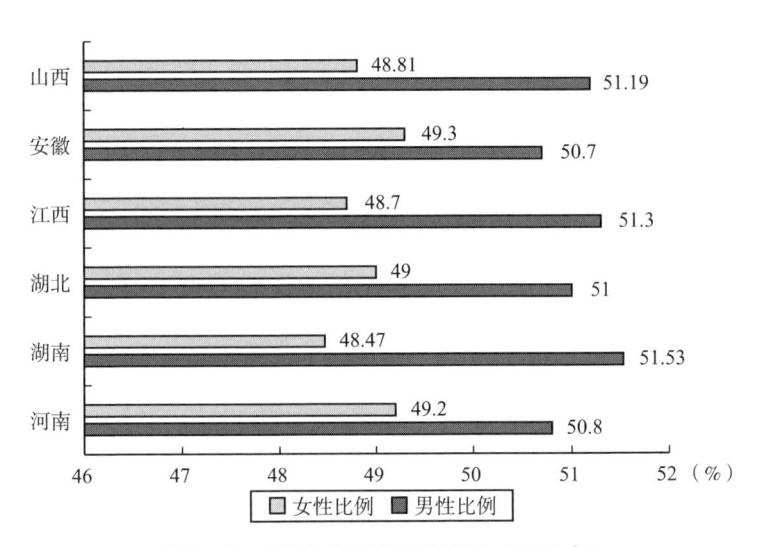

图3-6　中部六省性别结构对比（2017年）

资料来源：相应年份中国统计年鉴、相应省份统计年鉴和统计公报，其中部分数据来自EPS，课题组在此基础上对相关数据进行了整理。

图3-6相比表3-5的数据更为立体直观。整体上，中部六省的男女性别结构有一定差异。目前来看，湖南的性别比例失衡程度最高，男女比例约为108∶100。需要特别指出的一点是，表3-5统计的年末常住人

口与户籍人口等概念略有不同。采用年末常住人口的理由是基于现代生活方式和城市环境的要求，以常住人口为代表的人口规模更具有现实价值。因此，通常认为常住人口比户籍人口具有更多动态的信息，是社会经济活动的核心元素。年末常住人口的性别结构显然要比静态的户籍人口数据更具有经济价值。

基于此概念所衍生的新生儿性别比和其他相关人口概念，具有同样的逻辑。以江西为例，其性别结构失衡程度较高的原因有很多，一个可信的解释是，江西是一个劳务输出型省份，外出务工群体并非均衡性输出，其输出人口的性别比例与流入人口的性别比例必然会冲击原有人口的性别结构。这种推理也适用于其他劳务输出型的省份。退一步说，作为人口输入型的地区或省份，如北京、上海、广东等，其年末常住人口的性别比例必然也存在这样的冲击。中部六省都是人口输出型，如湖南、山西、湖北等。河南是中部地区人口规模最大的省份，也是人口输出最多的省份，但目前河南性别结构相对均衡，约为104∶100。

相对地，2017年男性比重略高的省份如山西、江西、湖南等，在2016年却并非失衡程度最高。近年间各省份的男女性别结构能产生较大的变化，一个重要的原因在于死亡率和人口出生率的冲击。男女性别结构只是一个静态指标，人口性别结构分析不能离开年龄结构。在大部分国家的人口统计中，60岁以上老龄人口中女性比例高于男性，65岁以上、80岁以上这一比例会更高。因此，两个具有同样性别结构的社会，对应的人口年龄结构不同，其人口结构的发展趋势可能天差地别。显然，基于这样的年龄结构假设，也可能存在一个男女性别结构处于均衡状态的地区，代表的却是一个生育年龄人口极不平衡的性别结构失衡社会。

（二）年龄结构变化

从全国层面看，我国目前人口年龄结构与性别结构一样不容乐观。根据2017年的统计公报数据显示，2017年我国0～14周岁人口为23 348万人，相比2016年的24 438万人减少了1 000多万人，占全国总人口数16.78%，下降近一个百分点；15～64周岁的人口为99 829万人，占总人口的比重为71.82%；65周岁及以上人口15 831万人，占总人口的11.39%。与2016年数据相比，我国14周岁以下人口比例下降，15～64周岁、65周岁以上人口比例明显上升。国家统计局发布的《2018年国民经济和社会发展统计公报》显示，2018年年末，我国0~15岁（含不满16周岁）人数为24 860万，占总人口比重17.8%，而60周岁及以上人数为24 949万，占总人口比重17.9%，60周岁及以上人口首次超过了0~15岁的人口。

这组数据反映了当前我国人口年龄结构的重要特征，即我国现阶段老龄化程度持续加深。人口中位数已从2015年的36.7岁上升到2018年的37.9岁，其中，60周岁及以上人口占比提前4年达到2014年国家发展和改革委员会估计的老龄化速度。目前的趋势显示老龄化程度超出之前估计，0~14周岁人口占比的下降速度也令人担忧。

中部六省之间人口规模差异较大，并且经济发展的区域规划、经济中心、流动趋势、医疗设施以及人口密度等具有明显的异质性，对应各主要年龄段的人口规模、性别比例等也存在较大差别。通过对各省统计年鉴、统计公报等进行收集和整理，将中部六省年龄结构的主要信息反映在表3-6，具体如下。

表3-6　　　　中部六省主要年龄段人口结构数据（2017年）

指标	河南	湖南	湖北	江西	安徽	山西	全国
0~14周岁（万人）	2 046.61	1 278.2	933.70	998.56	1 228.4	614	23 348
15~64周岁（万人）	6 538.44	4 749.1	4 246.49	3 172.63	4 252.1	2 720	99 829
65周岁及以上（万人）	974.08	832.9	721.81	450.90	774.3	368	15 831
0~14周岁占比（%）	21.41	19.74	15.82	21.60	19.64	16.59	16.78
15~64周岁占比（%）	68.4	67.98	71.95	68.64	67.98	73.47	71.82
65周岁及以上占比（%）	10.19	12.28	12.23	9.76	12.38	9.95	11.39

资料来源：相应年份中国统计年鉴、相应省份统计年鉴和统计公报，其中部分数据来自EPS，表内数据可能与不同口径的统计年鉴、统计公报、EPS数据有出入。原因主要有：（1）中部六省的统计口径差异。如湖北各层次统计年鉴皆未提供性别比、年龄比数据；（2）公报、年鉴和各重要数据库的收录时间差异。基于此，数据处理过程综合考察了平行数据的结构稳定性，对出入显著的数据进行了调整。如EPS、统计年鉴和统计公报中关于湖北人口数据的信息。

在表3-6中，核心数据是三个年龄段的占比情况。和中部六省的性别结构差异相比，六省之间的年龄结构差异显然更大。表3-6的最后一列选择的是同期全国0~14周岁、15~64周岁和65周岁以上人口情况。综合比较三个年龄区间总量数据和占比数据，具有以下一些有价值的现象和结论：

1. 0~14周岁区间特征

人口大省河南2017年拥有0~14周岁人口近2 047万人，是中部地区毋庸置疑的人口"蓄水池"。从总量规模上看，河南0~14周岁人口是山西的3~4倍，超过江西和湖北总和，是延缓我国人口整体从老龄化向高龄化发展的重要支撑力量。从该年龄区间的青少年占比看，超过20%的只有江西和河南，河南为21.41%，江西为21.60%。相比2016年，两省的区间人口占比都实现环比增加，说明人口出生率在这两个省的回升已形成切实的效果。选择全国同年龄区间的人口占比16.78%为基准，中部地区的山西和湖北显然低于该标准。不出意外，山西和湖北也是中部六省人口出生率最低的两个省。2016年的统计数据也显示，山西和湖北的该年龄区间人口占比低于国家平均水平。从人口均衡发展视角看，山西和湖北的老龄化程度高，老龄化现象也更加明显，未来人口结构存在严峻挑战。

2. 15~64周岁区间特征

当前大部分国家定义的劳动年龄区间都在15~64周岁，这一区间的人口规模也可以看作是当前阶段的劳动力规模。如果说0~14周岁区间是人口发展的未来，15~64周岁区间就是人口发展的现在。此区间2017年的全国人口比例是71.82%，相比2016年略有增加。对比中部六省，2016年和2017年超过全国参照值的省份只有湖北和山西两省。2017年山西的占比还高出全国水平近2个百分点。在0~14周岁区间，中部地区的湖北和山西也低于全国标准。一定程度上湖北和山西的生育率持续偏低，是形成中间年龄阶段比重较大格局的直接原因。持续的低出生率，必然导致每年的新生人口下降，总体人口比重中青少年比例将会降低，劳动力区间比重则由于前期的累积相应增加。河南、湖南、江西和安徽在此区间人口占比都低于国家比例，相对应的则是这四个省份青少年比例高于国家平均比例。从未来人口结构优化的年龄角度来看，河南、湖南、江西和安徽的人口年龄结构相对年轻，未来的劳动力供给具有更确切的可持续性。

3. 65周岁及以上区间特征

65周岁及以上区间还可以细分为70周岁以上、80周岁以上等区间,已归类为高龄化阶段。统计数据显示,2017年我国65周岁以上人口占比11.39%。以此为标准,中部六省65周岁以上人口占人口比重超过此线的有三个省,分别是湖南、湖北和安徽。对比2016年的数据,超过这一年龄区间国家占比水平的仍是这三个省份。65周岁以上占比有两个关键节点:一个是10%,这是老龄化性质划分的临界点;另一个是11.39%,这是省际层面和国家平均老龄化程度的相对标准划分。表3-6的数据显示,山西和湖北相比其他中部省份所面临的人口均衡发展问题更为严峻。江西和山西现阶段65周岁及以上人口的占比分别是9.76%和9.95%,尚未达到国际高度老龄化的标准10%。江西的出生率近年在中部地区一直较高;山西与江西不同,其出生率和青少年占比在中部地区偏低,未来人口均衡发展问题不容忽视。山西和湖北是中部地区工业化推进早、效率高的区域,人口出生率长期低于中部其他省份。近年虽略有回升,但老龄化占比偏高、青少年占比偏低,意味着未来10~20年湖北人口年龄结构将进一步加剧老龄化,无疑会给经济发展和社会发展带来一定负面影响。相比其他省份,江西和河南的人口年龄结构相对乐观,具有相对扎实的青少年比重,是人口均衡发展的"护城河"。虽然从现状上来看,江西和河南老龄化程度也不能算低,但动态来看,这两个省份具有更为持续的人口红利,仍是国内较为年轻的省份之一。

老龄化社会仍将持续深化,逐渐发展为高龄化社会。其中一个原因,也是一个重要特征,即现阶段劳动力年龄区间15~64周岁人口所占比例过高,同时0~14周岁的青少年比例过低,且高龄化区间占比过高等。中部六省65岁以上人口占比大都已超过10%,60~64周岁区间也累积了大量人口,他们大都出生于新中国成立后的人口生育爆发期。这就意味着未来几年,65周岁以上人口的比例必然存在一个跳跃性增长。全面均衡的人口发展需要在做好老龄化相关工作的同时,加强出生率相关的辅助工作,这样才有可能在现有人口格局基础上,进一步优化人口年龄结构。当前,同是儒家文化圈内的日本、韩国等也都饱受老龄化问题的困扰。学习这些国家的一些相关经验,对于目前我国的老龄化工作非常必要。

图3-7对中部六省以及中部整体的人口年龄结构情况进行综合对比,使各省份的基本情况得到直观反映。

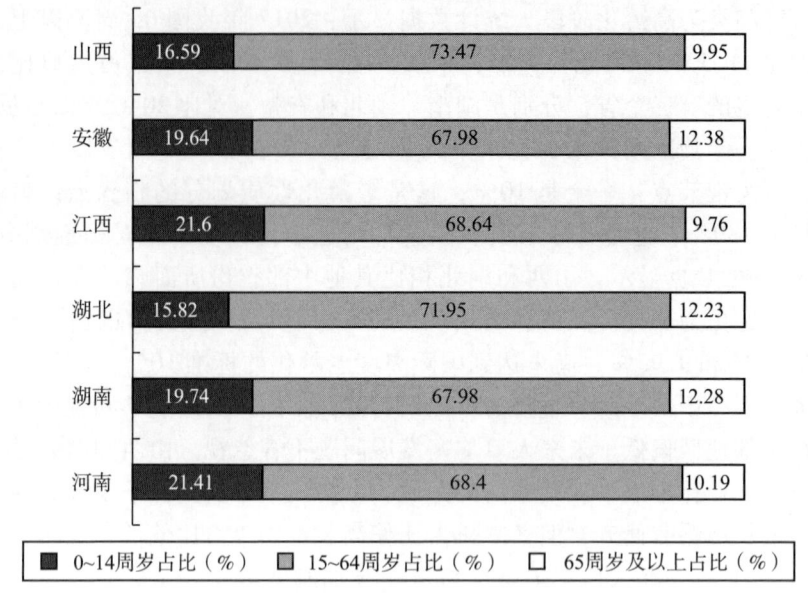

省份	0~14周岁占比(%)	15~64周岁占比(%)	65周岁及以上占比(%)
山西	16.59	73.47	9.95
安徽	19.64	67.98	12.38
江西	21.6	68.64	9.76
湖北	15.82	71.95	12.23
湖南	19.74	67.98	12.28
河南	21.41	68.4	10.19

图3-7 中部六省主要年龄段人口比例（2017年）

资料来源：相应年份中国统计年鉴、相应省份统计年鉴和统计公报，其中部分数据来自EPS，课题组在此基础上对相关数据进行了整理。

（三）城乡结构变化

我国的城镇化进程的启动和推进相对较晚，真正意义上的推进应该在20世纪90年代。进入21世纪以来，我国城乡结构发生巨大变化。从全国城乡结构看，2017年年末全国总人口139 008万人，其中城镇常住人口81 347万人，占总人口比重（常住人口城镇化率）为58.52%，比上年年末提高1.17个百分点。户籍人口城镇化率为42.35%，比上年年末提高1.15个百分点。年末全国就业人员77 640万人，其中城镇就业人员42 462万人。全年城镇新增就业1 351万人，比上年增加37万人。全国农民工总量28 652万人，比上年增长1.7%。其中，外出农民工17 185万人，增长1.5%，本地农民工11 467万人，增长2.0%。

2017年全国居住地和户口登记地不在同一个乡镇街道且已离开户口登记地半年以上的人口（即人户分离人口）2.94亿人，比上年年末减少377万人。基于近年来国家卫生健康委员会组织的全国流动人口动态监测调查数据编写的《中国流动人口发展报告2017》显示：2016年我国流动人口规模为2.45亿人，比上年年末减少了171万人。这是中国流动人口总量连续两年下降，主要是由于户籍制度改革，使得部分流动人口在流入地落户转化为新市民。

在传统计划经济体制下，我国的人口流动规模很小，人口从乡村流入城市并沉淀转化为城镇居民的比例也不高，因此城镇化推进速度较慢，效率也远低于西方国家。进入21世纪后，尤其是2010年之后，传统城镇化模式逐渐转向新型城镇化，就地就近城镇化、特色小镇等快速发展演化。图3-8所描述的是近年我国城镇新增的就业数，实质上是城镇吸收并消化农村劳动力的一个规模，是城镇化的重要通道。近年来全国城镇新增就业数年均超过1300万人。2017年相比上年增长了37万人，说明我国的城镇化正在快速推进之中。就业驱动型人口流动是当前人口城乡转化的主体形式，决定了我国城镇化的推进效率与可持续性。所有的人口流动，最终需要依托在以就业为核心的经济发展之中。当然，就业驱动的人口流动与最终农村人口在城市的沉淀转化率仍有较大差距。

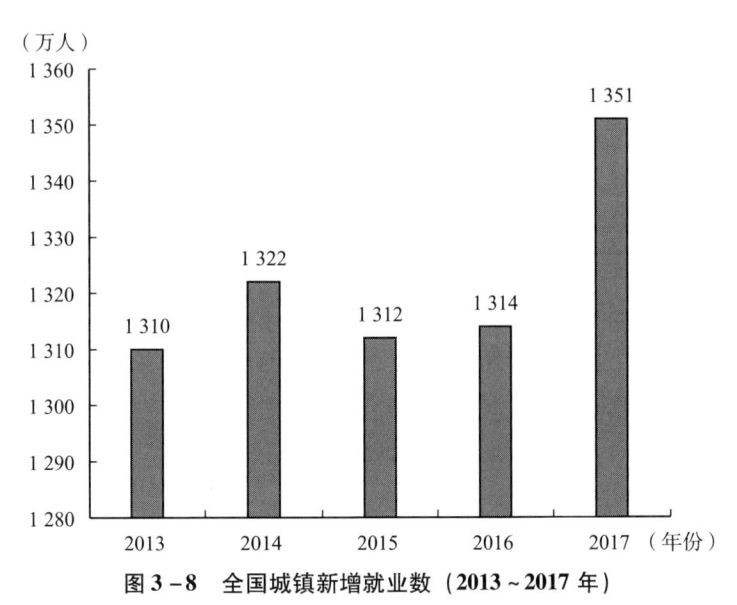

图3-8 全国城镇新增就业数（2013~2017年）

资料来源：相应年份中国统计年鉴、相应省份统计年鉴和统计公报，其中部分数据来自EPS，课题组在此基础上对相关数据进行了整理。

中部六省是劳动力输出区域，人口历来具有较强流动性。传统上的人口流动空间包括省际、市际和农村乡镇，"离土不离乡"是一种小半径短时期外出务工选择，"孔雀东南飞"则代表更大半径、更长时间的人口流动。经济激励在经济要素流动中具有重要的驱动能力，人口的较强流动性通常也意味着区域经济具有更强活力。显然,经济发展所带来的经济回报激励,是推进当前我国城镇化运动的内在动力。从区域经济发展的视角看,中部地区发达程度和城镇化程度,都未能达到东南沿海发达地区的水平。在新型城镇化阶段,中部地区的人口流动依次流向发达省市、省内省会城市、家乡城市、县、镇,由此错落相间构建一种梯度结构。有着更强互动性和流动性的梯度立体结构,比以往单向聚集于东部沿海发达地区京津冀、长三角和珠三角等形式,具有更高的城镇化推进效率。

本章考察中部六省城乡结构分布的人口规模数据,仍然采用年末常住人口而不是户籍人口。以劳动输出为主的中部省份,年末常住人口由于人口流出大于人口流入等因素,必然小于户籍人口。在考察各省城镇化演进过程中,流动人口的规模、结构和频率等,在反映目前和未来的空间聚集与流动预期方面有较好效果,但此类数据较难获得。本书通过查找中部六省的相关统计数据,对各省城乡人口数量、比例等进行整理并汇总后,形成表3-7。

表3-7 中部六省城乡结构分布数据(2017年)

指标	河南	湖南	湖北	江西	安徽	山西
年末常住人口(万)	9 559	6 860	5 902	4 622.1	6 254.8	3 702
城镇人口(万)	4 795	3 747	3 500	2 524	3 345.7	2 123
乡村人口(万)	4 764	3 113	2 402	2 099	2 909	1 579
城镇比例(%)	50.16	54.62	59.30	54.60	53.50	57.34
乡村比例(%)	49.84	45.38	40.70	45.40	46.50	42.66

资料来源:相应年份中国统计年鉴、相应省份统计年鉴和统计公报,其中部分数据来自EPS,课题组在此基础上对相关数据进行了整理。

从表3-7中数据可以得出若干结论,主要有:

1. 中部城镇化程度低于全国水平

如果以全国58.52%的常住人口城镇化率为参照基准,中部六省之中有五个省份未能达标。显然,现阶段中部地区的城镇化水平还需加速,未来尚有很大的发展空间。中部地区从地理区位与产业功能等维度考察,是衔接东部和西部的"腰"。我国城镇化的起步时间、发展背景和推进动力与西方都有所不同。西方的城镇化通常称为"城市化",其启动和发展源于工业革命之后的"工业化",几次工业革命有效推进了其城市化进程。

我国改革开放前计划经济体制下,城乡分化较为显著,整体上城镇化建设主要依赖政策推进。纳入城乡二元结构、城镇化演进、工业化发展和市场发育等相互交织的因素,是具有中国特色的"工业化"和"城镇化"。

把中部六省作为一个总体来考察,其城镇化水平仍低于全国水平。但是,六省发展并不平衡,其中也存在差异。湖北常住人口城镇化水平为59.3%,高于国家平均水平线。山西以57.34%成为中部地区城镇化水平仅次于湖北的省份,低于全国水平超过1个百分点。中部地区城镇化水平最低的是河南。作为我国的人口大省和粮食基地,河南曾被长期定位为农业大省。虽然近年河南的工业化提升很快,GDP上升幅度很大。就人口的城乡转移来看,2017年河南城镇人口的比重是50.16%,超出2016年2个百分点,成为中部地区最后一个常住人口城镇化率跨过50%的省份。

2. 中部城镇化水平省际差异较大

表3-7数据反映出一个事实,2017年中部六省城镇化水平最高的省份是湖北,常住人口城镇化率是59.3%;最低的省份是河南,常住人口城镇化率为50.16%,二者相差近10个百分点。相比2016年中部六省的城镇化极差,2017年有所放大。如果以1%~2%的年均城镇化水平提高的速度测算,湖北和河南的城镇化进程超过6年;再考虑到河南的人口规模,两省城镇化进程差距在8~10年。从城镇化进程的节点和结构来看,中部六省可以分为三个梯队:第一梯队是湖北和山西,代表中部地区城镇化的最高水平;第二梯队是湖南、江西和安徽,是快速推进城镇化的主体省份;河南属于第三梯队,处于城乡结构快速转变并进入转型快车道的过程之中。2017年河南的城镇化水平首次超过50%,这对于河南的城乡结构演进而言,具有重要的里程碑意义。

3. 城镇化与人口结构关联度高

结合表3-6、表3-7信息可以推断,中部地区城乡结构三梯队分布情况与人口结构梯队存在较密切关系。从人口出生率情况来看,湖北和山西是中部地区人口出生率偏低的省份,同时也是中部地区城镇化进程启动早、工业化程度较高且目前城镇化程度最高的省份;此外,湖北和山西的老龄化程度也较高。中部城镇化水平的第二梯队省份,湖南、江西和安徽正是目前出生率较高,青少年、劳动力和老年人口等人口结构相对稳健的省份;第三梯队中的河南,老龄化程度最低,青少年比例最

第二部分　中部六省人口均衡发展：现状与挑战

高。可以推测，未来随着城镇化进程的加速，这些省份的人口结构优势会在经济发展中逐渐呈现。

虽然基于统计信息描述的只是客观事实，而非经济理论强调的因果关系。我们仍能够发现城镇化发展程度与工业化进程之间呈现的相关关系。从现有数据来看，随着区域经济的进一步发展，综合国家的战略方针和各省"十三五"发展规划，中部六省在未来深入推进城镇化进程，必将因地制宜出台各类城市发展政策。这将进一步扩大省际和城际的发展差距，形成"虹吸效应"。此外，国家层面的战略布局和基础设施投资等因素，对于省际、市区和县乡人口的吸纳，也是不容忽视的激励。例如，近年河南的省会城市郑州，城镇化发展速度远高于一般城市，其以高铁为核心的相关配套建设成为不容忽视的重要因素。客观上，城市、城镇吸纳和消耗从农村转移的人口，既是经济发展和社会发展的必然，也是"人"这一现代社会的基本个体实现自我价值的理性选择，其本质上是市场经济的资源配置手段。

为了更直观地比较中部六省城镇化水平的客观差距，图 3-9 对中部六省城乡结构数据进行比例化与图形化处理。

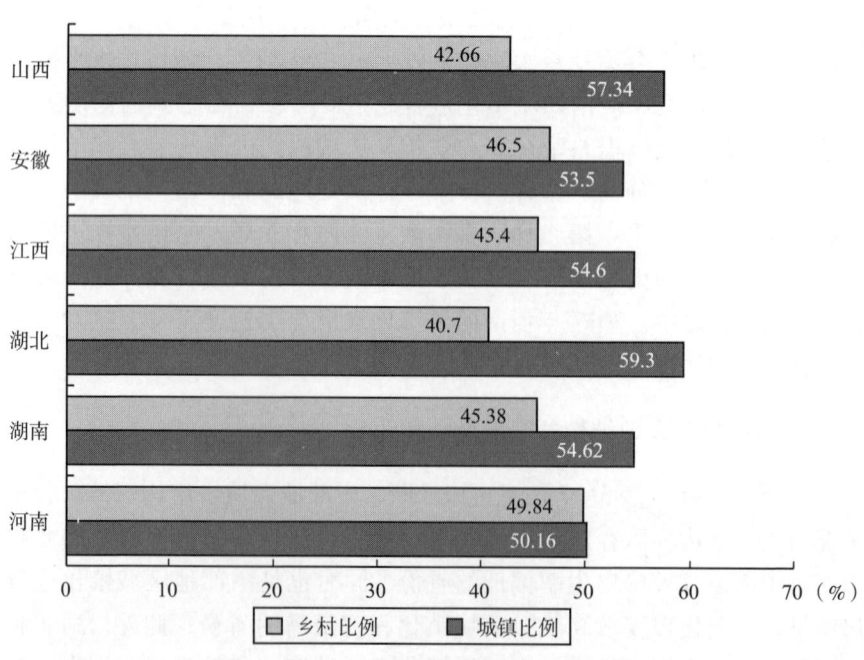

省份	乡村比例	城镇比例
山西	42.66	57.34
安徽	46.5	53.5
江西	45.4	54.6
湖北	40.7	59.3
湖南	45.38	54.62
河南	49.84	50.16

图 3-9　中部六省城乡结构对比（2017 年）

资料来源：相应年份中国统计年鉴、相应省份统计年鉴和统计公报，其中部分数据来自 EPS，课题组在此基础上对相关数据进行了整理。

第四章

后"二孩"政策的中部人口发展

新中国成立前,我国已有许多有识之士思考人口发展等问题,但真正有条件去实施相关理念,只有在新中国成立之后。由于多种原因,我国实质性提出减少人口数量、控制人口生育的政策,开始于20世纪70年代。人口政策的主要内容也从1971年的"一个不少,两个正好,三个多了",到"一对夫妇只生育一个孩子"的严格控制,随后调整为"单独二孩"政策,目前演变成"全面二孩"。相比其他推行人口规模管控措施的国家而言,我国的计划生育政策时间最长,规模控制最紧,执行力度最大。生育政策执行期间,我国的家庭生育文化、家庭人口结构和社会亲缘结构等,和过去的传统中国家庭相比发生了较大改变。

生育文化形成于漫长历史发展过程,是多种因素共同博弈的结果,更是一个国家和民族文化的重要组成部分,一旦形成后便具有较强稳定性。如果有较强的外生冲击,生育文化会随之调整重塑,并逐渐演化发展新的生育文化,但这需要一个较长的时间过程。当前我国正处于经济发展、文化发展、社会发展等多维度交织的转型期,工业化进程、城镇化进程、人口大规模流动过程及全球多文化交互过程,这是我国生育率持续走低的重要背景。由于民族政策等因素,计划生育政策对主体民族汉族冲击最大。汉族人口占全国人口比重最大,超过80%。占绝大多数的汉族受计划生育政策冲击,人口出生率下降幅度较大,全国的平均人口出生率大幅下降。从空间分布来看,除个别政策实验区域外,各省生育政策大致相同,个别地区存在些许执行力差异。民族差异叠加人口聚集的空间差异,导致某些非汉族人口规模较大的地区,如新疆、西藏、内蒙古等,人口出生率要远高于其他地区。中部地区的生育政策内容和执行情况,与全国总体并无太大区别,这是中部六省的基本生育背景。

应该承认,计划生育政策的执行力度、地方的生育文化、民众的生育观念和现实的生育选择,客观上仍然存在空间差异。"全面二孩"政策后，各省对于"二孩"生育的热情度、参与度和转化度，也存在较大区别。基于此，对生育政策视角下的中部地区人口发展进行梳理，对于把握"全面二孩"后的中部地区人口发展现实，找出中部地区人口未来发展的一些问题，预判中部地区人口未来发展趋势，具有重要的理论价值和现实意义。

一、经济发展：生育率调整仍在持续

从统计数据上看，实行"全面二孩"政策后的人口出生率并未达到预期，这一结论可从2017年我国的人口出生率和出生规模数据得到支撑。虽然关于总和生育率等问题，学界、官方和社会未能形成统一观点，但我国新生人口规模持续下降，并将长期下降的判断，已成为社会共识。此外，单身人口增加、单身比例增加、育龄人口减少、生育能力下降、生育意愿下降、婚育年龄推迟等，也是对生育率形成冲击的重要因素。从中部地区的历史和现状来看，后"全面二孩"时期的中部地区人口发展，一方面依托全国的人口大环境，另一方面也有经济后发地区在人口生育文化方面的独特性。生育大环境下仍推动生育率下行的若干重要因素很多，在此列举如下。

（一）工业化演进依赖劳动与就业

工业化的激发和兴起来源于生产力推动和科技发展，但工业化进程的推进，却围绕着社会关系下的劳动和就业。如果说"技术"是工业化的动力，那么"人口"则是工业化推进与演化的前提和基础。传统的农耕社会中，农业、牧业和其他小手工商业，必须依赖于体力和畜力。因此，社会主流生产方式、职业类别生理特征、生产资料获取方式，包括其他社会发展促进方式，极大依赖劳动者的体力和耐力。不难理解，在传统农耕时代的社会环境和生产方式背景下，性别差异所形成的生理差异，成为基于生产维度构建的社会分配体系的重要基础，这也是形成社会文化的经济基础。生产力和生产关系的辩证关系，决定了社会分配制度倾向于具有体力优势的男性。

工业化兴起提高了劳动力的经济价值和市场价值。从经济学角度审视劳动价值的变化，实质是生产方式演进背景下个人创造能力、个人社会价值和个人财富水平的提升，即人比过去更"昂贵"。相比农耕社会价值体系中的"人"，工业化背景下的"人"具有更高价值，也意味着更高的使用成本,这一逻辑也存在于人口生育层面,成为高生育率向低生育率转变的重要力量。由此矛盾必然存在:一方面,工业化的演进升级需要人口基数,既需要劳动层面的人口,也需要技术创新层面的人口,这是一个人口需求不断放大的过程;另一方面,工业化使人口价值不断攀升,"劳动"的市场价格不断提高,也意味着放弃劳动进行"生育"的成本很高,这将导致"劳动"在供给侧不断缩小。

技术提升能够一定程度减少低层次体力劳动的投入。但随着市场规模扩大、市场形态丰富和市场维度拓展,劳动力投入方式也在变化升级,劳动力使用形态逐渐丰富。因此,形式上的劳动强度降低并不等于实质上的劳动力投入减少。相反,随着工业化进程的深入,劳动要素从低强度往高强度发展,从低素质往高素质提升。从创新角度来看,人口规模、教育程度、研发投入等,都是推进研发创新的重要基础。这是工业化演进依赖劳动与就业的重要原因。当今世界上最发达的众多国家中,包括美国、日本和欧洲各国等,无论是科技创新能力还是综合发展能力,适度的人口规模是国家能够穿越各种风险进而持续发展的重要前提。先行进入并完成工业化的西方发达国家,大多在工业化演进过程中实现了人口转变。现阶段这些国家许多已经陷入了低生育率困境,仍在为平衡劳动力投入、低生育率困境、老龄化社会的多角博弈探索解决之道。

(二) 女性就业增加生育机会成本

生产力发展与生产方式改变,不断丰富劳动的内涵和外延。当社会从以农耕为主的大农业时代,进入以制造为主的工业化阶段,知识、技能及抽象思维能力等,则比过去具有更实质性的生产价值。许多依赖体力、耐力等性别优势的工作,逐渐具有可替代性,替代成本也日益降低。也就是说,性别差异在劳动环境、劳动方式和劳动时间等方面的偏向性,在生产力发展过程中逐渐消散。基于生产维度的性别优势逐渐模糊,女性可从事的工作越来越多,女性劳动价值也逐渐提升,女性劳动机会成本逐渐上升。在宏观视野下,工业化进程极大提升全社会的劳动力价值。在微观视野中,包括男性和女性的所有劳动者个体,或家庭这样一个社会最小组织,他们的生产能力和创造能力相比过去同时获得了飞跃。

工业化进程从生理上解放了女性,使女性能够进入许多传统上偏重体力和耐力的行业。男女平等观念的普及,则从心理上促成女性广泛参与社会劳动。男女平等意识是提高劳动参与率、扩大劳动力规模的心理基础。从市场角度看，时间是宝贵的资源，具有机会成本。相比男性而言，女性生育下一代付出的资源更多，显性成本包括生育下一代的妊娠、哺乳和看护婴儿等，隐性成本则包括学业或工作的绩效与晋升机会，乃至整个职业生涯的发展规划。工业化之前的农耕社会，女性参与社会劳动的比例较低，女性生育下一代的机会成本较小；进入工业化社会之后，生活节奏加快，职业竞争加剧，女性生育下一代的机会成本快速攀升。对于高学历、高职位的精英女性而言，生育的机会成本显然更高。男女平等是文明进步的成果和体现，但对于人口繁衍和种族延续而言，女性在职业选择、工作选择和生育选择之间比男性面临更困难的选择。

就女性自身发展而言，社会进化的过程中也为其提供了更多可能性。现代女性资源禀赋更高，同时拥有更加独立的人格，生活中自主决定事宜的比例提升，其中就包括婚姻和生育。女性在生育问题上面临更多机会成本，因而在同样选择空间下，转向低生育率女性的比例会增加。与此对应的是，由于生活压力等诸多因素影响，男性也倾向于少生孩子。因此，社会上的人口生育率必然从高生育率状态逐渐转向低生育率状态。根据西方发达国家的人口发展经验，尤其是实行高福利政策的北欧国家，如芬兰、冰岛、挪威、瑞典等，即使国家生育政策和社会福利已覆盖从经济收入、工作权益到家庭责任等各个方面，其生育率仍然持续走低。由此可见，经济因素是导致人口低生育率的重要因素，但不会是决定因素。

劳动力价值在社会分工框架下日趋上升，意味着"人"价格上升，也表示劳动者放弃工作的机会成本增加。工业化前期，女性作为劳动力的经济价值较低，生育的机会成本较小；进入工业化社会之后，女性的劳动价值大幅提升，生育的机会成本不断增加，女性因为生育而承担的劳动价值损失也不断增加。高生育率随着个体社会价值上升逐渐下降，这是工业化进程中生育率降低的自然逻辑。

（三）生活品质提高增加生活成本

生产力低下的时代，温饱尚难以达成。生产力提升后社会日渐丰裕，社会产品日渐丰富，商品数量和种类不断增加，生活方式更加精细，生活选择日趋多元化。虽然不同国家和地区间的所有制、分配方式和管理体制存在差异，但社会总产品的丰富，给社会成员更多生活方式选择。加尔布雷思（J. K. Galbraith）就强调社会财富在不断发展的同时，仍要注意社会整体的均衡发展。尤其在市场经济体制下关注效率与社会公正的平衡力量，政府有责任和义务为社会提供住房、教育、交通和社会福利等公共产品。政府介入社会生活的程度高，为人们基本的生活品质提供了基础保障。在此基础上，提高生活品质将不断增加生活成本。因此说，民众对于美好生活的向往，推动基本生活标准的品质随生产力提高而提升，生活成本无疑将成为一个渐进式螺旋。

前工业化的漫长岁月中，人类社会的产出与消费长期处于低水平状态，大部分人生活水准甚至低于温饱线，粗放简陋是贵族王公之外的大部分社会成员的生活方式。生产力的不断提高，是人类社会生活方式演进的物质基础，使社会产品逐渐丰富。所有制性质和分配方式影响社会成员分享劳动成果的多少和先后。但从长期来看，生产力提高最终能使社会整体受益。社会发展到工业化阶段之后，社会产品开始丰富，大众生活方式逐渐从粗放转向文明，体现在生产关系上表现为社会分工日益细化、生活成本不断提高。

物质资料丰裕是生活方式演进的基础，科技进步则是生活方式演进的"催化剂"。先进生产方式和科技革命在低成本扩张的同时，其价值标准也以文明的形式影响和辐射，后发国家的生活方式逐渐向发达国家靠拢。科技进步的溢出效应，加速了人类社会的整体演进。不能忽视的是，科学、文明和现代生活方式也极大提高了人类社会的生活成本。农业社会运行不依赖通信、电力、水力、医疗和教育等基础设施，但这些已成为现代生活必不可少的工具。

城镇化是一个重要的人口调整和聚集的方式与过程，其推动力来自工业化。虽然东西方在城镇化和工业化的发展因果上存在差异，但其相互推进的逻辑却具有普适性。传统小半径、村落性的农耕社会零散聚集状态，演变为大半径、城市型的工业社会高密度聚集生活。这种更加高效和便利的方式，是资源集约利用的体现，但总体依赖生活成本的提高。以家庭为单位进行生活成本考察，家庭负担相比过去要更重。"低生育率是社会文明进步的一种代价"的观点，具有合理性和必然性。

（四）产业深化提升职业技能门槛

生产力提升带来物质资料和消费物品的相对丰裕，生活方式演进提升了大众生活品质。同时也不能忽视，生产力提升的客观基础是社会劳动者素质的提升，这是包含职业素质和其他技能等要素的综合提升。提升需要成本，包括时间、精力、教育投资等，这些成本也是推动生育率转变的重要因素。与此同时，生产发展提升的成本，在宏观层面是人口素质的提高，在微观层面，是职业技能门槛的提高，即产业深化提升职业技能门槛。

在尚未进入工业化的农耕社会中，农户、地主、小手工业者、封建领主是社会成员的主要构成。封建领主拥有较多政治权力和较好的经济基础，素质教育通常也是传承家族势力的封建领主的义务。除此之外，其他的社会成员，如农户、小手工业者等，大多仅对职业传承所必需的技能进行学习，而且职业传承局限于血缘亲属关系所构建的社交圈；极少数农家子弟有机会接受职业技能之外的学习。在我国，还有包括地主、富农和商人在内的社会群体，由于具有较好的经济基础，这些人也拥有学习机会，其中极少部分能通过选拔机制进入行政体制。这样的社会条件下，教育普及率不高，人口文化素质不高。生产力发展、科技进步、社会文明传承等，既需要一定基数和规模的人口，更需要一定基数和规模的知识人口，否则社会发展无从谈起。西方国家从黑暗的中世纪，经历文艺复兴、启蒙运动之后的科技快速发展，说明了教育对于人口素质发展和推进社会演进具有重要支撑作用。

现代社会中各国普遍重视国民教育，提倡人文素质和科学精神的培养。虽然国家和地区间存在发展差异和文化差异，但人口素质是国家长期发展的基础已成共识。国民文化素质差异已被证实为国家发展速度和程度差异的重要原因。一直处于世界文化和科技领先地位的中国，从16世纪开始落后于西方国家。制度、教育和文化所形成的人口素质差异，最终形成国家间的发展差距，是中国逐渐落后于西方国家的重要因素。

随着社会发展，宏观层面对人口素质提出更高的要求，微观层面则是提升职业技能门槛。这就需要国家提供多维度的经济、教育和职业培训等支持。现代社会普遍提升了职业技能门槛，劳动者只能主动或被动进入竞争通道。围绕现代技术发展所提升的职业技能门槛，人口发展路径存在较大差异。一方面人口急剧膨胀，出生率高企，如非洲国家坦桑尼亚、肯尼亚等；另一方面人口出生率降低，包括东南亚许多国家。虽然国家提供相应的生育鼓励政策，也提供相应的教育资助，但在社会竞争强度不断提高的背景下，降低生育率成为这些国家不约而同的选择。显然，生产发展提升职业技能门槛的同时，增加了劳动者从新手到熟手的成长时间、培训成本和经济负担，这也是人口高出生率逐渐转向低出生率的重要原因。

（五）全球化加剧人才世界性竞争

与工业化推进生产力发展、加速社会发展的逻辑类似，全球化也在人类社会发展中具有颠覆性作用。无论是现实层面的空间联系，还是抽象层面的思想联系，全球化让世界日益变"小"。在这个变化过程中，资源竞争也从过去的局部不断扩大，互联网的普及更是将战场升级为全球。"人才"是基础性生产要素"劳动"的强化版载体，人才的竞争从区域转向全球，形成了两个重要变化：其一，人才竞争的强度提高，区域性的人才要成为全球性人才，显然需要更强的投入和更高的技能；其二，作为生产要素的人才，在市场条件下显然也具有市场价格，这就必然形成经济发达地区的人才密集和欠发达地区的人才稀缺，这是非平衡的人才空间分布，却是资源配置的空间必然。对于全球化背景而言，成为某一领域或者某一行业的人才，相比过去其竞争压力更强，投入成本更高，成长周期更长，机会成本更大。这些因素的叠加，必然压缩个人的生育空间，成为生育率走低的一个重要因素。

社会发展加速过程中对社会成员素质要求不断提高。与生产发展提升各种职业的技能门槛不同，高速发展更加依赖优秀人才的规模和质量，更加依赖尖端人才的创造效率。显然，各项综合素质靠人才的获得，一方面需要极高投入，另一方面也存在高淘汰率。社会发展的加速，生活节奏的加快，文化教育的加深，优秀人才的标准越来越高，全球化则进一步加剧此趋势。人才培养成本日趋高昂，人才竞争压力越来越大，个体投入的资源也越来越多。

个体素质在历史发展中不断提升是长期趋势。生活半径的扩大、社会分工的细化、人口流动的加剧、全球资源的流动等，使知识得到更充分的普及和交融，也使人才竞争日趋激烈。工业化和全球化的推进，使人才流动和人才竞争从区域层面发展到国家层面。在全球视野下人才竞争的层级，必然比以往复杂。这一竞争形态催生出两个方向：其一是人才聚集区巨大的创造力；其二是人才专业化程度的提升。专业化意味着学习成本、机会成本和时间成本的提升。对于社会发展和技术进步而言，专业化程度加深具有正外部性；对于人口流动而言，技术融合和扩散存在更多机会和更大范围。同时也应该看到，激烈竞争对于社会成员形成的压力也与日俱增。家庭是社会最小单元，是个体成长所需要的各种投人的主要负担者。优秀人才的高回报，要求家庭在培育过程高投入。由于成才过程充满着风险，高竞争性和高淘汰率的风险博弈，促使个体在社会竞争下成长为优秀人才的过程中，必然尽最大可能集中包括时间、信息、资本等多方资源。现在人才竞争趋势已经从传统资源的集中，延伸到如婚姻、生育等更加私人的领域。工业化前后和全球化程度高低的初婚年龄与初育年龄之间，都具有明显的时间差异。受儒家文化影响较深的东亚地区，如日本、新加坡、中国台湾、中国香港等，人口出生率长期徘徊于低位，至今未能走出困境。社会竞争的压力在家庭决策中发挥极其重要的影响，其中不能忽视全球化驱动人才竞争从区域性转向世界性，这些因素是主导当前经济发达地区人口低生育率的重要因素。

（六）文化发展改变现代生育观念

生产力提升创造更丰裕的生活资料，同时，生活方式演进提高生活成本、社会发展提升人口素质等因素，对人口生育率从高转向低都发挥着重要作用。此外，文化发展对人口生育观念的影响，也是不容忽视的方面。相比其他因素，文化发展对生育观念的影响可能更深入，同时也更持久，因此对人口生育的作用更大。文化发展对生育观念的影响与政策法规的直接粗暴不同，更偏向于"软环境"影响，间接影响个体的生育选择。从定义上说，文化是一种凝结在物质之中又游离于物质之外的抽象概念，包含着国家或民族的历史地理、风土人情、文学艺术、思维方式、习俗传统、生活方式、行为规范、价值观念等，是人类相互之间进行交流的普遍认可的一种能够传承的意识形态，是对客观世界感性上的知识与经验的升华。文化具有传承性、稳定性和辐射性，因此其形成、变化和融合都需要较长的时间。一种文化传统对社会群体产生影响需要一定时间，一个群体要淡化文化影响或者接受另外一种文化，具有较高的时间成本。

文化进步导致的人口低生育率，相比其他因素有更强威力。一个文明如果不能维持一定人口规模，文化必然不能传承；人口结构不能保持合理比例，文化必然异化发展。以计划生育政策为例，假设执行时间过长，"家族"文化必然消亡，甚至微观到各种传统人际关系模式等，也难以维持。从大的方向来说，国家军队建设、宗祠文化等，也将面临各种挑战。

我国具有漫长而深厚的农耕文明。出于生产方式对劳动密集型的客观需求,加上医疗卫生水平低下所伴随的低成年率,几千年来我国保持着高生育率,并伴随强烈的"男孩偏好"。从 20 世纪 80 年代开始实行严格的计划生育政策,"男孩偏好"受到行政限制。政策阻断我国高生育率的过程,也是对基于生育所形成的传统文化实施的一种行政阻断。因此,政策在执行初期遭遇巨大社会阻力。随着时间的推移,当政策内化为一种生活方式并演化成为文化的一部分,低生育率也渐渐演变为一种主动的生活选择。个体发展到群体、点逐渐延连成线,生活方式成为文化重要组成,"低生育率陷阱"叠加文化因素之后,传统很难改变。低生育率已成为我国生育惯性,这正是我国令人担忧的人口未来。

(七) 中部持续人口输出弱化生育

中部地区生育率面临较大的下降风险,其中一个重要因素是中部地区传统劳动力输出地的性质不曾改变。中部地区人口不是平衡的整体流出,而是年龄结构上极不平衡的长期输出。与年龄结构对应的是人口流出的空间结构,东部发达地区是中西部人口流出的主要目的地。长期的人口输出,至少在三个方面造成中部地区生育意愿的弱化。

第一,年龄结构失衡。中部地区人口流出的主要目的是就业和求学。相比东部热点地区,如上海、广东、福建等,中部地区的人口净流出较大,流出人口大都是处于 14~59 岁的青壮年。青壮年的大量流出,对于中部地区来说,在生产发展等方面缺少微观支撑,尤其是创造性、开拓性的领域,青壮年的缺失往往带来持续性的收缩。在家庭教育方面,青壮年的缺位也不利于儿童成长和家庭稳定。持续性的人口输出对于地区生育弱化的作用,既存在短期的冲击,更具有长期的影响。年龄结构失衡对生育弱化的冲击具有很长的释放期。

第二,婚育年龄推迟。婚育年龄推迟不仅是中部地区的现象和问题,也是目前全球工业化国家的普遍现象。对于中部地区而言,人口的持续输出与中部地区婚育年龄推迟的因果逻辑浅显直接。虽然对于北京、上海、深圳、广州等一线城市而言,婚育年龄推迟的原因包括生活成本过高、工作压力过大、社交范围有限等。这些影响因素同样存在于中部省会城市武汉、郑州、长沙、南昌等。虽然一线城市的消极因素中部都有,但绝非主因;中部地区婚育年龄推迟的因素中,大量适龄人口流出,从而减少了婚龄人口的总体规模,成了重要原因;其中流出人口的性别比例失衡,则加剧了现代男女婚恋的难度。是否存在内地和沿海发达地区性别比例的错位，目前尚无足够数据展开研究。

第三，家庭功能弱化。现代社会交流更加频繁，人口流动的频率、空间和规模有了较大变化，信息交流的工具与内容也逐渐增强。中部地区的持续人口输出，也包含着人口流动频繁、信息交换频繁和工作场景切换频繁等诸多内容。与前文所述的婚育年龄推迟类似，这些变化属于现代社会发展的共性特征，是现代家庭功能弱化的重要因素，并非中部地区独有。与经济发达地区相比，中部地区作为人口持续输出的地区，就业机会等方面的差异明显。这就使中部地区在就业机会等方面要弱于东部沿海等发达地区。中部地区人口持续输出的情况短期不可能改变，基于功能性视角的家庭稳定性自然也受冲击；基于婚育角度看，中部地区在劳动力持续输出背景下婚育年龄推迟，青壮年组建家庭难度加大。诸多因素冲击存续家庭稳定，现代社会的发展演化也在不断地重塑"家庭"的功能和定义。上述诸多方面，客观上对中部地区未来生育意愿和生育能力形成刚性约束，短期也难以解决。

二、政策变更：动态博弈的生育选择

我国从计划经济向市场经济转型的过程中，计划经济时代对于政策和法规的依赖性仍存在于各个方面。其所具有的持续影响，已经渗透到微观的日常生活。其中，生育政策对家庭的生育取向和生育选择具有极其重要的影响。客观地说，在政策规定、家庭状况和生育选择之间，存在动态的生育博弈过程，这与西方国家具有显著的区别。从目前的生育数据来看，我国生育政策对控制人口数量方面存在强影响，在鼓励生育方面效果却不显著。

我国的人口生育率受政策冲击很大，也因经济发展因素的影响。统计数据显示，2017年与2018年这两年时间，我国各省的人口出生率情况便已出现较大变化。图4-1选择2017年和2018年全国和各省区市出生率数据进行排序，各省区市排序依据是2018年出生率从高到低降序。也就是说，排在最前面位置的是生育率最高的海南，最低的则是最右边的辽宁；对于同一个省，左边的是2017年数据，右边是2018年数据。图4-1的情况非常直观，从国家层面到省级层面，所有单元的人口出生率都在下降。下降速度最快的是山东，中部地区的安徽下降幅度也很大。

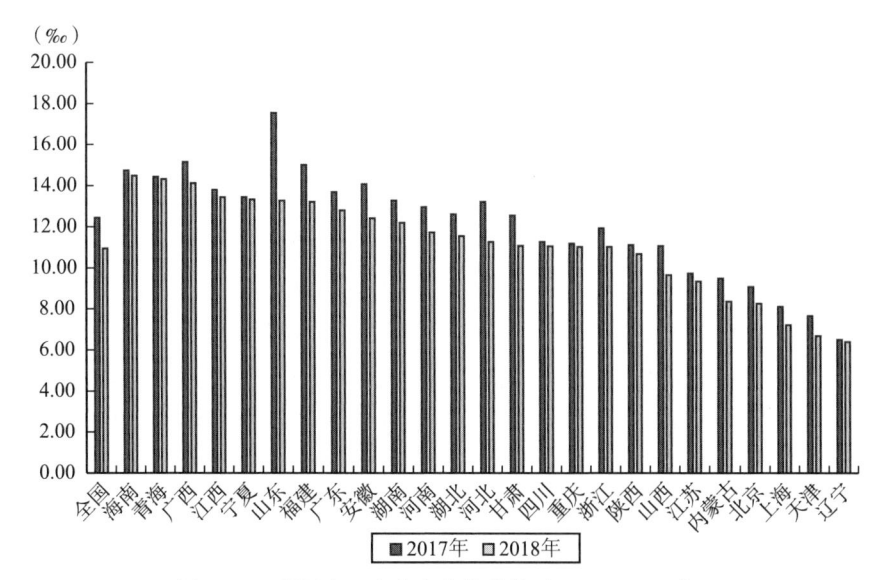

第四章 后"二孩"政策的中部人口发展

图 4-1 我国人口出生率变化趋势（2017~2018 年）

资料来源：相应年份中国统计年鉴、相应省份统计年鉴和统计公报，其中部分数据来自 EPS，课题组在此基础上对相关数据进行了整理。

中部地区的大部分省份处于图 4-1 的中间区域，最高的是江西，最低的是山西。安徽、湖南、河南和湖北非常巧合地处于第 9、第 10、第 11、第 12 位（以 2018 年出生率为排序标准），其中没有其他省份穿插。江西排全国第 4 位，山西排在全国第 19 位。虽然历经人口转变调整，中部地区的人口生育率在全国仍属于较乐观省份。

（一）山西：长期低位运行

山西是中部地区最早和最快实现人口转变的省份。其人口出生率的调整历程与变化轨迹，与西方发达国家生育率在工业化进程中的演化具有类似特征，但调整周期大为缩短。人口转变的时间效率也有成本，这就是提前和加剧人口老龄化。中部六省中山西人口规模最小，出生率也最低。山西的人口出生率变化不是完全的自发行为，不是社会发展、经济发展和文化变迁过程中的自然选择，它更多是基于全国性生育政策约束下多种因素动态博弈的结果。

从统计年鉴获得 1978~2017 年山西人口出生率数据并描绘成图，构成山西人口出生率变化轨迹，见图 4-2。辅助线能够更好地体现趋势线的走向，在图 4-2 中将出生率轨迹图与趋势线一并画出。从山西近 40 年的人口出生率数据中可以看到，山西人口出生率的下降趋势非常明显。在此期间，山西人口出生率峰值出现于1990年，为22.54‰；对应的最小值出现于2018年，为9.63‰。峰值间极差为12.91‰，2018年山西的人口出生率创了新低。从整个趋势发展的时间节点观察，1990年是山西人口出生率的分水岭。1980年，中共中央向全体共产党员、共青团员发出号召，提倡一对夫妇只生育一个孩子的"严格调节"。1984年4月，中央转发《关于计划生育情况的汇报》，要求进一步完善计划生育工作的具体政策，包括严禁超计划"二孩"和"多孩"，坚决处理违反计生政策的干部。人口生育政策执行逐渐从20世纪70年代以个人觉悟和自我约束转向具有制度性强约束的硬性推进。图4-2中生育率曲线调整剧烈，对应相应年份人口出生率的急速下跌，这是在我国具有普遍性趋势的表述。更为严峻的是，推行"全面二孩"多年后，山西的人口出生率创出新低。

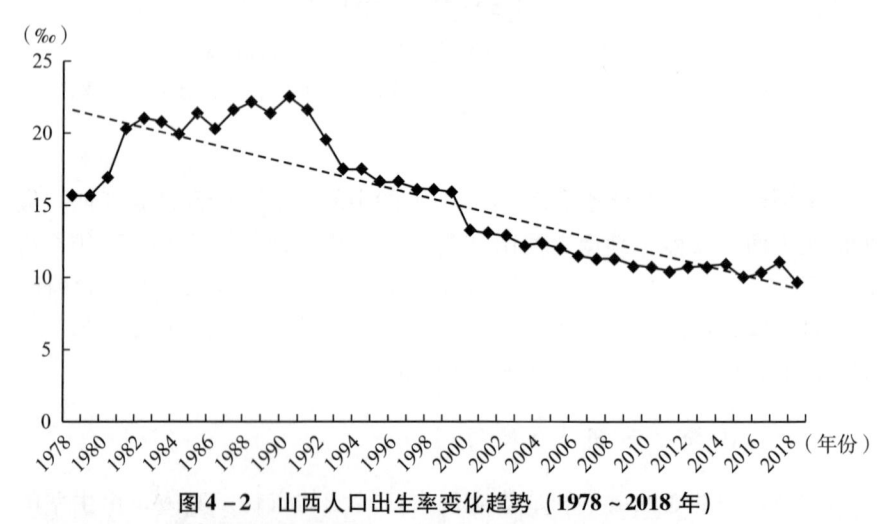

图4-2　山西人口出生率变化趋势（1978～2018年）

资料来源：相应年份中国统计年鉴、相应省份统计年鉴和统计公报，其中部分数据来自EPS，课题组在此基础上对相关数据进行了整理。

联系相应生育政策推行的执行时间，图4-2所示的山西人口出生率趋势中，若干重要政策节点与趋势走势中的转折并不能完全匹配。例如，1980年号召推行"一对夫妇只生育一个孩子"，甚至在政策收紧的1984年之后，人口出生率日趋走高，直到1990年的22.54‰，高于生育政策宽松期。

山西较早进入工业化，是中部六省中经济基础相对较好的地区。从经济发达程度的划分来看，世纪之交的湖北和山西都属于中部地区经济发展的第一梯队。与此同时，湖北和山西也是中部地区生育率下降最剧烈的省份。山西的生育率体现出政策执行存在一定缓冲期和拖尾期。1990年达到出生率峰值，随后快速下降，在2011年降至低点10.47‰。20年间下降超过10‰，政策对出生率控制效果显著。2013年推行"单独二孩"政策，2014年出生率相比前一年的10.81‰略有提高，达到10.92‰。2018年是山西近几十年人口出生率最低点，仅为9.63‰。虽然2016年和2017年略有回升，但回升动力主要来源于"二孩"。前期累积的生育欲望释放完毕后，"二孩"生育规模将不断缩小。因此，未来的山西人口出生率将大概率仍在低位运行。

结合当前情况分析，虽然个别省份存在"全面二孩"后1~2年形成的生育高峰，使多年累积的生育愿望得以释放。但是现实统计中发现，生育意愿成为生育事实的比例仍然较低。综合多种因素考虑，我们认为：虽然与过去相比，"全面二孩"政策创造了较为宽松的政策背景，但仍不能改变社会因素和经济发展阶段对于人口生育率的刚性影响。因此，山西的人口出生率可能短期仍将徘徊在低点，长期还可能继续下降，人口结构问题也因此更加严峻。

（二）湖北：持续稳步回升

湖北经历了长达几十年的人口出生率振荡期。湖北一直是中部六省的经济强省，具备传统地理区位优势，也有良好工业基础，在经济、文化、政治等领域具有最强的局部辐射力。武汉是我国经济和政治格局中具有举足轻重地位的省会城市，也是我国高等教育密度、强度和实力都居前的高智城市，拥有极其优越的人才储备优势。湖北是中部六省高等教育资源和人才资源最丰富的省份，省会武汉拥有多所"双一流"高校和其他特色高校，这是中部其他省份短时期内无法获得的优势。在人才的培养、发展和使用等方面，湖北更为迫切的问题是面对这个巨大的"人才聚集区"，如何"留住"和如何"使用"人才等问题。

与山西等较早进入工业化的地区一样，湖北的人口出生率变化是经济发展、社会发展和文化演进等交织作用的结果，同时也受计划经济和生育政策的强约束。根据官方公布的相关统计数据，图4-3对1978~2018年的人口出生率数据进行了排列描绘。

综合比较图4-3和图4-2，山西和湖北的人口出生率变化趋势基本类似。其中有两个重要的时间节点：其一，两省的人口出生率峰值都出现在1990年。湖北1990年人口出生率为近几十年最高，达到21.6‰。如无特别冲击，这一出生率未来也很难超过。其二，人口出生率在21世纪

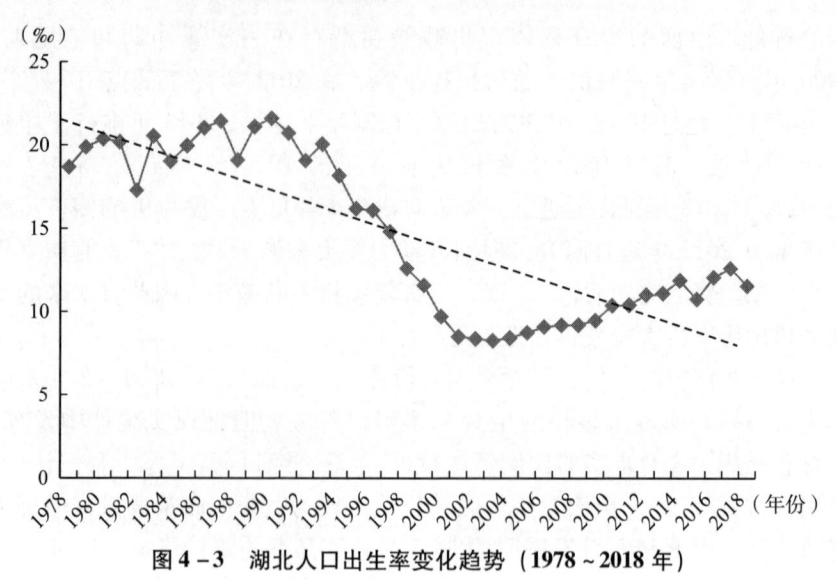

图 4-3　湖北人口出生率变化趋势（1978~2018 年）

资料来源：相应年份中国统计年鉴、相应省份统计年鉴和统计公报，其中部分数据来自 EPS，课题组在此基础上对相关数据进行了整理。

后跌至低点。从图中可以看到，进入 21 世纪之后，湖北的人口出生率跌破 10‰，最低点是 8.26‰。1990~2000 年的 10 年时间内，湖北人口出生率下跌一半，政策压力下人口出生率的转变较为激烈。需要重视的是，在 2000~2010 年这 10 年间，由于前期下跌过于激烈，湖北的人口出生率在此期间逐渐回升。虽然如此，湖北是同期中部人口出生率最低的省份，且远低于其他五省，低于 9‰的年份就超过 5 年。同期的中部其他省份基本在 12‰左右，江西一度超过 15‰。

湖北施行"单独二孩"政策在时间上已落后国内大部分省份，考虑到相关审批流程和生育周期，从 2014 年 3 月正式推行，2015 年之后的出生率数据才能体现累积生育冲击。从图 4-3 中可以看出，湖北人口出生率的反弹是在 2000 年之后，经过 10 余年逐渐回升到 10‰以上。从急跌到回升的转变过程中，政策的推动因素并不显著。从颁布政策后的 2015 年数据统计发现，湖北全省符合条件的家庭有 47.25 万个，已申请领取生育证的 35 403 个，已生育 14 226 个，生育数字仅占符合条件家庭的 3.01%。政策推进效果不明显，具有客观的生育基础。"全面二孩"从 2016 年推行后，符合生育条件的人口基数有所增加，2017 年人口出生率持续上升，其推动效果要好于"单独二孩"。但是，从短期看，累积的生育意愿近两年已释放完毕，短期对人口生育率不再具有较强冲击，2018 年湖北的人口出生率相比

第四章　后"二孩"政策的中部人口发展

2017年已经开始下降。因此，从长期看，仍然会回落到真实意愿条件下的自然出生率。综合来看，未来湖北的人口出生率可能将长期低于10‰。

（三）湖南：窄幅温和调整

湖北与湖南近几十年人口出生率趋势差异较大。从人口规模上，湖南一直要大于湖北；从经济发达程度上，湖南长期依赖于农业发展，工业化起步较晚。湖北据长江之势，进入工业化较早，经济发展、教育发展和工业发展都有一定优势。

在前文中已比较分析过，自20世纪80年代以来，中部地区人口出生率下降最激烈的是湖北，人口生育率持续性低位的是山西。相比其他省份，山西人口发展趋势是平稳下降；湖北是快速下降。湖南与山西和湖北的发展趋势有很大不同，既无湖北降幅之大与降速之烈，也不似山西久沉不振。湖南从高生育率状态到低生育状态经历跳跃后，自我恢复后整体运行稳定，其振动都在较窄的幅度内。

选择湖南1978~2018年的人口出生率数据，绘制图4-4。与山西、湖北相比，湖南自1990年以来人口出生率波动幅度极小。值得一提的是，2018年人口出生率12.19‰，与20世纪90年代后相比区别不大，目前已逐渐趋近。

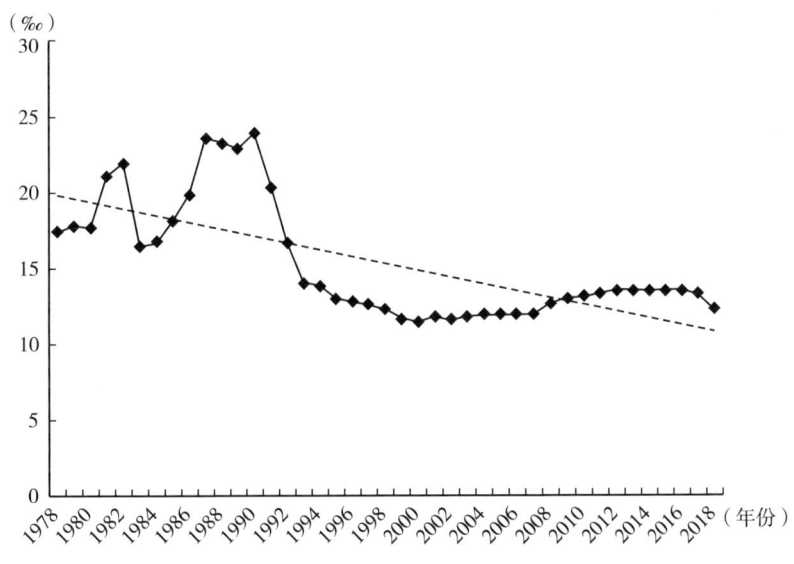

图4-4　湖南人口出生率变化趋势（1978~2018年）

资料来源：相应年份中国统计年鉴、相应省份统计年鉴和统计公报，其中部分数据来自EPS，课题组在此基础上对相关数据进行了整理。

我国生育政策的冲击节点分别是1980年和1984年，湖南受政策冲击的影响和政策发散周期相比湖北要小。人口出生率在1982年到1983年，存在跳空点，从21.98‰下降到16.48‰，一年内人口出生率下降超过5个千分点。湖南的人口出生率峰值出现在1990年，达到23.93‰，之后迅速下降。与湖北和山西等省份不同，湖南人口出生率下降后的走势一直相对平稳。自1990年急跌、1994年缓速于14.08‰，随后20多年保持在窄幅波动，人口出生率也基本围绕在14‰。其中，波谷是2000年的11.45‰。此后湖南的人口出生率一直波动于11‰~12‰区间，这与中部其他省份显然不同。湖南2014年3月正式实施"单独二孩"政策，"全面二孩"的落地时间是2016年3月。从图4-4的趋势中可以看到，湖南2011~2015年的人口出生率波动仅在0.2‰左右波动，政策效果微乎其微；出乎意料的是，2017年的出生率相比2016年已开始下降，累积的生育意愿似乎已经释放完毕，2018年已经下降较明显，即将跌入原来严格计划生育政策时期的11‰~12‰区间。

通常认为，生育政策对人口出生率的冲击数据，需要2~3年的时间窗口。湖南在过去很长一段时间内，人口出生率处于窄幅波动。"全面二孩"的宽松环境下，人口出生率未能显著上升，湖南近两年的数据显示出生率已再次进入下降通道。本课题组认为湖南人口出生率已在多因素动态博弈下趋于缓慢下降。从人口发展的趋势看，湖南在未来一段时期已无新生儿爆发性增加的客观基础。在宏观环境的影响下，人口出生率继续下降可能性较大。

（四）安徽：变化起伏适度

安徽人口规模与湖北相当，经济发展水平在20世纪末尚处于中部地区末位。进入21世纪之后，安徽通过产业转型等措施，区域经济发展较快，教育改革、医疗卫生等各项事业稳步推进，社会文化生活等方面逐渐向发达省份靠拢。中部六省之中，安徽在过去几十年中起伏适度、发展平稳，虽然在特定年份也存在异常值，但大部分时间处于六省人口出生率的中间区域。根据统计年鉴的相关数据，对1978~2018年的安徽人口出生率描点，得到人口出生率趋势，详见图4-5。

图4-5展示的人口出生率下降趋势主要集中在1990~2002年。与中部其他省份相比，安徽人口出生率下降并不算剧烈，曲线斜率要略微平缓。需要注意以下几个信息：

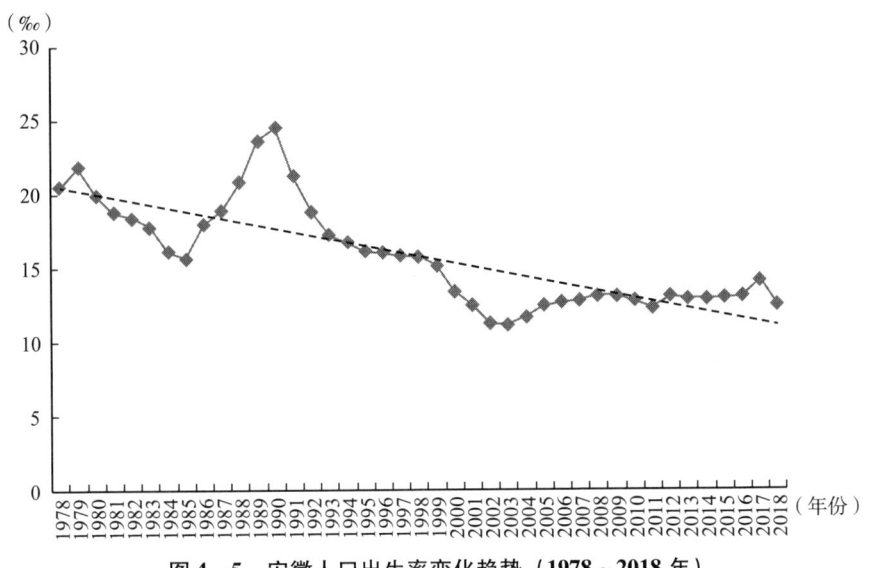

图 4-5　安徽人口出生率变化趋势（1978~2018 年）

资料来源：相应年份中国统计年鉴、相应省份统计年鉴和统计公报，其中部分数据来自 EPS，课题组在此基础上对相关数据进行了整理。

第一，1985 年出现的人口出生率低点 15.61‰。根据图 4-5 可以发现，在 20 世纪 80 年代出现这个生育率低谷，这也是整个 1980~1990 年间中部地区最低的人口出生率。从时间上看，这是 1980 年和 1984 年两个政策叠加的窗口期。其间中部地区其他五省人口出生率震荡起伏，安徽稳步下降，政策冲击效果在数据统计上最为显著。生育政策的执行速度和执行力度，明显强于同期其他中部省份。

第二，1990 年的区域峰值点 24.47‰。1990 年之前的人口出生率，安徽低于其他中部省份；1990 年出现的峰值点，安徽高于其他省份。因此形成两个显著的政策区间：1980~1985 年单调递减；1985~1990 年单调递增。相比中部其他省份，安徽高效率执行了人口生育政策。

第三，2003 年的人口出生波谷 11.15‰。安徽 2002 年和 2003 年的人口出生率分别为 11.2‰和 11.15‰，随后开始触底反弹。进入 21 世纪后，中部六省都呈现出反弹趋势，安徽处于整体发展的中间位置，人口发展趋势较为稳健。在"单独二孩""全面二孩"的政策环境下，安徽人口出生率保持在 13‰，并无显著变化。虽然 2017 年一度突破 14‰，成为中部地区人口出生率反弹的高点，但 2018 年随之跌回 12.41‰，预期未来几年仍继续下探。

(五) 江西：上冲动力消散

中部六省之中，江西的人口发展一直处于较强势的地位。即使在计划生育政策执行最严格的时期，江西的人口出生率也处于中部地区中高区间。在当前我国人口出生率普遍下降的环境中，江西仍是中部地区人口生育率最高的省份，2018年排在全国第4位。江西的人口出生率变化具有非常强的趋势作用，从1990年之后几乎处于下降通道。即使在"单独二孩""全面二孩"等具有较强冲击效果的政策作用下，出生率变化也不明显。根据相关统计数据并描点成图，获得1978~2018年江西人口出生率变化趋势，详见图4-6。

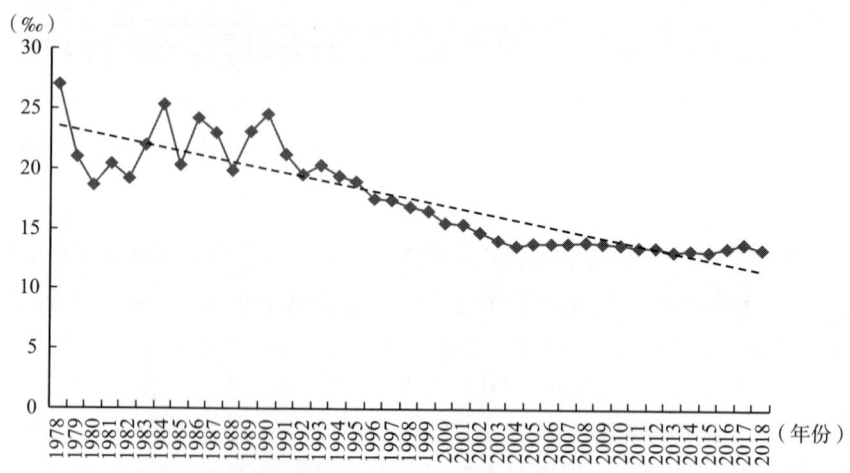

图4-6 江西人口出生率变化趋势（1978~2018年）

资料来源：相应年份中国统计年鉴、相应省份统计年鉴和统计公报，其中部分数据来自EPS，课题组在此基础上对相关数据进行了整理。

从若干个重要时间节点相比中部地区其他省份，江西的不同之处较为明显。主要可以归纳为以下几点：

首先，江西人口出生率下降趋势清晰。图4-6显示，峰值在1978年，波谷在2004年，最近10多年人口出生率稳定在13‰~14‰。从绝对值来看，江西的人口出生率处于中部地区的较高位置。从时间序列数据可发现，江西人口出生率从1990年起基本保持稳定的下降趋势，并未随政策调控出现较大幅度波动。稳定的人口出生率说明江西大部分家庭的生育理念逐渐成熟，生育行为自主性也不断强化。与此同时，生育行为受最初的政策机制约束在弱化。

其次,峰值早于中部其他省份出现。1978~2018年区间内,中部省份人口出生率峰值集中出现于1990年。图4-6走势显示,江西的峰值出现在观察期第一年1978年,为27.01‰,随后的数年中人口出生率略有震荡,但下降趋势已经呈现,具体表现即是反弹中每一极值都渐小。1980~1984年处于两个生育政策加速期,江西人口出生率震荡激烈,且这种调整延续到1990年,形成"高—低—高—低"调整模式。

最后,人口出生率下降幅度平稳。从1990年之后,江西保持相对较高出生率的同时,以较平稳的速度在下降。1992年虽有小幅波动,逐年下降趋势已确立,进入2004年之后,便达到出生率平台期。从"单独二孩""全面二孩"的政策节点看,江西人口出生率数据并未受显著冲击,符合前文提出的江西生育行为政策约束机制弱化的判断。安徽的人口出生率情况也符合此判断,这些省份的人口出生率已较大程度反映真实人口生育意愿。近年的人口统计数据说明,"全面二孩"不能显著推高江西的人口出生率,累积生育意愿释放后的未来,人口出生率将面临较大的下探。

江西并非中部地区人口最多的省份,但却是生育率最稳定的省份。在人口生育率下探成为普遍现象的今天,江西的人口出生率仍保持在较高的位置,具有较深刻的社会、经济和文化原因。从诸多方面的因素判断,江西的人口出生率虽然会继续下探,但仍将比山西、湖北等省份显著偏高。

(六) 河南:生育大省转向

河南是中部地区人口规模最大省份,接近山西的3倍,江西的2倍,是中部地区的人口重镇。河南的人口生育率变化,对整个中部地区都有重要的影响。从统计年鉴选择河南相应年份出生率数据并绘图,得到图4-7。

河南的人口出生率也有其鲜明特征。图4-7中包含若干重要节点信息,例如,其峰值与波谷区域的时间节点,显然与中部其他省份不同。河南的峰值出现在1989年而不是大多省份峰值出现的1990年。江西在持续震荡下行趋势中,一直未突破前期峰值。河南在此期间震荡激烈,属于探底后生育率继续走高,连续三年保持在26‰左右,这已是一个很高的人口出生率。联系到河南的人口基数,26‰的出生率对于接近1亿的人口基数而言,增量非常可观。在这段时间内,河南在这期间的人口出生率显著超出其他省份,也是中部六省近几十年人口出生率最高峰。河南在

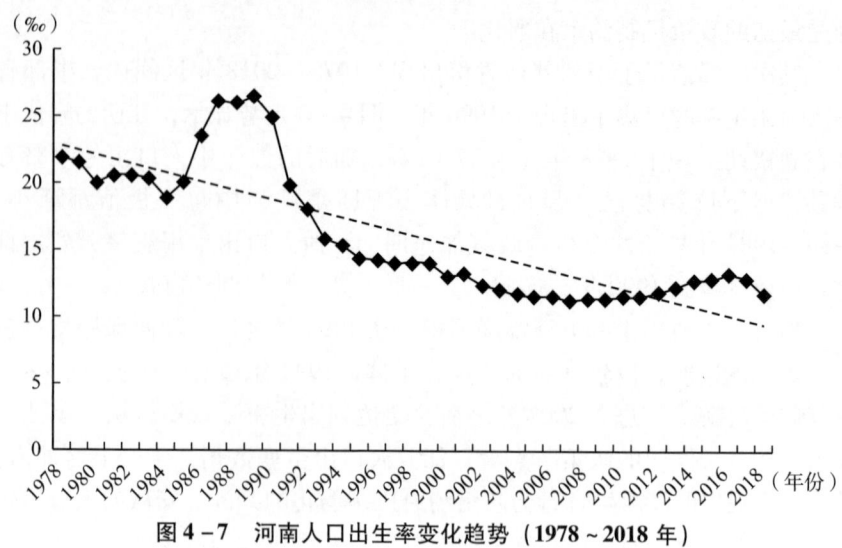

图4-7 河南人口出生率变化趋势（1978~2018年）

资料来源：相应年份中国统计年鉴、相应省份统计年鉴和统计公报，其中部分数据来自EPS，课题组在此基础上对相关数据进行了整理。

1987年、1988年、1989年分别达到26.22‰、25.95‰、26.51‰的人口出生率，相应年份的第二位分别是1987年湖南的23.62‰、1988年湖南的23.32‰和1989年安徽的23.6‰，河南平均超出近3个千分点。

与人口出生率的剧增对应，河南的人口出生率下降也迅速。1990年人口出生率是24.92‰，1991年剧降至19.78‰，一年之间下降超过5个千分点；1993年已经下降到了15.87‰，2000年达到13.07‰，随后近20年都保持在此附近。社会稳定的正常情况下，人口出生率的高低剧烈切换，一方面是对于刚性政策的回应，另一方面体现河南人口出生情况对于政策较敏感。"单独二孩"和"全面二孩"政策施行后，河南人口出生率增加较快，这点可从图4-7得到反映。河南的人口出生率回升于2009~2010年间。"单独二孩"政策一定程度上释放出河南的累积生育潜力，但这种生育反弹的可持续性难以持续。2016~2018年下降趋势较明显，即使放开生育限制，河南的人口出生率下跌概率仍较大。

图4-8将中部六省1978~2018年的人口出生率集中绘制在一个图中，便于更加直观地比较时间序列下各省人口出生率的波动情况和相对位置。在图中，江西与河南在整个观察期中一度出现出生率的峰值，湖北则在21世纪初连续多年在波谷。综合当前统计数据、预测数据和学界观点，在国家相关政策没有及时调整跟进的情况下，生育率仍将进一步下探。

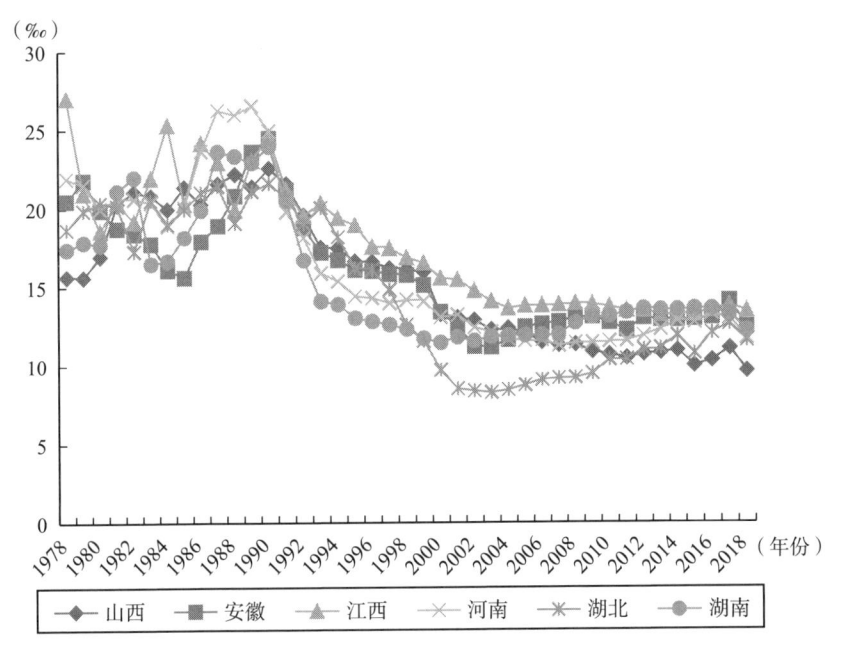

图 4-8　中部六省人口出生率比较（1978~2018 年）

资料来源：相应年份中国统计年鉴、相应省份统计年鉴和统计公报，其中部分数据来自 EPS，课题组在此基础上对相关数据进行了整理。

三、殊途同归：后"二孩"政策的走向

目前对我国人口统计数据准确性的质疑很多，但人口增速下降、生育率下降、人口出生率将继续下降等观点，各界观点相对统一。目前"二孩"政策已执行数年，后"二孩"阶段我国生育率将继续下降的看法，也得到广泛认同。现阶段关于我国人口发展的问题需要一些宏观人口数据的支撑，包括人口规模、人口分布、人口年龄结构和人口性别结构等。其中，目前我国女性的生育现状、生育意愿和年龄结构等数据仍不够清晰。以反映人口发展的关键数据总和生育率为例，官方统计数据显示自 2000 年以来应该处于 1.5~1.6 之间，已经低于人口世代更替的稳定水平 2.1。遗憾的是，《2017 年我国卫生和计划生育事业发展统计公报》中未公布 2017 年的总和生育率数据。据公报公布的新出生婴儿数显示，2017 年全国新出生婴儿数为 1 758 万人。其中"二孩"的占比超过 50%，与 2016 年相比减少了 88 万人。在 2018 年国民经济运行情况新闻发布会上，国家统计局局长宁吉喆表示，2018 年出生人口 1 523 万人，人

口出生率为10.94‰，相比2017年又减少了200多万人，下降规模进一步扩大。2015年之后的现实出生规模数据相比之前预估数据，差距显然日渐扩大。

我国生育率低于世代更替水平始于20世纪90年代左右。2000年人口普查显示生育率已下降到1.22，2010年再次证实生育率只有1.18，2015年全国1%人口抽样调查查明生育率只有1.05。由于早期人口统计存在较多的漏查现象，所以这一数据在后期得到矫正。无论如何，一个国家的人口生育率持续下降，人口出生率长期低位运行，不利于国家持续健康发展。

我国的生育政策从严控到放松过程中一直充满争议。焦点在于部分专家认为生育政策放松后，将导致出生率过快增长，人口规模有可能迅速膨胀，推行几十年的计划生育政策努力化为泡影。目前来看这个担心没有事实支撑。"全面二孩"政策执行后，统计数据显示释放的累积生育意愿与预估都相差甚远。统计公报显示，相比2017年，2018年我国每个省份的人口出生率都已回调。从2015年"全面二孩"落地，考虑备孕工作与生育周期等因素，到2018年的生育率下降，显然"全面二孩"的政策效力已经式微。

人口政策或许短期能够刺激人口出生率，一定程度影响人口结构，促进人口长期均衡发展。但从长期看，人口学理论和国外的实证数据证明，人口政策并不能实质性改变人口发展的长期趋势。以此推测，"单独二孩"和"全面二孩"并不能改变我国已经形成的人口下降趋势。显然，少子老龄化、劳动年龄人口下降和人口负增长等大趋势要得以扭转也不太现实。

在此宏观背景下，作为我国重要的传统人口输出地区，中部六省在"单独二孩"到"全面二孩"的政策转变过程中，能否继续承担起我国人口输出的重任，能否局部改变人口出生率持续下降的趋势，从而实现以中部地区为依托，再一次成为响应人口政策的人口趋势转变地区，这都是迫切需要得到解答的问题。

（一）下降已成定局

人口出生率下降已成定局，不仅是中部地区的趋势，也是从国家层面的总体判断。虽然有生育政策的放松，2017~2018年统计数据仍显著指向一个事实，生育政策的推进效率极其有限。从中部六省的情况来看，

第四章 后"二孩"政策的中部人口发展

从"单独二孩"到"全面二孩"的政策转变过程中，人口出生率并无显著的整体性增长。之所以选择用"无显著增长"的判断，并非指新增人口的绝对数量未形成增长，而是指在连续的政策宽松下，出生率、新增人口并未呈现出显著的增长。与此同时，政策推行后有些省份出现了持续的人口出生率下降。2018 年则进入全面的生育率下降通道。抛开数据采集和统计数字的偏误等原因，这一现象出乎之前大部分学者的预料，而且对未来发展还将形成持续性影响。

以中部地区人口出生率较高的江西为例。相比中部其他省份，江西的人口出生率自 1990 年起，基本维持着中部第一、第二的位置，当前则稳居中部生育率第一，是具有稳定人口增长能力的省份。在直观印象中，计划生育政策下江西积累的人口生育意愿相比其他省份略强。因此，在"单独二孩"到"全面二孩"的政策转变过程中，预期中应该释放更大的生育动机，在政策实施后的若干年份中，应该具有一定程度的明显人口增长。江西正式实施"单独二孩"政策始于 2014 年 1 月。在放松生育政策的第一个时间节点 2015 年 12 月 30 日进行统计观察，截至 2015 年年底，江西申请"单独二孩"的数量并不曾"井喷"。江西省的统计调查显示，截至 2015 年 9 月 30 日，江西符合"单独二孩"条件且有意愿、有能力再生育的育龄妇女规模约 16 万人，占全省人口总数 3.55‰左右；已办理"再生一胎生育证"的单独夫妇为 54 917 对，符合政策有条件生育"二孩"的育龄妇女办证率仅为 34.3%。

随着"单独二孩"政策放松至"全面二孩"，江西的人口出生情况仍相对稳定。2016 年是江西"全面二孩"政策第一年，也是"单独二孩"政策第三年。选取 2016 年作为观察点，根据江西 2016 年人口变动情况抽样调查结果显示，江西省人口出生率下降趋势得到初步扭转，2016 年全省出生人口为 61.59 万人，比上年增加了 1.48 万人。2016 年江西全省人口出生率为 13.45‰，人口自然增长率为 7.29‰，分别比 2015 年上升 0.25 个千分点和 0.33 个千分点。

排位于中部地区人口增长率第一的江西，已进入下降通道。人口生育率排位于中部最低的山西，形势更加严峻。自 1990 年以来，山西的人口出生率以下跌为主要趋势。实施"单独二孩"到"全面二孩"后，有过短暂调整，近年重新进入下降通道。山西"单独二孩"政策自 2014 年 5 月实施，截至 2015 年 12 月，山西符合条件且具有生育意愿的群体超过 60%。但人口出生率显示，这些意愿转化为现实的效率很低，2014 年、

2015年的人口出生率分别为10.92‰和9.98‰。2016年1月山西放开"全面二孩"政策，统计公报数据显示，2016年山西出生人口为37.79万人，人口出生率为10.29‰。

山西在"全面二孩"政策的执行、生育后保障等很多方面，比其他省份有坚实的生育支撑。比如，对生育两个孩子的家庭实行不需审批、增加产假时间等，但客观上山西的人口出生率却是中部地区最低。2016年的人口出生率事实上低于2014年，而"单独二孩"的实施却在2014年5月。下降的生育意愿以及下降的生育现实转化率，是导致山西低出生率的重要因素。腾讯（Tencent）2017年3月根据网上问卷调查的信息形成《二孩调查分析报告》，其中提到"二孩"计划的实现比例不到总数的1/3，事实生育率远低于生育意愿。中部地区省份人口出生率数据大致符合该判断。

江西和山西在人口出生率维度构成了中部地区的上限和下限，其表现呈现出时间上的一致性和稳定性。从人口规模维度上看，河南是中部的人口第一大省，江西处于中间位置，山西则最小。河南曾经有较高的人口生育率，但近年下降很快，这来源于多方面因素影响。因此，虽然我国的人口政策大环境已经从原来的严格计划生育政策到"单独二孩"并过渡到"全面二孩"，但"单独二孩"的政策推动力有限，"全面二孩"的效力也已释放至尾期，长期推动力已逐渐消散。

综合2017年、2018年的人口出生数据，至少说明未来中部地区人口发展问题相当严峻。中部六省的人口出生率近年处于探底趋稳过程，2018年则全部省份下滑。基于此，中部地区的人口结构，包括性别结构和年龄结构等，其发展趋势不容乐观，老龄化将不断深化。

（二）省际持续分化

生育政策调整对于各省的影响存在差异。中部六省在受政策冲击后，在时间和空间维度也必然呈现不对称特征。本章前文部分提供的图4-8，已直观反映中部六省1978~2018年的人口出生率调整状态，整体上省际差异明显。需要注意的是，在整体呈现下降趋势的大背景下，人口出生率的省域个体分化将更加明显。随着"全面二孩"政策和老龄化发展，省际分化情况将有新情况。

"单独二孩"政策推行后的人口出生率事实远低于预期，成为"全面二孩"政策推进的主要动力。各省之间人口存量、流动偏好、经济基础以及生育文化等，存在一定的区别。人口性别结构、人口年龄结构的失衡加剧，客观上必须迅速对以往人口政策进行调整。传统生育理念面临持续性政策冲击，各省分化情况各有不同。从"全面二孩"政策落地后到 2017 年年底，中部人口出生率的省域分化情况大致可以分为三个类别，分别是稳中趋升、平稳发展和稳中趋降。

在人口出生率呈现出较强的下降趋势的省份中，湖北和山西较为突出。湖北 2018 年年末全省常住人口 5 917 万人，相比 2016 年年末常住人口 5 885 万人，增长 5.44%。其中，2018 年出生人口为 68.20 万人，出生率为 11.54‰，人口自然增长率为 4.54‰。相比 2017 年，人口出生率和自然增长率都有下降，这是"单独二孩"和"全面二孩"政策下生育意愿释放后的回调。山西是中部地区人口规模和人口出生率都最低的省份。根据 2018 年的人口抽样调查，年末全省常住人口 3 718.34 万人，比上年年末增加 15.99 万人；全年全省出生人口 35.73 万人，人口出生率为 9.63‰，相比 2017 年的 10.29‰有明显下降。人口自然增长率为 4.31‰，与湖北一样，2018 年山西人口出生率和自然增长率双降。在此之前，2015 年山西的人口出生率是 9.98‰。经过两轮政策的冲击，人口出生率仅上升 0.31‰；随后 2017 年、2018 年连续下降。参考山西目前的人口年龄结构，老龄化日趋严重，生育活跃期妇女比例下降，山西的人口出生率未来将进一步下滑。

湖北和山西是中部地区较早进入工业化的省份，20 世纪 80 年代后推进国家相关生育政策顺畅。出生于 1980～2000 年间的孩子中，独生子女比例比江西、河南等省份更高。该出生年份段的群体，年龄最大的女性已进入生育阶段末期（38 岁），最小的女性则将逐渐进入生育活跃期（18 岁）。梳理中部地区各省份的相关因素，推动人口出生率回升的有利条件欠缺，人口出生率继续下降概率较大。

湖南和河南的人口出生率则相对平稳。2018 年湖南常住人口 6 898.8 万人，比 2017 年年末提高 1.4 个百分点。全年出生人口 83.9 万人，比上年下降大约 10 万人；人口出生率为 12.19‰，人口自然增长率为 5.11‰。湖南是中部地区的人口第二大省，高于湖北和山西。河南 2018 年年末全省总人口 10 906 万人，比上年年末增加 53 万人；全年出生人口 127 万人，出生率为 11.72‰，人口自然增长率为 4.92‰。河南一直以来都是中部人口最多的省份。作为中部地区人口规模第一和第二的省份，人口增长率也相对稳定和接近。"单独二孩"和"全面二孩"政策实施以来，两省出生率稳定在13‰左右，但2018年显著下降。

过去几年江西和安徽呈现与山西和湖北相悖的人口发展趋势，进入2018年后全面回调。江西2018年年末全省常住人口4 647.6万人，比上年年末增加25.5万人；全年出生人口62.2万人，出生率为13.43‰，比上年下降0.36‰；人口自然增长率为7.37‰，相比2017年下降0.34‰。安徽下降趋势也已形成，根据统计公报显示，年末全省户籍人口7 082.9万人，年末常住人口6 323.6万人，增加68.8万人。作为人口流出的大省，安徽户籍人口和常住人口的差异很大。2018年人口出生率为12.41‰，比上年下降1.66个千分点；自然增长率为6.45‰，下降1.72个千分点。安徽和江西受政策驱动较为明显，无论是"单独二孩"还是"全面二孩"的推行，相应年份均存在一定程度的人口出生率提升。经过2015~2017年的调整释放，2018年的人口出生率已经全部转向下降。2019年中部六省的人口出生率继续下降的概率很大，不同的是，六省之间的省际分化趋势会更加显著。

（三）政策推力弱化

相比2016年和2017年，2018年中部六省出生率从各有增减全部转为下降。其中最大的一个因素，是以"全面二孩"为主要内容的生育政策对生育推进效力的不断弱化。前期虽然在省际层面存在分化现象，但政策对出生率的推高还是具有积极作用。进入2018年之后，政策的推力弱化已较为显著。

我国从"高出生、高死亡、低增长"到"低出生、低死亡、低增长"的人口转变周期很短，前后不超过50年。西方国家完成这一转变，大都需要100~200年。社会自然环境下不太可能短时间完成人口转变，政策推进成了主要因素。探析以人口出生率、人口死亡率和自然增长率为核心的人口转变，其中死亡率的高低转换与生活方式、资源供给、文化教育和社会治安等密切相关，通常能够较快实现；出生率则受经济、社会、政治、文化和传统等因素约束，其演进路径相对漫长；人口的自然增长率是基于死亡率和出生率的更宏观的人口规模发展指标。我国从20世纪70年代开始提出控制人口，到了80年代开始日趋收紧，付出很高的代价后实现高出生率到低出生率的转变。政策对人口紧缩的力量显而易见，衍生出政策能够"强效率"管理人口发展的幻觉。

发达国家的人口转变案例说明，人口高出生率到低出生率的转变，

第四章 后"二孩"政策的中部人口发展

政策可以发挥较大推进作用，日本、新加坡、韩国等都曾经实施过降低人口出生率的政策，效果也很显著。虽然对于政策在人口转变过程中的效率高低与大小，学界仍存在不同观点，但是，这些国家随后努力提升人口出生率的过程中，政策却不断失效。以韩国为例，在各种推进人口出生率的政策努力下，人口出生率持续下跌，2018年创了新低。因此，政策推力的效力在人口高出生率到低出生率的转变过程中存在事实支撑，但是从低出生率走向高出生率却不存在现成案例，所谓人口"生育率陷阱"，具有其客观支撑。

围绕"生育率"为核心的人口转变中国版本，也大致符合国际版本的原则。"单独二孩"和"全面二孩"政策先后实施，并未在中部地区形成所谓的生育冲击。虽然在政策落地的两三年时间内，中部六省有不同程度的回升，但这种累积的生育欲望一经释放后，将回归到原有的人口发展轨迹，各省都继续下探，这已在2018年的统计数据中获得验证。因此，政策对人口出生率的推进力正不断弱化，经济、社会、文化等因素对生育率的影响日趋显现。人口发展过程中的人口出生率具有从"高"转"低"的客观性、必然性和内在性。但人口出生率低于社会维持和发展的临界点之后，持续性、替代性以及发展路径等问题迫切需要解答。

目前世界上生育率过低、老龄化过重等问题，成为普遍现象，西方发达国家并未在政策激励等方面取得可借鉴成效。从我国目前发展趋势来看，人口规模仍然较大，但人口结构已然失衡严重，人口结构的优化迫在眉睫。中部地区的调整比国家层面更加严峻。一方面，中部地区是劳动力输出地，青壮年人口的大量流出，使区域的实际老龄化程度远超出统计数字；另一方面，中部地区并非发达区域，经济发达程度和相关福利设施，都难以支撑深度老龄化社会的需求。需要看到，现阶段我国育龄人群的生育意愿已明显降低，从社会、经济、教育、卫生、文化等各方面，都不存在高生育率的现实基础。以往观点认为，进一步刺激人口出生率，需要以政策为基础，从体系性的视角出发，多方面、广视角地整理相关因素，积极调动生育意愿，一定程度缓解各种生育的顾虑。但实际上，政策影响、政策推力和政策效力等，在推进生育率方面已然弱化。因此，就人口谈人口的解题思路，恐怕难以解决现实问题。总之，无论是从发达国家的人口发展历史，还是从我国的人口发展现实，政策对人口生育率提升的激励作用日趋弱化是必然，这是社会发展、人口发展和经济发展的客观规律。

第五章

新型城镇化与中部人口发展

生产力的发展是推进社会演进的根本力量。改革开放后我国快速提升的生产力，推动我国经济、社会和文化等领域高速发展，无疑对传统的人口生育观念形成较大冲击。一直以来的"多子多福"观念，也在现代社会冲击下不断调整。政策环境加速了生育文化的演化。计划生育政策收缩了传统家庭规模和结构，冲击传统人伦观念、乡土观念、传承观念，打破以血缘为核心的宗族观念。在文化上更改了以性别为核心的传承观念、以乡土为核心的同乡观念等。

在工业化和城镇化的过程中，人口和家庭等因素叠加，促成多样化的融合和发展。城镇化演进是生产力提升后，空间维度下劳动力资源竞争的一个必然结果。劳动力资源的竞争性配置过程，有利于区域经济发展。推动这个配置过程优化的根本动力，是就业机会、劳动回报和生活成本等因素；从更加宏观的视野下来看，则是资源集聚、产业集聚和空间集聚。人口是劳动力资源的自然载体，劳动力资源空间配置最终分解为人口的空间分布，这是人口迁徙、人口流动、城乡流动的共同特征。

区域人口发展差异来源通常包含两个通道，分别是人口出口和人口入口。从入口考察，包含人口出生规模和人口迁入规模；从出口考察，则是人口死亡规模与人口迁出规模。人口出生率、人口死亡率和人口自然增长率等，通常比较稳定。现代社会的迁徙条件、交通条件和生活条件已大为提升，人口流动更加频繁，这对区域发展具有重要意义。现阶段我国最强吸力地区是京津冀、长三角和珠三角。"极化效应"催化和增强"虹吸效应"，促进了全国人口多层次流动。人口流动的空间范围具有层级性，以珠三角为例，深圳和广州既吸收广深周边城市、地区和省份的人口资源，也吸收来自其他省份、地区和城市的人口资源，包含境外和国外人口。作为区域极点的城市深圳和广州，在与其他地区人口流动过程中，推进了珠三角区域间的人口多层级流动。人口流动只是载体，实质是人口流动附加的资源在聚集和扩散,并形成企业集合、产业集群、产业辐射和经济增长极。这是人口流动的内在驱动力与持续演化动力。

中部地区不具备与京津冀、长三角和珠三角地区竞争人口资源的优势;京津冀、长三角和珠三角地区显然也不可能吸收全部人口。我国的人口流动在经济形态、产业结构和区域战略等多种因素的综合作用下,多元人口流动格局已形成。

一、新型城镇化:聚集的力量

城镇化是实现人口聚集发展的重要路径,也是我国国民经济和社会发展快速推进的重要推力。"十三五"期间的一个重要任务,是通过新型城镇化的路径切换,实现人口在空间上的有序转移,从而实现产业、就业和产业链等多方面的梳理与重构。从 1998 年的 33.3%,到 2008 年的 46.9%,再到 2018 年的 59.58%,我国的人口城镇化率不到 60%。发达国家的空间与人口演化历史,对于中部地区的发展而言,既具有广阔的发展选择和想象空间,也给当前省内规划、区级发展以及就地就近城镇化的选择形成了发展压力。国家统计局数据显示,2018 年我国户籍人口的城镇化率还只有 43.4%。清华大学的李铁教授认为,"从 43.4% 的户籍人口城镇化率到 70% 的城镇化率,这 15~20 年之间我们还有一个红利期"。地区间的发展竞争必然形成资源竞争,包括人口、资本和其他核心生产要素,而竞争与人口流动之间因果关系的重要性在现阶段弱于其相关性。如果地区间发展的平衡性被打破,区域竞争在市场机制下必然形成"马太效应"。目前中西部地区之于东部地区,已形成类似格局。中部地区的新型城镇化发展,将成为区域竞争的重要支撑。

(一)山西:资源输出的城镇化

山西人口出生率一直垫底中部地区,虽有"全面二孩"政策暂时冲击,2018 年又重新掉头向下,显然不是片面和独立的原因,是政策、经济和文化等因素共同作用的结果。山西进入工业化阶段较早、城镇化程度较高则是其中一个重要因素。山西是我国重要的资源输出型地区,依赖资源储备与开采,依赖资源市场竞争,产业转型、经济转型、发展转型压力极大,直接影响其就业等一系列人口发展问题。山西在人口发展方面短板很多,人口出生率偏低是一方面因素,城镇化程度虽然在中部最高,但提升节奏相应也逐渐放慢。

山西整体人口规模在中部六省居末位,但城乡分布状态领跑中部地区。由于资源开采的需要,山西工业化起步早,工业化进程的发展阶段也较高,在新中国成立之前已经具备扎实的经济基础。随着工业化的推进,山西的城镇化也随之开始,但城镇化加速是在21世纪后。

根据相关统计数据,对山西的城乡人口规模发展与占比变化趋势进行描述。图5-1是山西城乡人口规模变化情况,图5-2是山西城乡人口占比变化趋势。一个选择规模变化,一个选择比例变化,可以看出山西在时间序列下城市和乡村人口流动的趋势。

图5-1中首位年份1998年,山西城镇人口不到乡村人口的一半,其中城镇人口为984.33万人,乡村人口则超过2 000万人。进入21世纪后,城镇人口规模迅速增加。2011年山西城镇人口近乎与乡村人口持平,该年乡村人口为1 808万人,城镇人口为1 785万人;2012年山西城镇人口超出乡村人口,具体为城镇人口1 851万人,乡村人口1 760万人。在此之后,人口继续从乡村流出并聚集于城镇。

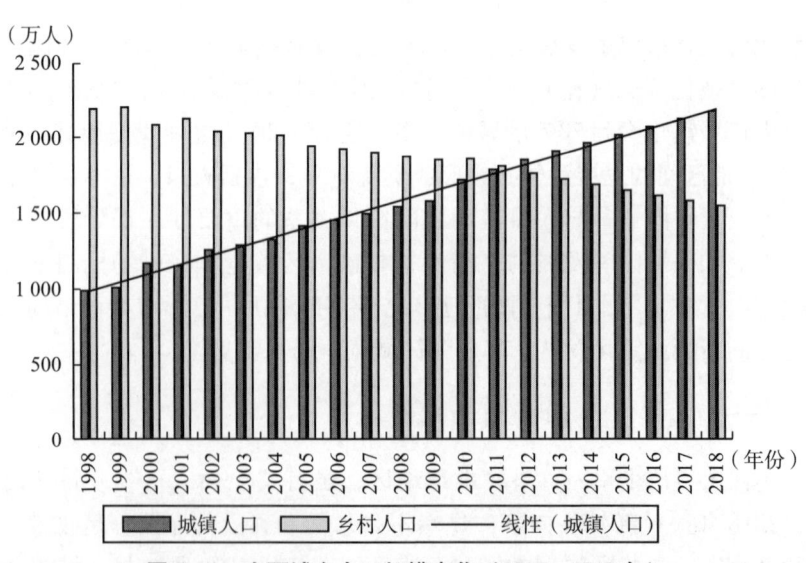

图5-1 山西城乡人口规模变化(1998~2018年)

资料来源:相应年份山西统计年鉴和国民经济和社会发展统计公报。

山西的城镇化推进速度和推进深度,在中部六省中效率最高,图5-1从总量分布情况做了反映。将视角转向比例分布,能更直观地发现趋势变化程度与速度。图5-2是城乡人口比例的变化趋势。

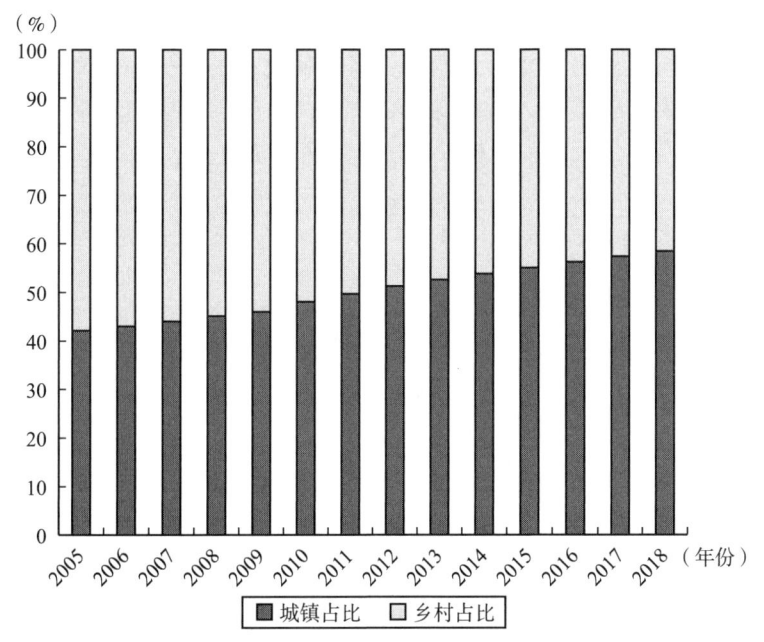

图 5-2 山西城乡人口占比变化趋势（2005~2018 年）

资料来源：相应年份山西统计年鉴和国民经济和社会发展统计公报。

2005 年山西城镇人口规模接近乡村人口。此后山西城镇人口占比每年提高 1 个百分点左右，2010 年爆发增加超过 2 个百分点。部分年份如 2008~2009 年推进较慢，但总体呈现加速趋势。统计公报显示，2018 年山西的城镇人口占比达到 58.41%，仍然保持着每年 1% 的速度提升。山西的城镇化水平居于中部前列。需要指出的是，2016 年我国常住人口城镇化率的平均值为 59.58%。以此为标准衡量中部六省，其中中部地区城镇化率目前最高的省份是湖北，其次是山西。山西虽然在中部位列第二，但仍低于全国平均水平超过 1 个百分点。中部地区大部分省份的城镇化水平仍低于国家平均水平，中部地区城镇化水平较低，这是中部地区城镇化发展的压力和动力。

（二）江西：快速追赶的城镇化

江西的经济发展模式与山西有较大差别，这也是两省人口发展模式有差异的深刻根源。江西较长时间都是以传统农耕经济为主，因此农业人口占据绝大部分。山西具有资源禀赋，尤其是煤炭矿产开采等方面，资源开发聚集了大量人口，城镇化率先启动。山西在较早进入工业化进程后，人口的城镇化程度也随之提高。江西的资源储备非常丰富，包括森林资源、有色金属、文化景点等，但依赖农耕的传统一定程度上成为限制。农业人口规模大、比重高，城镇化进程落后于平均水平。图5-3是近年来江西城镇人口和乡村人口规模演变的轨迹。

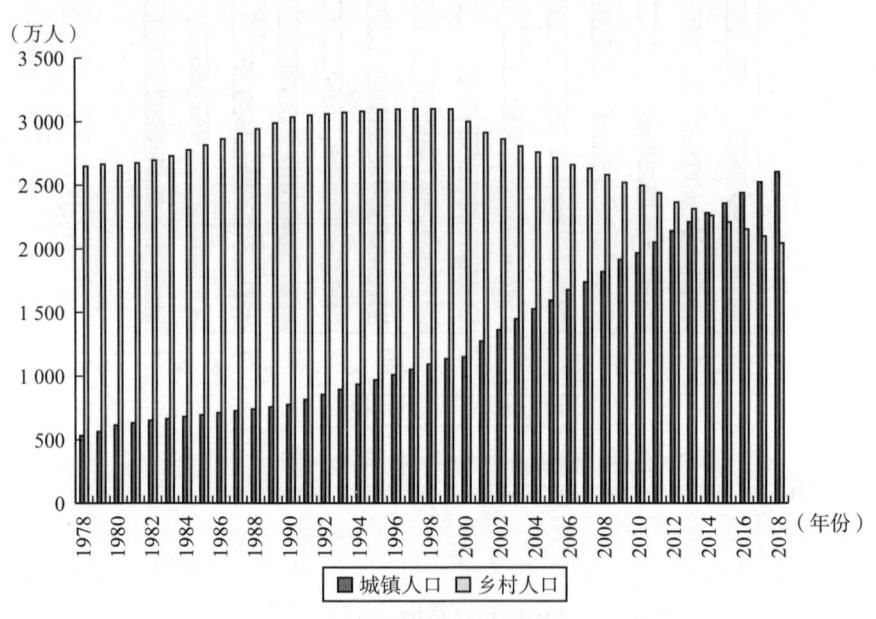

图5-3 江西城乡人口规模变化趋势（1978~2018年）

资料来源：相应年份江西统计年鉴和国民经济和社会发展统计公报。

图5-3的起始年份是1978年，其中城镇人口533万人，乡村人口约有2 650万人，城乡人口占比情况为城镇人口不足乡村人口的1/5，说明江西的城镇化起点很低。图5-3的另外一个重要信息是，此后江西的城镇人口规模逐年增加，2014年城镇人口超过乡村人口。江西的人口规模近年基本维持在4 000万~5 000万人区间。人口从农村转移到城镇，是乡村人口规模在不断下降、城镇人口在不断增加的过程，必然形成此消彼长的人口流动。山西在2011~2012年实现乡村人口与城镇人口占比的切换，江西的切换节点推迟到了2014年。考虑到江西的城镇化起点较低，因此近年来的推进速度要略高于山西。通过对比也能够发现，江西城镇化格局虽然实现差距的快速缩小，但相比山西仍有3~4年的差距。

江西人口规模在城镇化演进的过程中并未发生较大变化。江西目前

第五章 新型城镇化与中部人口发展

人口出生率处于中部地区最高水平,近年维持在13‰左右,未来应该将逐渐下降,这对城镇化转型形成挑战。一方面是新增人口挑战,另一方面是人口流动的挑战。新型城镇化在以就业为主要驱动因素的背景下,面临人口的空间重新配置。这实质上有利于具有经济发展优势和资源集聚优势的大城市、热点城市以及省会城市。小城市、小城镇将面临人口重新配置的劣势。在时间序列下审视城镇人口和乡村人口的比例变化,可以直观观察城镇化推进路径,详见图5-4。

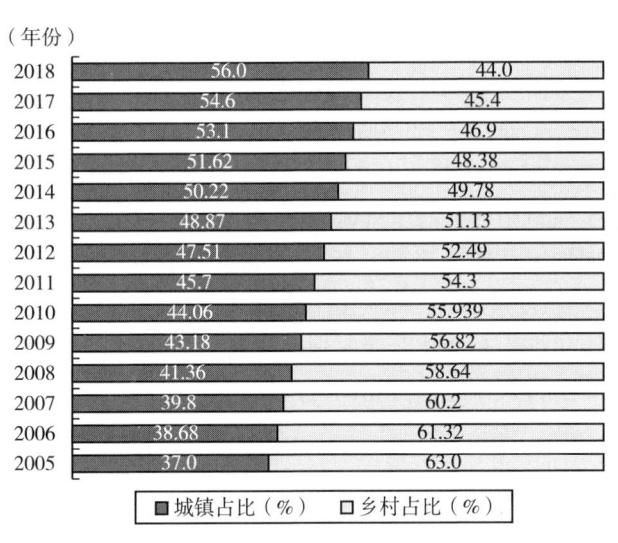

年份	城镇占比(%)	乡村占比(%)
2018	56.0	44.0
2017	54.6	45.4
2016	53.1	46.9
2015	51.62	48.38
2014	50.22	49.78
2013	48.87	51.13
2012	47.51	52.49
2011	45.7	54.3
2010	44.06	55.939
2009	43.18	56.82
2008	41.36	58.64
2007	39.8	60.2
2006	38.68	61.32
2005	37.0	63.0

图5-4 江西城乡人口占比变化趋势(2005~2018年)

资料来源:相应年份江西统计年鉴和国民经济和社会发展统计公报。

从图5-4可以发现,进入21世纪后的2005年,江西城镇人口略超过总人口的1/3,是城镇化率较低的省份,工业化程度也很低。2018年已达到56%,虽然仍低于全国平均水平,但其提升速度仍值得肯定。从城乡人口占比的时间数据中可以发现,过去十余年都达到年均1.5~2个百分点的提升,距离60%~70%的城镇化目标不断缩小。

人口是省际经济竞争之中重要的经济动态要素。人口迁移是江西在新型城镇化阶段的一个契机和挑战。江西传统上是劳动力输出大省,如果在经济、社会和文化等领域没有动态优势,人口流出的持续性将引发一系列问题。在城镇化水平不断提高的过程中,整体人口规模缩小必然导致城市与乡村资源的竞争加剧。城市人口规模的变化,直接影响市政发展等多方面，这些因素又将反过来影响城市吸收人口的效率。从目前来看，江西在城镇化过程中虽然仍具有较高的人口出生率，这是江西经济能够持续发展的一个重要基础。但人口出生率的下降是必然趋势，这就使城乡格局演化过程中，江西的新型城镇化进程存在较大不确定性。

（三）湖北：领跑中部的城镇化

从早期的经济基础来看，湖北和山西是中部地区的第一梯队，在中部地区最早启动工业化进程，在新中国成立初期就已经具备较好工业基础。在我国城镇化大规模加速之前，湖北城镇化水平已高于其他中部省份。城镇化一方面从乡村吸收人口进入城镇，一方面也将城镇产品推向乡村创造条件。工业化进程、城镇化进程和人口流动呈现强相关性。湖北的总体人口规模在中部地区不大，大于江西和山西，小于河南等省。湖北人口出生率与山西一样长期处于下降通道。这有利于人口从乡村流向城镇，短期加速城镇化进程；但从长期发展来看，人口出生率持续下降导致总体人口规模下降，将从多个维度对区域经济发展产生负面影响，最终导致城镇化进程在演化升级时面临可持续发展的障碍。图5-5是湖北城镇人口和乡村人口总量分布的时间序列图，具体如下。

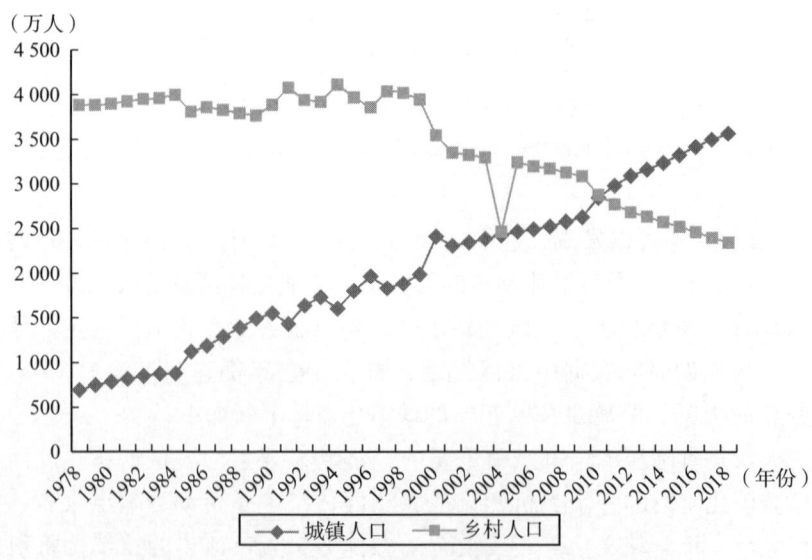

图 5-5　湖北城乡人口规模变化趋势（1978~2018 年）

资料来源：相应年份湖北统计年鉴和国民经济和社会发展统计公报。

第五章　新型城镇化与中部人口发展

从人口总量的角度看，湖北在最近 20 年人口规模震荡中值是 5 900 万人，基本在 5 800 万~6 000 万人之间，预期未来 10 年也将在此范围。从城镇化发展角度分析，湖北的城镇化基础和工业化基础，在中部地区具有最优越条件。湖北城镇化演进的关键时间节点是 2010 年，当年城乡人口基本持平；随后 2011 年城镇人口以 300 余万反超乡村人口。2011 年湖北城镇人口超过乡村人口，是中部地区最早跨入这一行列的省份。相比山西的城乡转化节点，湖北超前 2~3 年，是中部地区最早实现城镇人口规模超过乡村人口的省份。湖北城镇化推进有所起伏，乡村人口流入城镇的速度在进入 21 世纪之后显著加速，2010 年之后加速趋势明显。图 5-5 反映出 2010 年之后，湖北城镇人口的规模持续增加，2018 年已经达到 3 567.95 万人，城镇流动人口第一次超过 60%，标志着湖北的城镇化进程迈入新阶段。需要注意的是，2004 年出现一个异常值①，但并未改变人口流动趋势。湖北在新型城镇化推进过程中，实现城乡转化效率的核心在于吸收、聚集和重新配置就业人口。从绝对规模视角切换到比例视角，图 5-6 展示了 2005~2018 年湖北城镇人口与乡村人口占比总人口比例的变化趋势。

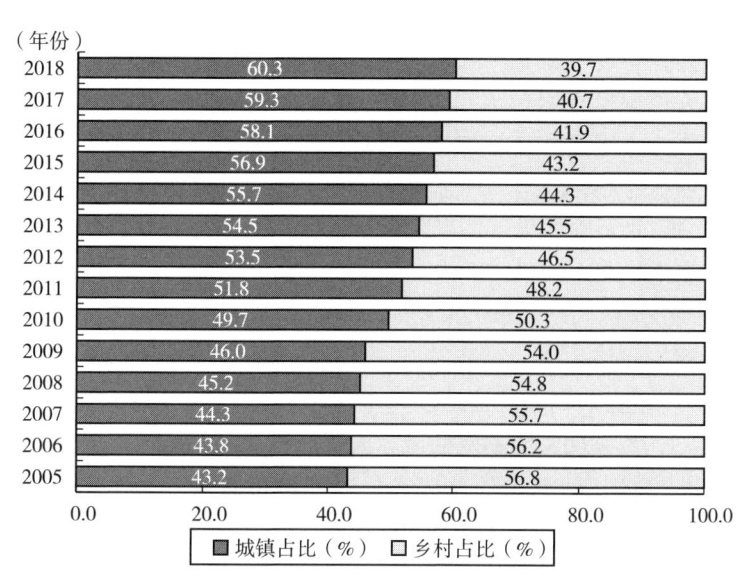

年份	城镇占比(%)	乡村占比(%)
2018	60.3	39.7
2017	59.3	40.7
2016	58.1	41.9
2015	56.9	43.2
2014	55.7	44.3
2013	54.5	45.5
2012	53.5	46.5
2011	51.8	48.2
2010	49.7	50.3
2009	46.0	54.0
2008	45.2	54.8
2007	44.3	55.7
2006	43.8	56.2
2005	43.2	56.8

图 5-6　湖北城乡人口占比变化趋势（2005~2018 年）

资料来源：相应年份湖北统计年鉴和国民经济和社会发展统计公报。

---

① 《湖北省 2004 年国民经济和社会发展统计公报》的数据显示，全年出生人口 50.6 万人，死亡人口 36.2 万人，人口自然增长率为 2.4‰。年末全省总人口为 6 016.1 万人，其中：城镇人口 2 627.8 万人，占 43.7%；乡村人口 3 388.3 万人，占 56.3%。数据存在出入，但不影响趋势。

2018年湖北的城镇化率达到60.3%,是中部地区唯一超过全国平均水平的省份。湖北与山西都是工业化和城镇化较早的省份,但湖北的城镇化水平一直高于山西。长期视角下人口出生率对区域经济竞争和社会发展有较多消极影响,尤其在难以逆转的生育惯性下,湖北的人口出生率可能会影响新型城镇化的演进效率。2018年迈入城镇化率60%的重要节点后,湖北经济发展将面临需求的结构性调整,包括教育、医疗、社会保障、就业结构等方面。湖北的省会城市武汉,以区域中心级的角色辐射中部地区,具有中部地区最强的人口吸力。在国家的区域战略格局中,武汉被列入国家级中心城市,也是中部六省唯一的副省级市。湖北城镇化率从60%向70%推进的过程中,所面临的挑战可能更多集中于人口出生率较低、省会聚集力以及城市群协同力等方面。

(四) 湖南：后起加速的城镇化

2018年湖南年末全省常住人口6 898.8万人。其中,城镇人口3 864.7万人,城镇化率56.02%,比上年年末提高1.4个百分点。湖南人口规模在中部地区仅少于河南,是中部地区的第二人口大省。湖南人口出生率近年也较高,一度维持在15‰左右,2017年之前高于江西。湖南在中部地区具备人口规模优势、人口发展优势和人口结构优势。但是,这些目前看起来成为未来湖南经济与社会发展优势的资源,在过去却是限制湖南经济快速发展的不利因素。在工业化前期,农业人口的规模和生产资料人均占有量之间的矛盾如果不能顺利解决,显然会形成经济增长的障碍;即使进入工业化时期,如果产业发展不顺,经济发展缓慢,人口大省往往会因为就业和分配的问题产生大量矛盾,从而成为经济发展的阻碍。

随着我国经济的持续高速发展,湖南作为中部地区的人口输出大省,劳动力就业获得出口的同时,也同步推进着人口从乡村到城镇的流动。图5-7是1978~2018年湖南的城乡人口规模变化趋势。

2010~2018年间湖南的总体人口规模中位数为6 500万左右,2016年达到了6 820万,2018年接近7 000万,属于人口仍在增加的省份。一方面是湖南人口出生率一直较稳定,下降趋势并不明显,自然增长率连续多年超过6‰;另一方面,"全面二孩"政策一定程度释放了生育愿望。湖南具有人口规模优势,政策效应也更强劲。从城镇化视角观察湖南的城乡人口流动趋势,图5-7的初始年份1978年,城镇人口不到乡村人口的七分之一,城镇化起点和工业化基础远落后于山西与湖北等省份;数据

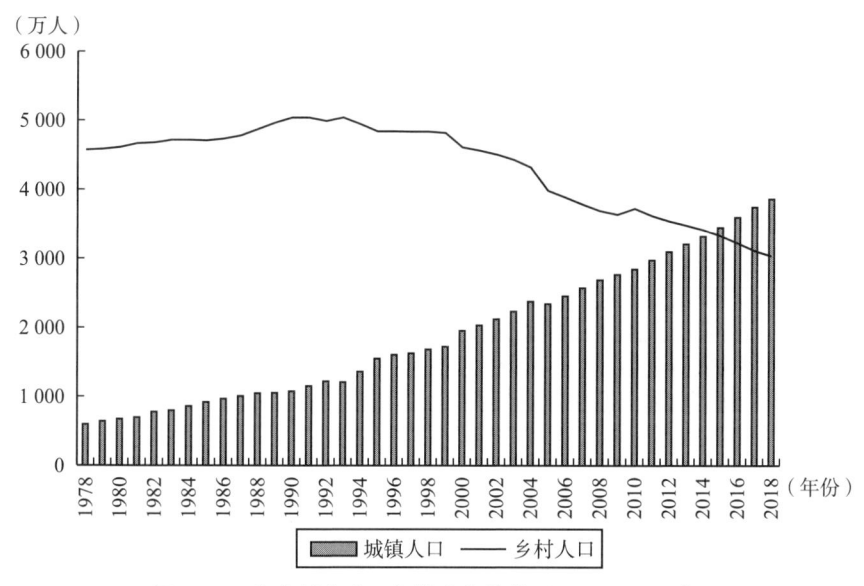

图 5-7　湖南城乡人口规模变化趋势（1978~2018 年）

资料来源：相应年份湖南统计年鉴和国民经济和社会发展统计公报。

显示，随着人口流动和城镇化进程，2015 年湖南城镇人口规模第一次超过乡村人口。湖北实现这一目标的时间节点是 2011 年，湖南整整落后 4 年。作为中部人口大省和农业大省的湖南，城镇化推进速度与发展程度都处于中部相对落后的位置。

需要注意，湖南虽然是中部地区的人口大省，但人口外向型输出的规模、时间和年龄结构等，对其可持续发展具有重要影响。湖南人口流出方向，具有很强的趋势性与集中性。与此同时，湖南吸收外省人口的能力较弱，省会城市长沙吸收省内城市人口能力较强，这通常是强势省会城市的特征。根据深圳统计年鉴的历年数据，深圳外来人口的归属地统计中，湖南常年居于前三位。因此，如果从城镇人口分布的更宏观视角分析，湖南的人口城镇化程度高于户籍人口城镇化程度。图 5-8 采用城镇人口占比和乡村人口占比的时间序列数据变化，描述 2005~2018 年城镇化演进趋势。

从比例视角分析湖南 2005~2018 年的城乡占比发展情况，可以看到，城镇人口与乡村人口占比直到 2015 年仍接近持平状态。湖南统计局 2018 年统计公报显示，2018 年湖南的城镇化率已达到 56.02%，相比 2005 年的起点数据，13 年时间提升了近 20 个百分点，年均超过 1.5%。虽然成绩显著，但湖南的城镇化水平仍未达到我国平均水平。我国对户籍的管理

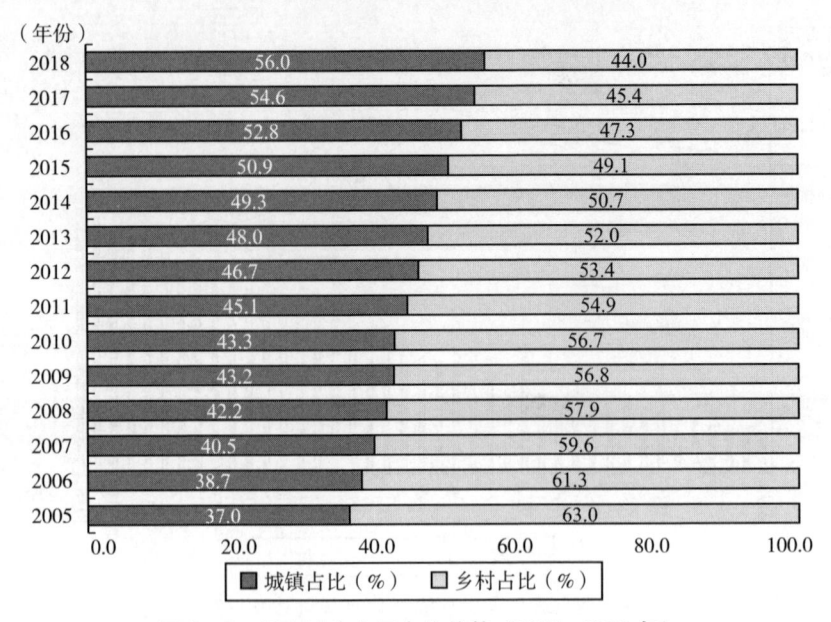

年份	城镇占比(%)	乡村占比(%)
2018	56.0	44.0
2017	54.6	45.4
2016	52.8	47.3
2015	50.9	49.1
2014	49.3	50.7
2013	48.0	52.0
2012	46.7	53.4
2011	45.1	54.9
2010	43.3	56.7
2009	43.2	56.8
2008	42.2	57.9
2007	40.5	59.6
2006	38.7	61.3
2005	37.0	63.0

图 5-8 湖南城乡人口占比趋势（2005~2018年）

资料来源：相应年份湖南统计年鉴和国民经济和社会发展统计公报。

一直相对严格，一定程度上也影响了具有较大比例乡村人口省份的城镇化效率。新型城镇化背景下，户籍的约束力逐渐弱化，这将有利于人口大省和农业大省湖南。

（五）安徽：人口调整的城镇化

安徽2018年年末户籍人口7 082.9万人，但是常住人口6 323.6万人，这是典型人口输出型特征。安徽的人口规模在中部六省接近湖南，低于河南，远高于山西和江西，常住人口规模稳定超过6 000万人。如果按照户籍人口统计，户籍人口与常住人口差额2018年超过700万人，相当于流出一个大城市。安徽一直以农业人口为主体，农业基础较好，与江西的发展基础类似，与山西和湖北差别较大。安徽工业化进程和城镇化演进，显然也滞后于湖北和山西等省份。一直以来我国的土地政策、人口政策以及相应的社会管理制度等，决定了人口流动与经济发展无法完全匹配；从20世纪90年代开始，户籍制度某些方面的松动，给予大量农村人口离乡流动的机会。中部地区开始大量输出劳动力，既可以认为是人口城镇化预热，也可以看成是经济要素在市场机制下的重新配置。安徽、江西和湖南等农业人口占绝对多数的省份，城镇化速度虽然不高，但是人口流出速度与规模却非常庞大,这是年末户籍人口与年末常住人口相差巨大的重要原因。

图 5-9 和图 5-10 分别对安徽城镇人口和乡村人口的分布情况进行了描述,图 5-9 选择绝对规模变化对比,图 5-10 是城镇人口、乡村人口占总人口规模比例变化对比。由于数据的来源不同,两图起点年份存在差别。图 5-9 选择起点是 2005 年,安徽乡村人口接近城镇人口的 2 倍。考虑到 2005 年是 21 世纪后,这是中部六省中相对较低的城镇化起点。湖北在这个时间节点上,城镇化水平已经接近 57%。

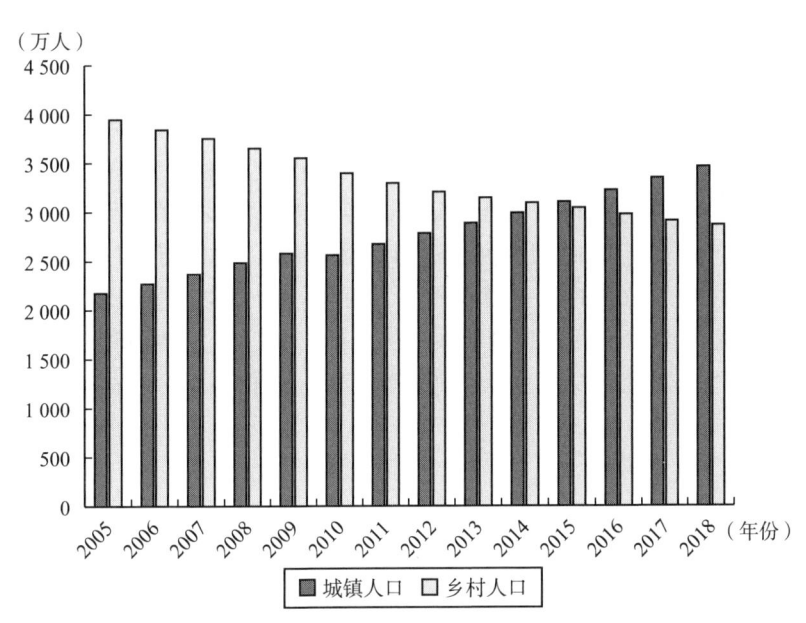

图 5-9 安徽城乡人口规模变化趋势（2005~2018 年）

资料来源：相应年份安徽统计年鉴和国民经济和社会发展统计公报。

安徽与山西、湖北等城镇化较早省份存在两点较大区别：其一,安徽的乡村人口转入城镇的速度较慢。2005 年到 2018 年的 13 年时间里,城镇人口规模从 2 000 余万人增加到接近 3 500 万人,平均每年城镇人口增加超过 100 万人,大部分是人口流动形成的人口城镇化。安徽的人口出生率高于山西,人口自然增长率也更高。长期外向型的人口输出,减缓了安徽的人口城镇化速度。其二,安徽的城镇化时间节点相对滞后。安徽城镇人口超越乡村人口的时间节点是 2015 年；湖北城镇化推进至城镇人口反超乡村人口是 2010~2011 年间,山西则是 2011~2012 年。很明显，在城镇化的推进效率上，安徽落后于湖北和山西近5年。安徽农业大省属性，最接近的是河南和江西。河南目前是中部地区农业人口比重最高、规模最大的省份。安徽虽然落后于山西和湖北的城镇化节点时间，但与河南相比，却具有时间节点优势。

聚焦城镇化进程中农业人口在总人口中的比重和规模，不能预判经济和社会发展程度。但对于衡量地区人口流动强度、人口城乡流动效率等方面，具有较强的评价参考价值。因此，考虑到人口管理制度不断调整过程中，城镇化、工业化不断推进乡村人口以就业形式进入城镇，这个转化比例能在一定程度上反映区域经济发展水平和潜力。

图5-10选择城镇人口占比和乡村人口占比此消彼长的变化趋势作为主要内容。在趋势图的坐标起点1978年，安徽的城镇人口仅为乡村人口的1/8~1/7，城镇化程度极低；到了2018年，相隔整40年，城镇化水平达到54.69%。和中部其他省份相比，这个数值偏低，没有达到2018年全国平均水平，低了近5个百分点。但从未来的发展角度看，安徽人口规模优势将在新型城镇化背景下得到逐渐释放。"城镇化率"是一个静态指标，相对于动态的就业流动而言，只是一个表象；测度城镇化发展潜力的核心竞争力指标，是区域人口的年龄结构、性别结构和就业结构。基于这种理论逻辑可以认为，目前安徽、湖南低于我国平均城镇化水平的

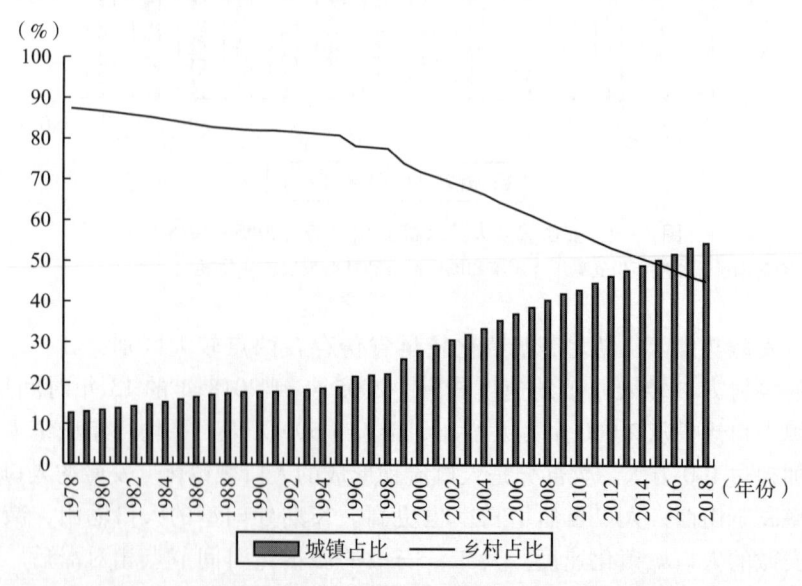

图5-10　安徽城乡人口占比变化趋势（1978~2018年）

资料来源：相应年份安徽统计年鉴和国民经济和社会发展统计公报。

背后,是基于传统农业省份庞大农业人口的流动障碍。在快速推进的城镇化过程中,农业人口流动的主要途径是选择流动就业,具有"离乡又离土"性质。在户籍制度和人口社会管理维度上,大部分流出的农业人口由于多种原因,有效融入就业城市难度较大,由此衍生一系列问题。在区域城镇化进程中,户籍人口、常住人口、社会管理人口等指标具有较大缺口,在城镇人口和乡村人口统计中,类似缺口具有普遍性。总体而言,安徽人口发展潜力具有优势,单纯从城镇化程度而言,安徽非中部目前最低的省份;从人口结构优化和人口发展潜力维度,安徽在新型城镇化的扩展中,具有很强的爆发力。

(六) 河南:中原大省的城镇化

河南不仅是中部第一人口大省,也是我国的人口大省。目前是排在广东、山东之后,人口规模排名第三。人口统计数据有两个总量指标,年末常住人口和年末户籍人口。北京、上海和广东等省市,户籍人口远少于常住人口;安徽、湖南等人口输出省份,常住人口通常少于户籍人口。河南显然是应该归类为人口输出大省行列。统计公报显示,2018年河南年末户籍总人口10 906万人,比上年年末增加53万人,常住人口9 605万人,比上年年末增加46万人,常住人口城镇化率51.71%。

河南近年经济发展态势良好,在中部地区排位已然崛起。从人口规模维度看,2018年人口出生率为11.72‰,自然增长率为4.92‰,相比2017年全面回落。但是,河南的人口总量约等于山西的三倍,丰富的人力资本和具有弹性的人口结构,将是未来河南追赶的最坚实保障。从产业发展维度,河南是我国的传统农业大省,工业化进程启动相对较晚。河南的经济结构与江西、安徽接近,但规模比江西和安徽要大出许多,规模的扩大增加了人口管理和社会发展的复杂性。从城镇化进程的角度分析,河南作为一个人口大省,其城镇化进程用比例进行测度的意义要大于人口规模较小的省份。根据统计数据,图5-11对1978~2018年河南城镇与乡村人口分布变化情况进行描述。

图5-11的起点年份是1978年,城镇人口与乡村人口对比悬殊,城镇人口大概是乡村人口的1/6。可见,河南的城镇化起点相比其他省份更加薄弱。在图5-11中,随着乡村人口的持续转移,城镇人口规模在不断增加;但是,河南逐渐实现人口城镇化的过程中,与其他中部省份相比,其时间线相对较长。山西和湖北基本在2010~2011年左右实现城镇人口超过乡村

人口，河南达成这一目标的时间推迟到了 2017 年。2000 年以后，我国的城镇化建设整体上进入快车道。即使在这样的宏观环境中，河南直到 2018 年城镇化水平依然只有 51.71%，远落后于国家平均水平。

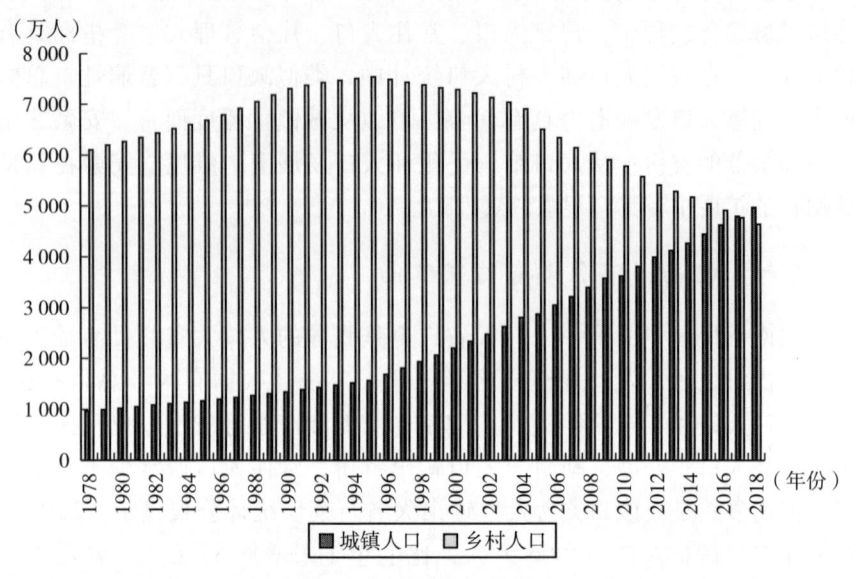

图 5-11　河南城乡人口规模变化情况（1978~2018 年）

资料来源：相应年份河南统计年鉴和国民经济和社会发展统计公报。

河南的城镇化过程和发展转型具有多种原因。城镇化起点较低、人口规模较大、人口流出渠道有限等，都是重要因素，但不是核心因素。从历史发展维度观察，户籍制度和人口管理方式等对于河南这种以农业人口为主体，同时又是极大人口规模的省份，约束机制的放大效果要远超其他省份。这个逻辑类似于乘数效应和链式反应，从而导致河南城镇化进程的促发与推进阻力较大。河南乡村人口规模早在 20 世纪 90 年代就超过 7 000 万人，如此存量不可能迅速流入城镇，更难以在短期以就业形势吸收和消化。但从另外一个方面看，在其他省份进入人口结构调整期、深度老龄化期以及存量人口竞争期，河南的人口"蓄水池"将成为重要的缓释器和节拍器，能够持续和稳定地推进新型城镇化的进程。

图 5-12 描述了 2005~2018 年河南城乡人口比例变化趋势。该图时间轴起点 2005 年，城镇人口占总人口的 30.65%，远落后同期的湖北和山西；随着城镇化进程的不断深入，2018 年河南的城镇人口占比已经达到 51.71%，

是中部地区城镇化水平最低省份,落后国家平均水平近 10 个百分点。

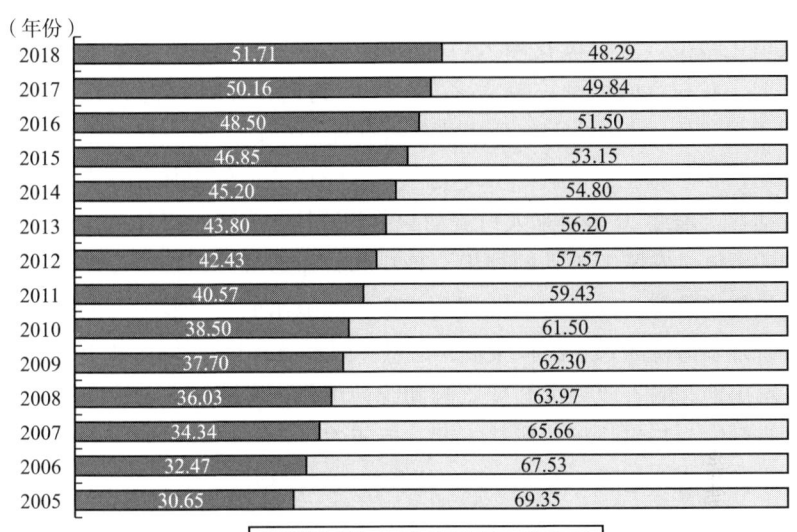

年份	城镇占比(%)	乡村占比(%)
2018	51.71	48.29
2017	50.16	49.84
2016	48.50	51.50
2015	46.85	53.15
2014	45.20	54.80
2013	43.80	56.20
2012	42.43	57.57
2011	40.57	59.43
2010	38.50	61.50
2009	37.70	62.30
2008	36.03	63.97
2007	34.34	65.66
2006	32.47	67.53
2005	30.65	69.35

图 5-12 河南城乡人口比例变化趋势(2005~2018 年)

资料来源:相应年份河南统计年鉴和国民经济和社会发展统计公报。

图 5-12 所表现出的河南城镇与乡村人口占比变化趋势,看似与其他省份并无太多不同,但其推进效率略低。从比例视角来看,河南显著滞后于中部其他省份。人口输出大省的河南,从乡村转移城镇的人口超过 3 000 万人,以年均接近 2 个百分点速度提升城市人口占比。2017 年实现城镇人口规模超过乡村人口,2018 年再提升 1.55 个百分点。如前文所述,河南在新型城镇化方面的最大优势是具有持续推进的潜力。如果选择城乡人口分布视角审视河南的城镇化进程,必须回到人口出生率和自然增长率等指标。河南的人口自然增长率和出生率高于城镇化程度高的湖北和山西等省份。由于河南的人口基数较大,因此对应的新增人口规模要高于其他省份较多。从目前的人口结构等维度看,河南新增人口的增加,有利于在宏观上对人口性别结构、年龄结构等方面优化,城乡结构问题的重要性反而有一定程度弱化。

二、农民工流动:空间的博弈

我国社会结构和西方有较大区别。包括人口户籍管理、土地产权性质等,这些差异导致我国的人口流动模式、人口流动性质和人口流动激励都与西方发达国家不同。我国的工业化进程启动较晚，城镇化基础也薄弱，截至2018年年底，全国城镇化程度不到60%，现阶段正积极向新型城镇化转型。现阶段我国人口流动的主要构成中，城际与城镇流动比例较低，乡村流向城镇占绝大多数。从乡村向城镇转移的人口，通常称为"农民工"，其中绝大部分未能获得就业地户籍。在统计的范围中，农民工通常指户籍仍在农村，在本地从事非农产业或外出从业6个月及以上的劳动者，是近20多年来人口流动的主要群体。农民工群体构成我国人口流动的主体，农民工流动的规模、趋势和就业形势等，直接反映地区经济发展景气指数等，也是衡量区域人口聚集和退出的重要参考。农民工流动隐藏着许多值得深入发掘和探索的信息。国家统计局自2008年开始，在农民工输出地和输入地持续开展监测和统计工作，逐渐建立和完善农民工监测调查制度。与前几年的形势不同，近年农民工外出规模趋于稳定，略有减少，并且流动范围、流动方式、增长方式等呈现出许多新特征。

（一）总量稳定，流动呈现本地化

近年来我国农民工流动已发生了新变化。总量上增长幅度降低，总体规模微增；从流动的空间规模上看，流向东南沿海发达地区仍是主流。但是，相比过去，近年来的农民工流动以本市、本省以及近市的比例与规模，都有明显增加。国家统计局《2018年国民经济和社会发展统计公报》数据显示，2018年全国农民工总量28 836万人，比上年增长0.6%。其中，外出农民工17 266万人，增长0.5%；本地农民工11 570万人，增长0.9%。这个增长情况相比2017年下降明显，2017年全国农民工总量28 652万人。其中，外出农民工17 185万人，增长1.5%；本地农民工11 467万人，增长2.0%。2018年农民工数据在"外出农民工"和"本地农民工"两个核心指标上，都从2个百分点左右下降至不足1个百分点。稳定收缩倾向显著，其中，本地农民工的增长高于外出农民工，这是全国层面的流动数据。

我国当前正面临经济增长方式的调整，人口发展趋势也处于结构急速转化的关键期，老龄化成为当前的重大挑战。在年龄结构、性别结构失衡背景下，人口出生率下降叠加劳动力供给增速下降，我国农民工供给规模和供给速度开始调整。如前文所述，现阶段我国农民工供给虽然规模仍在增加，但结合最近几年的农民工规模变化数据，增速已进入下降通道。图5-13描述了全国范围内农民工总量及增速变化情况。考察农民工的增速情况，发现近年仅2016年和2017年保持向上的增速，其余年份呈增速下降，预期未来几年农民工规模的增长乏力并将进入下降通道。2018 年农民工规模增速从 2017 年的 1.7% 下降至 0.6%，按此趋势，也可能进入负增长阶段。

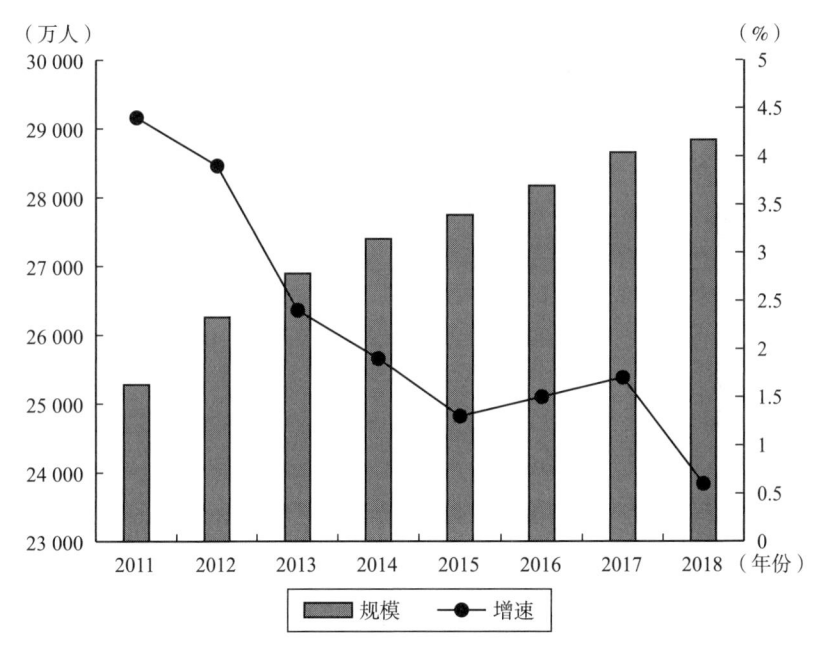

图 5-13　全国范围内农民工总量及增速（2011~2018 年）

资料来源：相应年份中国统计年鉴、相应省份统计年鉴和统计公报，其中部分数据来自 EPS，课题组在此基础上对相关数据进行了整理。

农民工流动的动力是就业需求。没有就业岗位匹配的人口流动，对城镇化推进没有持续性推力。因此，考察农民工流动，不管是从区域层面还是全国层面，就业岗位的变化一定程度上是农民工流动的风向标，新增就业人员也是反映这一变化的重要指标。湖南 2018 年新增城镇就业人员 79.45 万人，其中 1980 年及以后出生的新生代农民工略有增长，达到 958.9 万人。河南近年新增就业人员趋势见图 5-14。

图 5-14 对河南近年城镇新增就业人员数据进行了绘图。城镇化的一个重要功能是实现人口从乡村转移到城镇，而"转移"最终转化成为城镇居民，就业是必不可少的通道。2018 年的发展情况与前些年不同，河南镇就业的总规模在扩大的同时，增量在下降，增速在放缓。宏观经济发展的"L"型存在一定的影响，城镇化处于转型调整的磨合期，也是不可忽视的重要原因。

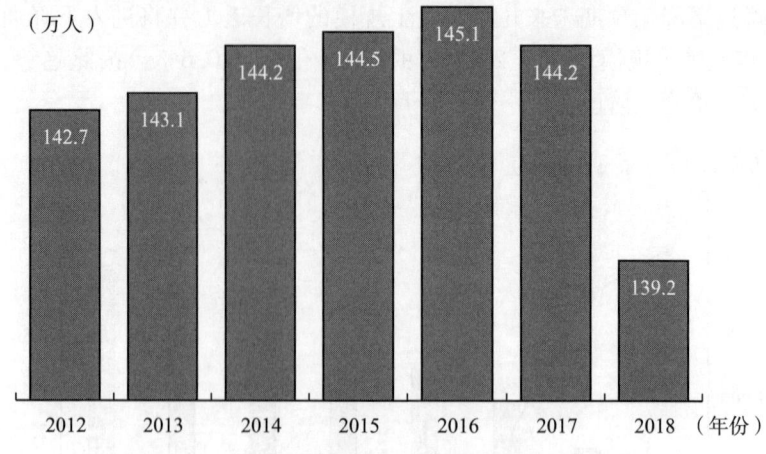

图 5-14 河南城镇新增就业人员（2012~2018 年）

资料来源：《2018 年河南省国民经济和社会发展统计公报》。

（二）区域分化，人口回流中西部

从国家层面的宏观视角看农民工流动，直观反映人口规模的就业趋向；通过区域层面的中观视角看农民工流动，直观反映区域经济发展潜力和就业价值。农民工的流动也存在供给和需求两个方面，这也是劳动力的出口和入口。农民工的供给来源于我国的各个地区，对劳动力的需求也同样存在于各个地区。为了能够更好理清传统人口流出和人口流入地区的强弱变化，同时也更加客观的判断人口流动趋势与人口流动的深层激励。沿用国家统计局的划分方法，将全国省份划分为东北地区、中部地区、西部地区和东部地区，对农民工的流入流出情况进行归纳。其中，中部地区由中部六省江西、安徽、湖南、湖北、山西和河南构成，详见表 5-1。

表 5-1 农民工输入地和输出地空间分布统计（2015~2017 年）

地区	2015 年	2016 年	2017 年
按输出地分（单位：万人）			
东部地区	10 300	10 400	10 430
中部地区	9 174	9 279	9 450
西部地区	7 378	7 563	7 814
东北地区	895	929	958

续表

地区	2015 年	2016 年	2017 年
按输入地分（单位：万人）			
东部地区	16 008	15 960	15 993
中部地区	5 599	5 746	5 912
西部地区	5 209	5 484	5 754
东北地区	859	904	914
其他地区	72	77	79

资料来源：相应年份中国统计年鉴和农民工监测调查报告。

表5-1的数据主要集中在时间序列下农民工从输入地和输出地的总量规模变化。在此基础上，对总量信息进行环比增长处理，获得表5-2，这样能够从相对和绝对两个维度综合比较我国近年东部地区、中部地区、西部地区和东北地区在农民工输出与输入两个端口的变化情况，从而获得更为全面的趋势判断，具体见表5-2。

表5-2　农民工输入地和输出地增长统计（2016~2017年）

地区	2016 年 增量（万人）	2016 年 增速（%）	2017 年 增量（万人）	2017 年 增速（%）
按输出地分				
东部地区	100	0.97	30	0.3
中部地区	105	1.14	171	1.8
西部地区	185	2.51	251	3.3
东北地区	34	3.8	29	3.1
按输入地分				
东部地区	-48	-0.3	33	0.2
中部地区	147	2.63	166	2.9
西部地区	275	5.28	2 270	4.9
东北地区	45	5.24	10	1.1
其他地区	5	6.94	2	2.6

资料来源：相应年份中国统计年鉴和农民工监测调查报告。

表5-1、表5-2对2015年、2016年和2017年我国东部、中部、西部和东北地区农民工流动信息进行了规范的数据统计。综合来看，有以下几个鲜明的变化：

1. 东部沿海地区集聚效应弱化

需要指出，东部沿海发达地区仍是我国当前的经济增长热点区域，对全国其他地区存在"虹吸效应"。现在发生变化的情况是，东部地区从其他地区"虹吸"的规模和速度，相比过去呈现较大变化。从农民工输出端统计，2016年、2017年东部地区农民工输出总数和规模总体稳定，增速很小，2017年输出是增速0.3%，输入是0.2%；从农民工输出端考察，东部地区变化不大，这也属于情理之中。相比过去而言，东部地区对农民工的吸引力已略有下降；与此相对应的是西部地区和中部地区的集聚效应增强。

2. 中西部地区就业吸力不断增强

统计数据显示，2017年四个地区中，只有中部地区和西部地区农民工输出规模在扩张，分别增加1.8%和3.3%；输出的劳动力规模也很大，中部地区为9 450万人，西部地区为7 814万人；蓬勃的劳动力输出很大程度上也是停留在省内和周边城市。从输出端转换视角为输入端，中部地区和西部地区2017年吸收农民工的规模，分别为5 912万人和5 754万人。绝对的输入规模显然没有输出规模大，对于中部地区和西部地区而言，就业吸附力和就业机会显然无法和东部地区相比。但应该注意，相比以前，中部地区和西部地区吸收的劳动力也在增加，2017年中部地区吸收的就业农民工增长2.9%，西部地区增长4.9%，二者都超过了农民工输出端增速。

对比同一地区，除了东北地区之外的其他地区都处于农民工净输出状态。但通过增速对比，尤其是从输入端、输出端和增速维度，西部地区和中部地区吸引力趋强，东北地区区别不大。因此，相比过去的人口流动状态而言，中部地区和西部地区对农民工的吸引力逐渐变强。

3. 东北地区人口流动趋于均衡

东北地区较早进入工业化，具有很高的城镇化水平，也是国有企业的重要基地。20世纪90年代末，国企改革对东北地区的人口流动形成很大冲击。近年来，生育率下降和老龄化上升最严重的地区，无疑是东北。有一种解释是，东北地区愿意流动、能够流动和被动流动的群体，已经

第五章　新型城镇化与中部人口发展

实现了人口流动。

从表5-1和表5-2的信息中可以发现一些特征。从总量维度分析，东北地区2015年、2016年、2017年流出农民工和流入农民工基本围绕中值900万人左右调整；从比例尺度上，东北输入的农民工近两年处于前列。人口持续流出后的回流需求不断推进人口流动的本地化，尤其是近省、近市与近乡镇。2017年东北地区输出农民工958万人，比上年增加29万人，增长3.1%；同年东北地区吸收务工农民工914万人，比上年增加10万人，增长1.1%。吸收和输出的净差额为44万人，边际变化量的差额为19万人。相比整体的农民工输出规模而言，甚至局限在东北地区的农民工规模层面，这些变动显然极其轻微。因此，从整体分析农民工的流动情况，东北地区的农民工流动和中部地区、西部地区明显的流动不同，它具有更稳定的状态。

（三）省际流动，本地务工意愿强

计划经济体制下，人口流动的规模和比例都很小，就业驱动型的人口流动基本可以忽略不计。与此形成鲜明对比的是随着改革开放，各地的人口管控措施逐渐放松，离乡务工开始活跃，逐渐成为沿海地区工业化和城镇化的支撑。在此基础上，"离土"和"离乡"促成城镇化演进路径的各种差异。20世纪90年代以来，长三角、珠三角地区吸收发达地区的外资、技术和设备的同时，也通过就业吸纳全国各地的劳动力。部分城市成为经济成功转型并快速崛起的代表性城市，例如上海、深圳、广州等。进入21世纪以来，人口流动出现新局面。从全国视角切换至地方视角，"离土"和"离乡"可以农民工是否在户籍所在乡镇地域范围内就业为划类标准，同时界定本地农民工和外出农民工。根据国家统计局的数据显示，2017年农民工总量达到28 652万人，比上年增加481万人，增长1.7%，增速比上年提高0.2个百分点。在农民工总量中，外出农民工17 185万人，比上年增加251万人，增长1.5%，增速较上年提高1.2个百分点；本地农民工11 467万人，比上年增加230万人，增长2.0%，增速仍快于外出农民工增速。在外出农民工中，进城农民工13 710万人，比上年增加125万人，增长0.9%。

结合历史数据来看，外出农民工绝对规模趋稳略增，但增速和占比下降趋势已经确立。2011~2016年，外出农民工增速呈逐年回落趋势，增速分别为3.4%、3%、1.7%、1.3%、0.4%和0.3%，外出农民工占农民工总量的比重也由2011年的62.8%逐渐下降到2016年的60.1%；2017年数据有所不同，增速略有回升之余，外出农民工占比却在下降，跌破60%。将人口流动放入当前我国人口年龄结构演化的大趋势中，尤其是老龄化背景，农民工总体规模将趋减已是共识。因此，区域经济发展必然形成劳动力的需求竞争，这在一定程度上可以解释当前我国大中小城市先后出台的"人口竞争""人才竞争"政策。新型城镇化的发展，同样无法离开人口的注入和流动。

从图5-15可以看出，外出农民工占比逐年递减趋势显而易见，增速也不断下降。在农民工定义和"外出"标准的统计基础上，通过外出农民工考察本地化和外出流动的分析，具有狭隘性。因此，扩大农民工流动范围的划分标准成为必然。选择对农民工来源进行大区域划分，再切换至农民工流动空间的维度，通过选择外出农民工在省内和省外的流动情况，对农民工本地化意愿与外出劳动意愿进行考察，可以反映各区域劳动力流动趋势。表5-3对东部、中部、西部和东北地区农民工跨省流动与省内流动情况进行了一个统计；此外，在表5-3的基础上，将绝对数据转换成变化的百分比情况，形成绝对规模与相对规模变化的一个时间对比。数据详细见表5-4。

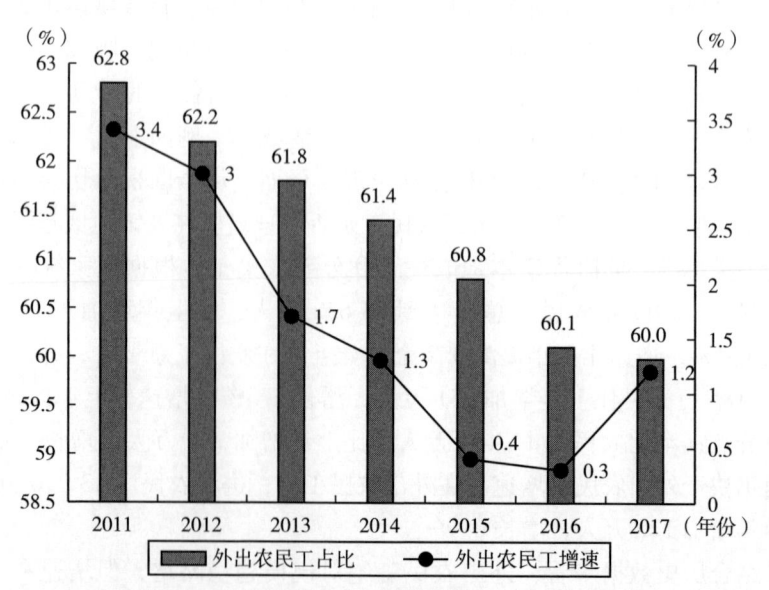

图5-15　外出农民工占比及增速变化（2011~2017年）

资料来源：相应年份中国统计年鉴和农民工监测调查报告。

表 5-3　外出农民工区域流动分布情况（2016~2017 年）　　单位：万人

合计及各地区	农民工规模 2016 年	农民工规模 2017 年	跨省流动 2016 年	跨省流动 2017 年	省内流动 2016 年	省内流动 2017 年
合计	16 934	17 185	7 666	7 675	9 510	9 268
东部地区	4 691	4 714	837	826	3 888	3 854
中部地区	6 290	6 392	3 897	3 918	2 474	2 393
西部地区	5 350	5 470	2 794	2 787	2 683	2 556
东北地区	603	609	138	144	465	465

资料来源：相应年份中国统计年鉴和农民工监测调查报告。

表 5-4　外出农民工流动分布区域占比变化（2016~2017 年）　　单位：%

总体及各地区	跨省流动 2016 年	跨省流动 2017 年	省内流动 2016 年	省内流动 2017 年
总体	45.30	44.70	54.70	55.30
东部地区	17.80	17.50	82.20	82.50
中部地区	62.00	61.30	38.00	38.70
西部地区	52.20	51.00	47.80	49.00
东北地区	22.90	23.60	77.10	76.40

资料来源：相应年份中国统计年鉴和农民工监测调查报告。

表 5-3 和表 5-4 显示外出农民工的若干重要特征，具体如下：

1. 跨省流动农民工规模趋于稳定

2016 年的外出农民工中，跨省流动农民工的总体规模达到 7 666 万人，相比 2015 年有所缩小；2017 年增加到 7 675 万人，但这个增加几乎可以忽略。从总量规模来判断，基本是已经达到临界点规模。形成对比的是跨省农民工在总体中的占比，从表 5-4 可以发现，包括总体和地区，基本是整体性下降，跨省流动农民工占总体外出农民工从 2016 年的 45.30% 下降至 2017 年的 44.70%。在四个大区域中，东北地区与其他地区不同，跨省流动的外出农民工相比 2016 年略有增加。

2. 中部地区延续跨省农民工输出强势

表 5-4 显示，在整体的外出农民工占比中，中部地区和西部地区是目前我国外出农民工规模最大的地区，但增长速度在递减，规模也基本

稳定。中部地区和西部地区的人口发展趋势，决定了外出农民工供给的上限，同时也在一定程度上影响其流动的空间。

3. 中部地区跨省流动农民工比例最高

在以四个大区划分的农民工流出区域中，中部地区外出农民工规模最大；在中部农民工流出的区域选择中，选择跨省流动的比例最高，2016年中部地区跨省流动占整体外出农民工的62%，2017年下降0.7个百分点，为61.30%。作为经济发达程度较高的东部地区，其人口流出的比例更低。2016年东部地区跨省流动的农民工占比最低，仅为17.8%，2017年继续下降0.2个百分点，为17.50%，不到同期中部地区跨省流动比例的1/3。

4. 农民工跨省流动比例日趋下降

把外出农民工作为一个整体看待，跨省流动比例下降的同时，省内流动比例必然增加。中部地区跨省流动的农民工占比从62%下降0.7个百分点，2017年为61.30%。对应的是中部地区省内流动农民工从38.00%上升至38.70%。同样情况适应于西部地区和东部地区。东北地区2016年跨省流动的农民工占22.9%，比上年下降2.3个百分点，但2017年略有上升，这是一个与其他地区不同的例外情况。

"新型"城镇化的一个重要特征，就是从过去长距离的迁徙，逐渐转化为就地城镇化、就近城镇化发展。这与以往非平衡式发展有所区别，是从传统的热点城市"极化效应"和"虹吸效应"出发，慢慢转化为溢出效应"反哺"周边城市，从而推动中小城市和城镇对当地农村人口的吸附。中西部地区的发展将与过去有很大不同，主要体现在经济发展、社会发展等各方面，本省、本市能够提供更多就业机会。综合来看，中部地区向外大量输出劳动力的情况短期内不会改变。随着人口年龄结构的变化，中部地区也无法维持持续输出，因此外出劳动力供给必然下降。这个下降过程将会体现在外出农民工的省外流动比例下降，这是区域经济发展和人口结构调整的必然劳动力流动结果。

三、城市群发展：泛城市竞争

（一）省会辐射力

现代社会的区域竞争，无法离开核心城市。区域核心城市又通常被

第五章 新型城镇化与中部人口发展

看成区域经济核心、增长极、热点城市,对区域经济的发展具有集聚资源、辐射周边、协同发展的功能。区域的集聚性,可以从多个维度进行评价和比较。考察该省省会城市的经济发展、政治资源、文教影响等因素,以及省会城市在相关领域的影响力和辐射力等,是被广泛接受的方案。表5-5汇集了2008~2016年中部六省省会城市年末人口(地区),最后两栏分别是2015年和2016年省会城市人口占全省人口比重。与本书其他数据不同,本表最新数据更新到2016年,相对而言存在滞后现象。一方面是数据提供方的更新期限限制,另一方面,也是各地统计部门对此数据的统计口径存在差异。综合多方面因素的考虑,选择放弃各省会城市统计公报数据,按照北京福卡斯特信息技术有限公司数据库(EPS)的城市统一口径数据进行整理,以保持系列研究的连贯性。起点年份选择2008年,将近10年的数据,能够反映各自省会城市的集聚趋势,具体变化可见表5-5。

表5-5 中部六省省会城市年末人口(2008~2016年) 单位:万人

城市	省会城市人口规模(万)									占全省人口比重(%)	
	2008年	2009年	2010年	2011年	2012年	2013年	2014年	2015年	2016年	2015年	2016年
太原市	360.2	365.1	365.5	365.0	365.8	367.5	369.7	367.4	370.0	10.00	10.05
合肥市	486.7	491.4	495.0	706.1	710.5	711.5	712.8	717.7	730.0	11.70	11.78
南昌市	494.7	497.3	502.3	505.1	507.9	510.1	517.7	520.4	523.0	11.40	11.39
郑州市	719.6	731.5	963.0	1 010.1	1 072.5	919.1	937.3	810.5	827.0	8.50	8.68
武汉市	833.2	835.6	836.7	827.2	821.7	822.1	827.3	829.3	834.0	14.20	14.17
长沙市	645.1	651.6	652.5	656.5	660.6	662.8	671.4	680.5	696.0	10.00	10.20

资料来源:表内数据来自国家统计局,并由 EPS DATA 整理。

表5-5显示,中部六省各省会城市太原、合肥、南昌、郑州、武汉和长沙既存在人口规模差异,对区域人口资源的聚集能力也存在较大不同。从规模上看,2016年中部地区最大的省会城市是武汉,但是在2010~2014年间,郑州人口远高于武汉,这与市区辖区调整有一定关系。中部地区人口最少的省会城市是太原,今年人口一直稳定在360万~370万人之间,是人口规模变化最小的中部省会。综合比较会发现,省会城市

具有显著的人口流入趋势，中部六省的差别在于流入的规模、比例和速度。

从城镇化程度来看，河南在中部地区的城镇化水平最低，山西则最高。把研究焦点聚集在省会的话，郑州人口占河南全省人口规模从2015年的8.5%上升到2016年的8.68%。虽然纵向维度上，郑州的聚集程度在提高，但横向维度上仍是中部地区人口聚集力最弱的省会。以河南超过1亿的人口规模为基础，随着城镇化进程的深化和加速，城市公共服务能力提升，郑州拥有强大发展潜力与美妙发展前景。

中部六省省会之中，目前经济增长最引人注目的两个中部省份是河南和湖北。在省会层面，人口聚集能力与郑州形成强烈对比的正是武汉。武汉的文化、经济和政治地位自新中国成立前就已经确立，新中国成立后也一直都是中部地区最具竞争力的城市。武汉近十年人口都超过800万，占湖北人口总数超过14%，是我国的国家中心城市之一。以省会人口在全省人口占比指标进行排序，中部地区五个省会城市的人口占比都超过10%。其中合肥、南昌和长沙具有明显的人口增长趋势。从动态和均值的视角看，合肥、长沙等城市人口聚集趋强。2016年南昌的集聚度比前一年略有下降，虽然人口总规模略增。与此情形类似的还有武汉，2016年相比前一年规模较小，占比略降。从原因来看，很大程度上是中部六省的人口规模逐渐稳定，人口出生率下降，自然增长率自然也受到影响。因此，具有较大人口规模的河南，本身在城镇化进程的相对低位，意味着未来将有更多人口要从乡村流向城镇。郑州在这样的背景下，人口聚集趋势显然要比其他中部省会城市更强。叠加郑州极其优越的交通枢纽低位，郑州已经被广泛认为是具有爆发性增长的一个省会城市。

（二）城市集聚力

城市和乡村的发展，是空间资源在经济社会发展背景下的重新定位，也是社会资源的重新配置。城镇通常是代表更集中的资源，因此城镇对于乡村具有辐射功能。城镇的辐射能力类似区域增长极，省会通常是省域视野下资源集聚效率最高的城市，这点在我国尤其明显。其中一个重要的原因是，省会城市集中了政治、经济、教育、医疗等多种资源。当然，这只是普遍现象，却不是客观规律。在我国东部沿海发达省份，"双子星"式省内城市发展模式，或是城市发展现象已较常见。如广东的广州和深圳、福建的福州和厦门、山东的济南和青岛、江苏的南京和苏州等，其中的"双子星"城市分别承担着本省经济中心和政治中心的重任。目前的观点认为，"双子星"或"双子城"发展模式，对于本省的可持续发展而言，具有内部竞争的相互促进、相互激励作用，而且一定程度上缓解了资源高度集聚后形成的溢出效应；同时对于本省其他城镇和乡村有更强的辐射与引领作用。遗憾的是，在现阶段的中部地区，仍未能形成可以挑战省会城市的地级市。这说明相对经济较发达省份，中部地区的发展模式仍过于保守和落后。表5-6梳理了2009~2016年中部六省省会城市年平均人口的变化情况，详细如下。

表5-6 中部六省省会城市年平均人口（2009~2016年） 单位：万

市及市辖区		2009年	2010年	2011年	2012年	2013年	2014年	2015年	2016年
太原市	全市（地区）	362.67	365.31	365.30	365.40	366.70	368.60	368.57	364.00
	市辖区（市区）	283.00	285.08	284.40	283.90	288.20	286.70	288.91	286.00
合肥市	全市（地区）	489.08	493.19	705.60	708.30	711.00	712.20	715.26	724.00
	市辖区（市区）	206.03	214.65	217.00	220.30	238.60	243.10	248.21	255.00
南昌市	全市（地区）	496.03	499.79	503.60	511.00	509.00	513.90	519.06	522.00
	市辖区（市区）	222.79	222.19	221.30	274.60	225.20	228.20	265.32	301.00
郑州市	全市（地区）	725.54	738.00	752.40	762.80	775.10	780.20	802.27	819.00
	市辖区（市区）	280.88	298.00	305.20	313.20	321.10	325.70	339.20	349.00
武汉市	全市（地区）	834.39	836.10	832.00	824.50	821.90	824.70	828.29	832.00
	市辖区（市区）	514.60	517.81	517.90	514.10	512.80	513.80	515.37	517.00
长沙市	全市（地区）	648.37	652.00	653.40	658.20	661.70	667.10	675.89	688.00
	市辖区（市区）	239.64	241.34	295.40	297.30	298.60	301.40	311.00	323.00

资料来源：相应年份中国统计年鉴、相应省份统计年鉴和统计公报，其中部分数据来自EPS，课题组在此基础上对相关数据进行了整理。

表5-6对中部六省的省会城市分别从地区维度和市区维度进行全年平均人口的规模比较。选择两个统计口径反映"市"的空间差异，一方面是省会城市的辖区范围，通常生活辖区和地区是一个逐渐扩展和重合的过程，最终市区会与地区逐渐重合。当然，如果城市发展过慢，城市聚集力减弱，二者之间的差距就会扩大。另一方面是考察平均人口增长的幅度是否平衡。非平衡的发展是常态，如果市辖区人口增长速度高于地区，能够侧面反映市区的资源集聚能力在扩大。从表中可以发现，随

着时间推移，市区和地区人口规模将逐渐接近。表中的南昌、郑州和合肥等省会城市市区和辖区人口差距较大，说明当前的省会发展融合仍有较大空间。随着交通方式的调整完善，并且同城联系的不断扩张深入，省会城市的资源集聚能力必然与空间的协作交流互相推进。

山西城镇化程度高，省会太原的人口集聚效率也高于其他中部省会。但是，太原的不足也显而易见。首先是太原城市偏小，2016年全市平均人口规模为364万人，人口增幅小。其次，太原依托山西，在人口资源流出的同时，不具备较强的吸附力，整体城市的各项配套功能也趋于弱化。经济增长、就业机会、市政功能和人口密度等，有着较为密切的关系。从这些因素来看，太原对外地人口的吸附作用有限，进一步的就地、就近城镇化推进情况难以乐观。郑州和长沙在今年的发展比较多亮点，在就业为核心的城市发展过程中，工业投资领域提供了较多机会，对于乡村人口进入城镇并逐渐融入至关重要。

（三）城市群发展

与东部沿海地区"双子城"式发展模式不同，中部六省资源最集中、人口最密集和信息最充沛的城市，都是各自的省会城市。这种发展模式决定了中部各省，没有能力以长三角、珠三角或京津冀"多点成群"形式推进城市群发展。单点式模式的本质是通过增长极或热点，利用辐射影响带动周边城市发展。中部六省各自的"增长极"，省会城市显然是当然之选。从新中国成立后各省在区域规划发展的实践中看，通常省会城市是发展规划的中心节点，省会城市与周边城市逐渐形成以省会为中心、周边小城市为卫星城的小城市群。城市群的规模大小主要以产业、就业和经济契合度为链接纽带。中部地区曾构思以"武汉—南昌—合肥—长沙"为节点，形成所谓的"中四角"城市群，目前来看此构思并未在实践层面联结打通。这也从侧面反映出，城市群、泛城市群和城市经济圈的演化，单纯靠行政规划推动可能不一定能达到预期，在规划之下的深层次区域经济依赖和经济协作，可能才是真正推动城市群协同发展的动力和基础。

基于不同的高度，对于区域规划有不同的理解。国家发展改革委在2015年《长江中游城市群发展规划的通知》中提出："推动长江中游城市群发展，对于依托黄金水道推动长江经济带发展、加快中部地区全面崛起、探索新型城镇化道路、促进区域一体化发展具有重大意义。"从中部城市群今年的规划和发展来看,以武汉为核心的武汉城市群、以郑州为核心的郑州城市群、以合肥为核心的合肥都市圈等,已具有较强的聚集能力。武汉和郑州目前最大的优势为:一是具有省内人口优势和省会的人口吸附优势;二是武汉和郑州都具有极其优越的地理区位和交通优势。郑州和武汉是我国具有优越高铁资源的城市,这是能够吸附物流资源的重要因素。此外,同处湘江中下游的长沙、株洲、湘潭构建的长株潭城市群,江西为主要构成部分的环鄱阳湖城市群等也不容忽视。

从经济学的角度分析,城市群发展激励来自经济驱动。在我国现阶段发展方式和发展模式下,政策驱动和政策激励往往是激发经济驱动的加速器。2015年4月,长江中下游城市群规划获国家批复,一个以武汉城市圈、环长株潭城市群、环鄱阳湖城市群为主体形成的特大型城市群构思逐渐呈现并开始启动。这个城市群承东启西、连南接北,是长江经济带三大跨区域城市群支撑之一,也是实施促进中部地区崛起战略、全方位深化改革开放和推进新型城镇化的重点区域,在中国区域发展格局中占有重要地位。长江中游城市群的规划期是2015年到2020年,远景展望到2030年。它的规划和发展,将有利于探索我国城市群和新型城镇化发展的新路径、新模式,也有利于中部地区农民的就地、就近城镇化。如果未来阶段能够实现规划预期,长江中游城市群能够持续保持在9%以上的经济增速,一个类似于长三角、珠三角那样的大型城市群将成为现实。

第三部分
中部地区人口与社会发展：专题报告[①]

中部地区的人口均衡发展对我国的人口发展趋势、劳动力聚集趋势以及城市发展方式等具有重要影响。先后推行"单独二孩""全面二孩"政策未能解除人口出生率持续下降风险。本部分涵盖三方面内容：省级人口发展问题、城乡融合问题和区域人口均衡发展问题研究。其中第六章和第七章在吸收现有研究成果基础上，选择江西为研究样本，切入江西人口发展问题和城镇化转型中城乡融合问题进行思考，提出若干建议。第八章以中部地区人口均衡发展问题为中心，提出新形势下出现的人口发展新问题和新挑战，并对相应问题提出对策和建议。

[①] 第三部分作者为成志策、颜玮，系江西高校人文社科项目"'十三五'江西就地就近城镇化问题研究（编号：JD17124）"研究成果。

第六章

人口发展问题案例：江西人口发展问题与对策

一、引言

党的十九大已从宏观层面明确新时代下我国的人口发展战略，要求促进生育政策和相关经济社会政策的配套衔接，加强人口发展战略研究。应当积极应对人口老龄化，构建养老、孝老、敬老政策体系和社会环境，推进医养结合，加快老龄事业和产业发展。相比过去，新时代聚焦的人口问题集中于人口发展和老龄化等领域。

人口生育政策和人口发展战略对于任何一个国家、地区和民族而言都极其严肃和谨慎。由于叠加生产持续、产业发展、国民素质和文化传承等因素，人口发展的长周期性质又决定了人口政策牵一发而动全身的系统性、结构性、持续性和辐射性等特征，因此必须具备前瞻性的审视与权衡。从整体上看，我国的人口政策长期具有宏观一致性，各地方政府主要以执行宏观人口政策为主，但在具体执行的微观层面，存在一定弹性。

长达30余年的计划生育政策对我国社会深层次、全方位的冲击显而易见。围绕家庭伦理、价值取向和文化传承等社会核心因素，人口政策的多重影响正逐渐交叉、呈现和释放。现有人口和城镇化等方面的数据，在统计口径和统计标准等方面存在一些差异，叠加中部地区长期的劳动力输出特征，使中部省份对人口发展趋势存在一定程度的误判。近年来国家层面对以往生育政策进行持续调整，目前已实施"全面二孩"生育政策。就江西人口发展现状而言，既存在过去政策的惯性，也具有新形势下的问题，同时面临中长期视角下人口发展的政策取舍。基于相关统计数据，对江西人口发展的现状并针对若干问题提出对策与建议。

二、相关研究回顾

人口问题的深入研究通常无法脱离社会学、经济学、政治学等视角。人口转变的完成，需要工业化的经济基础才得以实现。人口转变是人口发展问题的一个重要通道。西汉初年贾谊在《论积贮疏》中阐明了积贮与国计民生的关系，强调了人口、生产和消费的辩证关系。对于人口发展的系统深入研究，则是进入工业革命之后。在生产力得到高速发展之后，学者关注到社会发展与人口发展之间存在关联。通过考察社会经济发展，以出生率、死亡率、自然增长率的变动为线索剖析国家和地区人口发展阶段的关系，尤其是综合相关因素对欧洲人口再生产动态特征进行微观化分析和宏观性概括后，发现人口再生产与经济社会现代化进程存在密切的、显著的内在联系。

人口演进路径通过人口出生率、死亡率和自然增长率三个维度刻画，可以表达为由高位静止状态（即高出生率、高死亡率、低增长率）向低位静止（即低出生率、低死亡率、低增长率）转变，通常称为"人口转变"。人口转变理论自20世纪30年代形成并兴起，代表性研究者包括法国人口学家兰德里（A. Landry）、英国人口学家布莱克（C. P. Blacker）、美国人口学家汤普森（W. Thompson）、诺特斯坦（F. W. Notestein）和科尔（A. J. Coale）等。随着经济发展和社会进步，人口发展的研究样本日益丰富，研究视角也呈现出多元化，关于人口发展的许多流派得到进一步发展。

人口学家卢茨提出"低生育率陷阱"，认为生育率持续下降到一定程度时，由于生育观念、生活压力、社会价值观等因素的共同作用，生育率将继续下跌，形成惯性后很难或将不能再逆转，通常总和生育率低于1.5是一个临界值。阿尔科玛、拉夫特里和格兰等（Alkema, Raftery & Gerland et al., 2011）对世界主要国家进行了一个分类，发现工业化国家的低生育现象非常普遍。吴帆（2016）在对德国、西班牙、塞浦路斯、英国、法国等欧洲17个国家的家庭政策与生育率之间的关系进行深入研究时发现，欧洲大多数国家居民的理想子女数一般都在2.5个左右，即使希腊、意大利、西班牙这样处于极低生育率的国家，居民理想子女数也超过了2.1个；大样本数据显示中国居民的理想子女数不到1.9个，与传统认知有很严重的冲突。后续问题是，中国在目前缺乏家庭政策支持的背景下，是否已跌入"低生育率陷阱"。

陈卫和张玲玲（2015）利用国家统计局的人口普查和人口变动抽样

调查数据,在假设2010年普查漏报率与1990年普查漏报率相同的条件下,重估2005年之后我国的生育率。估计结果表明,虽然中国近期的生育水平不会低于1.5,但估计值在1.6左右的水平上,接近临界点位置。郭志刚(2011)以"六普"人口年龄结构为标准,然后与其他来源的人口指标进行了比较和分析,认为1990~2010年间的人口估计和预测存在的普遍问题是高估了出生人口数量、生育水平和人口增长,低估了人口老龄化程度,认为当前我国的总和生育率已经低于1.5。

老龄化已成为全球性问题,我国也不例外。党的十九大对积极应对人口老龄化提出明确要求,社会各界也在积极推动,深入研究新时代社会主要矛盾变动的背景下人口老龄化趋势特征及对经济社会发展的影响。进入21世纪后,虽然我国的计划生育政策仍在严格执行,但许多学者已经意识到我国的老龄化趋势不可避免,长期的计划生育政策加剧了人口结构的失衡,但并非促成人口结构失衡的唯一因素。

彭希哲和胡湛(2011)从公共政策视角对我国人口老龄化进行了全面的思考。他们认为人口老龄化在后工业化时期将成为人类社会常态。在应对这些问题上,应该认识到,问题本质是源于老龄化的人口年龄结构与现有社会经济体制之间的不协调所产生的矛盾,这使公共政策调节成为必需。仅仅调节人口政策、仅仅调节针对老年人的政策或某一部门的政策都不足以全面应对人口老龄化,而应当以社会整合和长期发展的视角来重构当前的公共政策体系。在重构过程中,不仅要统筹人口系统与其他社会系统的关系,而且要统筹短期目标与中长期战略的联系。因此,应建立一个权威的常态统筹机构,并结合中国的国情,重新定位老年人的社会角色、解决老年人养老的现实问题、支持老龄化社会的可持续发展。

汪伟(2017)构建了一个考虑双向代际转移的三期世代交替模型,讨论了人口老龄化如何影响中国家庭的储蓄、人力资本投资决策与经济增长,并对当前的生育政策调整的经济影响进行了模拟与政策评价。在当今中国的现实参数下,人口老龄化已经对家庭储蓄、人力资本投资与经济增长产生负面影响;提高向老年一代的代际转移比率不但无法应对人口老龄化,反而会使家庭储蓄率、教育投资率以及经济增长率大幅下降;放松计划生育政策后,如果生育率不出现大幅度反弹,将有利于经济增长。他认为,当前的生育政策调整虽然能够在一定程度上减缓,但无法根本扭转人口老龄化对经济增长的不利冲击,要应对人口老龄化的挑战，行之有效的办法是提高人力资本的积累速度和人力资本在生产中的效率。

钟无涯（2018）对中部地区的人口发展情况进行了归纳性和探索性的思考，其研究视角主要是生育率、城镇化和老龄化的结合，核心逻辑是"人口、就业和产业"，以此探索在当前人口政策背景下中部地区的人口发展现状，认为即使进一步放松人口政策，没有社会公共服务的提升，生育率下降和老龄化加速所形成的人口结构失衡有可能加剧。

三、我国人口认识深化与发展战略演进

我国自1949年迄今已累计八次较大的人口生育政策调整。分别是在1949～1953年鼓励生育，促进人口增长；1954～1959年从鼓励生育到节制生育；1960年开始提出"计划生育"，采取"宽松控制"；1970年明确要控制人口增长，推出"晚、稀、少"政策；1980年严格计划生育政策；1984年开始统筹解决人口问题，稳定低生育水平；2013年开始推行"单独二孩"，2015年则进一步放松为"全面二孩"。人口政策更替体现了决策层对人口发展认识的深化，调整的内容和过程已对人口发展的许多因素产生冲击，如人口结构、教育资源配置、文化传统演进等。梳理八次人口生育政策调整的内容，可大致将人口发展思路归纳为递进的三个层面，即规模调控、结构优化、质量导向。

（一）规模调控思路的人口战略

人口发展战略的初始阶段基本都是以规模为诉求。历史上的生存竞争、发展竞争和资源竞争等，人口规模是国家实力的客观载体，因此，古今中外都很重视人口规模的扩展；进入工业化社会之后，尤其是马尔萨斯等基于资源承载力视角的观点，人口发展战略一度转化为从规模扩展转为规模控制。部分亚洲国家和地区，如韩国、日本、新加坡等，曾推行人口规模缩减政策。我国的计划生育政策即属此类。规模调控政策属于机械的人口控制思想，可供短期的应急措施，但长期推行必然形成人口结构失衡，从而对人口均衡发展形成有害冲击。

（二）结构优化思路的人口战略

人口规模控制在长期视角下，弊端显而易见。一方面，规模控制的价值、效率和意义在学术界仍未达成共识；另一方面，经济、社会、文

化的发展，尤其是在男女平等背景下，发达国家普遍人口出生率下降。在这一背景下，人口规模控制从缩减转向规模稳定和扩张。生活水平和科技水平提升在增加人口预期寿命，叠加人口出生率下降，因此，老龄化社会的持续加重成为人口结构失衡的重要特征。就中国目前人口结构情况来看，劳动力年龄结构、人口抚养比例、代际关系已发生重大变化，必然给中国经济、政治、社会发展带来深刻影响。

（三）人口质量思路的人口战略

人口发展演进为人口质量导向是社会发展的客观要求。人口规模导向侧重于人口整体，人口结构导向虽然强调人口群体、年龄、性别等指标间比例，但其本质仍源自整体范畴。与此不同，人口质量思路在规模基础上强调"人"的个体质量，包含身体健康、精神健康、教育水平、能力素质等多维度评价。从发展视角看，人口生育率下降和收敛具有必然性。社会生产力的发展导致社会对个体综合素质要求日渐提高，客观上个体成长所需的时间成本、物质成本等大大增加；社会发展对人口发展的另一重要作用是不断提升和重视个体价值。具体表现为日益重视个人价值、个人体验、个人尊严等，客观上促使社会个体更加强调个人生活质量。这种转变不断冲击单纯以生育目标牺牲个人价值的传统思想和生活方式。长期的"人口规模"思想逐渐演进为"人口质量"发展，这显然是一种人口战略思想的提升。

四、江西人口发展现状与主要问题分析

人口发展的长周期特点，使政策调整过程中必然伴随高昂社会成本，因此，客观要求人口政策必须具备审慎性和前瞻性。随着对人口、社会和经济发展相互关系认识的深化，尤其是随着科技发展，适度人口规模、提升人口质量和强化人口教育等日益为社会所认可和重视。国家层面下我国现阶段的人口发展已显现生育率过低的信号。基于2016年统计数据推算的0~16岁人口，占总人口之比已不足7%。"少子化"趋势明显，老龄化程度日益加重。江西是汉族人口占绝对比例的省份，"非平衡"式人口生育政策对人口发展形成较大冲击。近年来江西的人口发展，总体上具有以下特征。

（一）人口出生率：在中部有优势，或有发展风险

统计公报数据显示，江西人口出生率近年来相对稳定。2011年至

2015年分别是13.48‰、13.46‰、13.19‰、13.24‰和13.2‰。中部六省范围内低于湖南，但比中部地区人口出生率最低的山西和湖北高出2‰左右。我国近年全国平均的人口出生率为12‰～13‰，山西和湖北低于此，安徽与河南则基本维持在此区间，部分省份如辽宁等则大大低于平均水平。需要指出的是，全国人口出生率的平均值已叠加未执行生育控制的少数民族省份数据，实际的汉族人口出生率更低。江西的人口出生率在中部地区具有一定优势，且高于全国平均水平。2016年江西人口出生率为13.45‰，比上年提高0.25个千分点。从统计学角度判断，江西的生育率未体现生育政策从"单独二孩"到"全面二孩"政策的冲击。

虽然生育政策从"一胎"到"单独二孩"和"全面二孩"逐渐放松，但目前人口统计数据显示，江西的人口出生率并未达到预期规模，生育数据也未能体现政策变化。从政策时间窗口和多年累积生育意愿的释放节奏考虑，江西的真实人口出生率仍需持续跟踪1～2年。现有统计数据来看，客观上存在人口发展风险。

（二）人口结构：多种失衡并存，或将持续加剧

人口结构通常覆盖性别结构、年龄结构、城乡结构等，能综合反映目前和未来时期人口发展的趋势。总体来看，性别结构、年龄结构与人口规模存在较强相关性。统计公报显示，2016年江西总体人群的男女性别结构比为105.3∶100，处于正常区域；中部地区河南（103.2∶100）的总体人群男女性别比相对均衡。江西略高于全国总体人群的男女性别比为104.98∶100。山西和湖北则失衡情况较为严重。由于上述性别比是总体人群，并未区分年龄，客观上育龄人口和劳动人口的性别比存在失衡现象。2000年和2010年的人口普查数据显示，初生人口的男女性别比超过115∶100，国内大部分专家和学者认为我国当前育龄人口性别比在110∶100以上，失衡情况严重。根据各年统计数据估计，江西的育龄人口与青少年性别比应该在115∶100左右。

从年龄结构观察，2013～2016年我国16～59岁的人口数量和比重逐年下滑；60岁及以上的人口比重逐年增加，2016年60周岁及以上人口占总人口的16.7%，人口老年化的问题突出。江西老龄化程度优于全国水平，2016年为14.3%。江西是人口输出省份，老年人留乡而年轻人外出的情况极其普遍，因此实际生活中老龄化程度超过统计数字。中部地区现阶段最年轻省份是河南和江西，老龄化最严重的省份是山西和湖北。

值得注意的是，人口规模最小的山西出生率也最低。由于老龄化与低生育率等多重因素叠加，山西和湖北面临东北式人口塌陷的风险较大。

2016年全国流动人口2.45亿人，比上年年末减少171万人。流动人口的最高规模出现在2014年，达2.53亿人。2016年城镇人口占总人口比重（城镇化率）为57.35%。江西的城镇化率为53.1%，但流动人口仍保持增势。以农民工监测数据为例，2016年规模为1 181.6万人，增长1.1%。其中外出农民工813.3万人，下降1.1%；本地农民工368.3万人，增长6.5%。这些数据中有两点值得特别注意：其一，江西外出人口趋减，本地就业趋增，就地、就近城镇化趋势走强；其二，外出务工峰值已过，劳动力规模将缩小，劳动力结构分化趋势加剧。

（三）人口死亡率：总体趋势稳定，存在省际差异

2014~2016年我国人口死亡率增速逐年下滑，2016年人口死亡率为7.09‰，与2014年基本持平。江西2016年人口死亡率为6.16‰，低于全国水平。总体水平上，中部地区人口死亡率相对较高的省份有河南、湖南和江西。从时间序列看，河南呈走高趋势；江西相比过去，2018年出现一定波动。在生活水平和医疗水平逐渐改善的今天，人口死亡率的微增变化，不排除统计数据的出入，也可能存在诸多其他因素的干扰。但是，持续的统计数据具有一定程度事实的反映，近年人口死亡率波动具体细节原因仍依赖微观数据，但这给出一个人口发展过程中的异常信号。

五、推动江西人口均衡发展的若干对策建议

（一）积极引导与鼓励"全面二孩"的多样化

"全面二孩"政策正式推行后地区的差异效应显现。江西的人口出生率并未体现"单独二孩"和"全面二孩"的政策冲击。科学的人口发展观已从单纯规模控制的"只生一个好"演变为人口规模合理和人口结构优化等宏观层面。结合我国老龄化程度日趋加深的趋势分析，适度增加人口规模是缓解人口结构问题的必由之路。最新公布的统计数据显示，2018年江西的人口出生率重新回到中部地区之首，显然比山西、安徽等省具有更坚实的人口基础。

随着社会生产力的发展，尤其是经济、社会和文化等多重因素的作用叠加，一定程度上削弱社会生育意愿。这种趋势一方面是社会发展的

必然,已在国外诸多先发国家和地区得到印证;另一方面是目前国情因素的叠加放大,如经济压力、金字塔型家庭结构、城镇化演进等,客观上促成人口规模扩张面临较大时空压力。因此,引导和鼓励"全面二孩"迫在眉睫。

迫切需要更新原有的人口发展理念,深刻认识到人口发展问题对于国家未来发展的重要性。紧随政策精神,弱化"只生一个好"的舆论,多种渠道鼓励和推进"全面二孩"。建议从宣传渠道增加提倡和鼓励"全面二孩";在医疗服务方面,增加对"全面二孩"的孕、育、护的关怀和指导,相关部门应该酌情给予针对性物质支持。

(二)重视幼儿教育,激活引导投入多元化

对教育的日益重视是社会发展的一个重要标志,也是家庭理性选择生育数量的重要参考。从宏观层面看,提升人口质量是人口规模硬约束条件下的必然选择。斯坦福大学罗斯高(S. D. Rozede)教授、清华大学李强教授等都就我国幼儿教育与人口素质问题提出建议。由于多种因素的约束,之前我国教育投入主要集中于高等教育层面,幼儿教育的重视和投入相对有限。近年来围绕幼儿教育、学前教育的公共性事件层出不穷,一定程度上反映出幼儿教育资源的紧张,更反映出相关部门对幼儿教育领域的重视不够。建议江西在现有基础上提升幼儿教育的关注度,引导社会多方力量、尝试多种形式、吸收多类资本进入幼儿教育领域。既从规模、分布和密度等方面达到量的夯实,也从类型、风格和内容等方面实现质的提升。通过管理部门的关注、引导和投入,实现幼儿教育的发展,其本质是长期视角下提升人口质量的有效措施。

(三)就地、就近城镇化与老龄化缓解和优化

我国城镇化演进过程中,以往大范围的东向聚集,目前正分化为"东向聚集"和"就地、就近"等多种类型。江西是传统的人口输出大省,近年外流人口增速趋缓。相比中部其他省份,如山西、湖北等,江西的老龄化程度较轻,但仍需正视其老龄化的绝对深度。现阶段家庭养老仍是我国主要的养老形式,显然就地、就近的就业是解决家庭养老问题的有效路径。

从江西的城镇发展趋势看,以南昌、赣州、九江等城市为核心的省内区域集聚趋势已处于形成过程。建议在就地、就近城镇化的战略方针

下，对相关城市的人口聚集进行一定程度的引导、规范和激励。人口规模是经济活力的重要基础，通过人口集聚，激活经济活力，从而形成相应的就业活力，最终实现区域经济发展与老龄化以及养老问题的贯通。

此外，随着老龄化程度加深，老年人口比例增加，空巢老人群体已形成规模。重视老年人口心理需求，鼓励社区、组织和机构与相应老人群体进行互动交流，从多个维度和多个层次介入老龄化问题。江西的生态绿色资源在全国具有较强优势，具备在养老领域形成产业、品牌和规模的潜力。合理利用、适度引导、经济激励等多种手段，促成老龄化产业的江西特色形成。

六、结语

客观上，江西的人口发展问题并无东北地区严重，在中部地区中也比山西等乐观。但现实的挑战依然迫切，核心理由有三点：其一，人口低出生率与工业化进程中后期的经济增长强相关。江西经济增长在未来时期具有确定性，江西现有的人口规模优势是否能够保持具有较大不确定性。其二，个人意识强化，尤其是女权意识上升，是总体人口出生率的不利因素。人口统计数据已经给出确切数据，近十年的离婚率持续攀升，结婚率持续下降，各地初婚年龄均不同程度推迟，北京、上海、深圳等均超过30岁。个体意识强化的结果，是个体利益和个体体验排位提前。其三，江西是劳动力输出地区，青壮年流出所形成的事实老龄化程度超过统计数字，于区域经济发展极其不利。如果劳动力持续外流、人口出生率不能稳定上升，老龄化必然加重，这将与其他诸多因素一起成为江西崛起的不利因素。

当前迫切需要更新人口发展的观念。过去那种"人口过多""生育率过高""控制人口增长"的思维不仅偏颇，在当前发展背景下甚至有害。根源于管理效率偏低、公共设施与公共服务不足所衍生的"人口多"偏见，显然任何时候都存在。这一方面要求我们要加强"婚""育""孕""教"的指导，增加公共服务供给。另一方面也需要做好人口发展规划，从容面对老龄化、少子化和结构失衡等多种调整，以党的十九大指明的人口均衡发展理念为方向，落实和推进江西的人口健康发展。

第七章

城镇化推进研究案例：
江西城乡融合思考

一、问题的提出

当前我国的主要矛盾已转变为"人民日益增长的美好生活需要和不平衡不充分的发展之间的矛盾"。城乡发展的不平衡、农业农村发展的不充分问题较为突出。党中央始终关注城乡发展：2002年党的十六大提出"统筹城乡发展"；2007年党的十七大提出"城乡一体化"；2012年"城乡发展一体化"成为党的十八大以后工作重心之一；2017年党的十九大明确提出建立健全城乡融合发展的体制机制和政策体系。

城乡融合发展的重点和难点源于"三农"问题。统筹城乡发展到城乡发展一体化，再到城乡融合发展，本质上一脉相承；内容上是城乡发展失衡问题思考的升华。以"三农"问题为原点，在新时代发展背景下激活和推进城乡融合，成为求解经济发展、社会发展和人口发展等问题叠加的契机。

在推进城乡融合的过程中，既需要考虑到传统惯性与政策推进的衔接，也应在新形势下创新融合方式和加速融合节奏。同时，基于中长期的发展视角，平衡与推进江西在经济、社会和人口等多维度的前向演化与持续升级。乡村振兴战略是江西城乡融合发展的重要组成部分，将成为机制调整与完善的重要依托。

二、研究综述

城乡融合发展是城镇化和工业化的产物。农耕社会的生产力不足以支撑广阔空间同步发展，工业化则随着生产力发展在不断拓展。叶昌友和张量（2009）认为，马克思和恩格斯虽然不是城乡融合思想的创始人，但他们在前人的基础上，结合当时的社会背景，从本源上分析了产生城乡差别的原因，前瞻性地提出了城乡融合的可能性，确定了城乡关系的最终目标，阐述了城乡融合的实现路径，形成了系统的城乡关系理论。梳理和研究马克思、恩格斯的城乡融合思想，对于统筹城乡发展、构建和谐的城乡关系，推进我国城乡一体化建设都具有重要的理论、现实和实践意义。

改革开放后，我国的生产力快速发展，区域经济也得到不同程度的增长。其中，珠三角地区是我国区域经济发展的增长极。魏清泉（1997）基于珠江三角洲的发展历程和现实情况指出，城乡融合是城镇化发展的特殊模式。陈钊、陆铭和许政（2009）在中国城乡与区域协调发展的问题上研究得更为细致，认为如果片面限制大城市的扩张，鼓励小城镇发展，片面强调区域经济的均等化，将无法充分发挥市场化和全球化进程中经济集聚发展的好处。为此，必须克服思想上的认识误区，打破城乡间和地区间分割的制度障碍，促进城市内部社会和谐，充分发挥集聚效应，并由此最终实现城乡与区域协调发展。

刘彦随（2018）的视角和研究更加广阔和深入，他认为城市与乡村是一个有机体，只有二者可持续发展，才能相互支撑。依据人地关系地域系统学说理论，城乡融合系统、乡村地域系统是全新认知和理解城乡关系的理论依据。针对日益严峻的"乡村病"问题，全面实施乡村振兴，既是推进城乡融合与乡村持续发展的重大战略，也是破解"三农"问题，决胜全面建成小康社会的必然要求。他的观点比较立体，例如，城乡融合与乡村振兴的对象是一个乡村地域多体系统，包括城乡融合体、乡村综合体、村镇有机体、居业协同体，乡村振兴重在推进城乡融合系统优化重构，加快建设城乡基础网、乡村发展区、村镇空间场、乡村振兴极等所构成的多级目标体系。

回到中部地区和江西的问题上，徐玮和谢文君（2011）综合了世界各国城乡关系的演变历程，认为都经历了或者正在经历同样的过程：乡村孕育城市—城乡分离—城乡对立—城乡融合。通过总结国外城乡发展的优秀经验模式与"拉美陷阱"现象，从生产要素流动性角度出发，建议我国中部地区城乡统筹：保证资金要素，加大农业投入；发展技术要素，加大农技推广与农业信息化力度；促进劳动力要素流动，提高劳动力素质，解决就业；实施城乡统一的国土开发，保护生态环境；完善社会保障与农村合作组织制度。漆莉莉（2007）从构建和谐社会的角度出发，设计了评价城乡融合度的综合指标体系，并以中部六省作为研究实体，运用主成分分析法与层次分析法相结合的方法来测度城乡融合关系。评价结果显示，湖北省的城乡融合度较高，其次是江西省，安徽省居中部六省的末位。钟无涯和颜玮（2018）的研究发现，中部六省的城乡融合程度排序总体变化不大，湖北仍然居于前列，但彼此之间差距已不大。

新时期我国社会主要矛盾是人民日益增长的美好生活需要和不平衡不充分的发展之间的矛盾，而城乡发展不平衡就是当前存在的一个突出问题。决胜全面建成小康社会，必须着力解决这个问题。促进城乡融合发展，要按照党的十九大的要求，坚持农业农村优先发展，结合实施乡村振兴战略，紧扣破解城乡二元结构，缩小城乡居民收入差距。范恒山（2018）认为，要协调推进农业现代化与新型城镇化等关键环节，着眼于建立健全城乡融合发展体制机制和政策体系，着力抓好一些重点工作。城乡融合是其中的重要部分和内容。

三、江西城乡融合发展的现状与问题

城乡二元结构是制约城乡深度融合和一体化发展的主要障碍。城乡融合机制、效率与方式等方面的不足，既是制约江西经济发展、产业发展和区域发展的重要因素，也是实现破局和升级的方向与契机。因此，实施乡村振兴战略，加快推进农业农村现代化进程，必须从根本上打破城乡分割的传统和障碍，建立健全城乡融合发展的体制机制，从而激活城乡要素的流动、融合和升级。

（一）江西城乡发展的基本事实

区域的经济、人口和就业状态，既是以往城乡发展的结果，也是未来城乡融合的基础。选择三个维度描述当前江西城乡发展的基本情况，具有较强的表征价值。

1. 经济维度

2017年全省实现产值20 818.5亿元，比上年增长8.9%，高于全国水平。其中第一产业增加值1 953.9亿元，增长4.4%；三次产业结构由上年的10.3∶47.7∶42.0调整为9.4∶47.9∶42.7；三次产业对GDP增长贡献率分别为5.0%、47.0%、48.0%。第一产业占比继续下降，第三产业持续上升。宏观经济增长较快，产业结构不断优化。

2. 人口维度

2017年年末常住人口4 622.1万人，比上年年末增加29.8万人。其中，城镇人口2 523.6万人，常住人口城镇化率为54.6%，比上年年末提高1.5个百分点。户籍人口城镇化率为37.9%，比上年年末提高2.2个百分点。人口自然增长率为7.71‰，比上年提高0.42个千分点。人口城镇化与户籍城镇化都有提升，但是二者之间仍存在较大落差。此外，省外流出人口下降，省内流动人口持续增强。

3. 就业维度

2017年年末社会就业人数2 645.6万人，比上年年末增加8.0万人。全年城镇新增就业55.8万人，失业人员再就业23.9万人，城镇登记失业率3.34%，低于4.5%的年度控制目标。农民外出从业人员878万人，增长1.2%。其中：省外580万人，下降1.0%；省内298万人，增长5.7%。

结合省市层面对当前江西经济发展与人口分布进行描述，详见表7-1。

表7-1　　　　江西若干收入指标情况（2016年）

地市名称	居民人均收入（元）	城镇人均收入（元）	农村人均收入（元）	2016 GDP（亿元）	人均GDP（元）	常住人口（万人）
南昌市	29 030	34 619	14 952	4 355	81 598	537
新余市	26 895	32 163	15 203	1 028	87 600	117
景德镇市	25 731	31 418	13 878	840	50 764	166
萍乡市	25 567	30 630	15 274	998	52 151	191
鹰潭市	22 491	29 116	13 534	695	59 980	116
九江市	21 473	30 011	12 157	2 096	43 338	485
吉安市	19 942	29 307	11 380	1 461	29 772	492
上饶市	19 930	29 153	11 103	1 811	26 897	675
宜春市	19 530	27 452	12 643	1 770	32 059	553
抚州市	19 342	27 195	12 447	1 211	30 259	400
赣州市	17 084	27 086	8 729	2 194	25 674	855
江西省	20 110	28 673	12 138	18 364	40 106	4 592
全国	23 821	33 616	11 149	744 127	53 980	138 271

资料来源：《江西统计年鉴2017》。

表7-1中内含丰富的城乡融合信息。例如：赣州地区GDP高居全省第二位，但农村人均收入较低，仅为城镇人均收入的1/3；新余是人口规模最少的市区之一，但其农村人均收入却是最高之一，城乡收入差距最小。这是反映城乡融合程度的重要参考指标。

（二）江西城乡融合发展的主要问题

城乡融合发展是一个系统工程，政府视角下更侧重于城乡融合发展的现状评估、目标预设和路径选择。对于江西而言，相关问题存在轻重缓急，突破口因而具有主次先后。基于相关数据，从城乡经济发展、城乡人口就业和城乡公共服务等维度聚焦江西城乡融合发展中的若干问题。

1. 城市聚集性较低

工业化与城镇化进程加剧的城乡差异，是江西推进城乡融合的客观背景。需要明确三个重要节点，分别是城市的资源聚集功能、城市的辐射功能和城乡的融合功能。

目前江西热点城市聚集性强度有待提高。以人口聚集规模判断，省会城市南昌在全市人口口径下略强于太原，居中部6个省会城市中第五位；市辖区人口口径下则居于末位。省会人口聚集度偏弱。全省热点城市数量和质量不容乐观：赣州目前具有人口规模优势，但聚集性仍需加强；九江近年人口吸附效应趋弱。作为南昌的对标城市，郑州、武汉近年城镇化进程提速，长沙、合肥的政策偏向明显。

2. 公共服务差异大

推进城乡基本公共服务均等化是中国特色"新四化"的必由路径，是促进城镇化和新农村建设协调推进的重要内容。目前江西城乡公共服务差异较大，集中体现在教育维度、公共医疗卫生维度以及养老服务维度等方面。以基础教育为例，全国层面的学前教育和初等教育都存在供需失衡现象，城乡之间这一矛盾则更加突出。差异化公共服务配置曾经是引导城乡人口流动的力量，但从融合发展的视角看，逐渐缩小差距，逐步实现基本公共服务均等化是推进方向。公共医疗和养老服务等领域类似，成为阻碍城乡融合进程和效率的因素。

3. 乡村开发不充分

乡村振兴战略是我国城乡融合发展的重要抓手。传统的"空间城镇化"正转型为"人口城镇化",引导人口实现就地、就近城镇化的同时,需要通过乡村振兴战略推进城乡融合发展。江西拥有丰富的自然资源、文化资源、绿色资源等,其中大部分分布在乡村。伴随经济发展所形成的对乡村优质资源的强烈市场需求,客观上要求具有数量和质量的供给相契合。显然,如何科学、合理、持续开发江西丰富的乡村资源,如何挖掘、打造和发挥江西的绿色优势,如何协同、凝练和推广江西样本,是乡村振兴战略下城乡融合发展的迫切任务。以文旅开发为例,相比运营热点地区,如厦门、杭州、成都、大理等,现阶段江西的资源开发存在不足。即使从产业开发层面,目前具有集约优势和经济优势的地区也较有限。

4. 融合凝聚性不够

城乡融合程度和凝聚程度并无统一指标,城乡居民收入差距是一个参考。通常情况下,城乡居民人均可支配收入差距缩小,体现经济层面的空间融合趋势加强。2016年,我国城乡居民人均可支配收入之比在2.72∶1左右,农村居民消费水平大概是城镇居民的36.8%。江西现阶段在地市层面的差异较大。其中,赣州、吉安等地较大幅度超出这一标准。地区间和地区内的城乡差距,通常是城乡集聚性不够的结果,这又进一步阻碍了聚集与融合。此外,基础设施投资与建设的不平衡,也是城乡融合凝聚性等方面需要提高的侧证。

四、推进江西城乡融合发展的若干思路

城乡融合发展具有时空异质性,因此不存在普适性的制度安排。针对区域的发展阶段与发展目标,探寻契合本地实际的城乡融合发展战略,成为必然选择。需要强调的是,江西目前仍处于工业化进程之中,发展工业仍是江西经济发展的方向。基于此,聚焦于乡村振兴、工业发展与城乡融合发展等多目标任务,江西需要注意以下几方面。

(一)"产业—就业"的就地、就近城镇化

"产业—就业"是现阶段江西推进城乡融合发展的核心要素,是具有统一性和扩展性的逻辑基础。产业发展不仅是经济发展、就业吸纳和空间拓展的基础,更具有溢出与辐射的功能。这对于地处中部地区的江西承接东部地区产业转移和提升人力资本具有决定性意义和实用性价值。

一方面，通过就地、就近城镇化加速城乡融合，实现城镇化模式的转型；另一方面，人口从乡村流入城市不能基于行政，而是就业激励和市场驱动，需要"出得去、留得住、发展好"，"空间城镇化"才能演化发展成为吸附就业的"人口城镇化"。"产业—就业"为支撑的就地、就近城镇化模式能够形成两个维度的推进：一个维度是给予城市丰富的就业机会和提升信息的数据流与聚集度；另一个维度，则是打通城乡融合发展的流通渠道，使城乡生产要素能够在市场机制下提升配置效率，从而获得更强的自发性和自主性。

（二）城乡基本公共服务均等化

基本公共服务均等化是实现和推进城乡融合的重要保障措施。就业是激发劳动力要素在城乡之间流动的动力，产业则是完成人口流动、空间吸附和城乡配置的平台。在市场配置过程和演化过程中，城乡融合最终要形成一种平衡，使包括信息、资源、服务和生产等在内的多元城乡资源实现计划和市场的有效配置。显然，基本公共服务的均等化将成为推进这一演化过程不可缺失的环节与部分。应该认识到：以往江西选择的偏向性发展模式，在传统农业化向现代工业化转变过程中发挥了重要作用；进入新时代之后，持续发展所面临形势已有变化。人口流动趋势、人才聚集动力和经济发展模式等，客观上要求推进基本公共服务均等化的内容和节奏。这既是人口资源竞争的一个重要因素，也是在城乡融合过程中，增强和释放人才凝聚力和创造力的重要前提。

（三）"江西样板"视角的城乡融合

习近平总书记视察江西时强调："江西生态秀美、名胜甚多，绿色生态是最大财富、最大优势、最大品牌。"要"做好治山理水、显山露水的文章"。相比过去，绿色资源和文化资源在工业化中后期，显然具有更高的市场溢价。从发展的角度看，江西占据更多元的城乡融合发展模式选择。基于"江西样板"的生态发展思路，在原有的工业化路径和城乡融合机制下，更加从容探寻符合江西省情和特点的城乡融合模式。

和广东、浙江等工业化发展较早、发展程度较高的省份不同，江西需立足生产、生活、生态三大布局，打造宜居、宜业、宜游的美丽城乡，完善城乡规划与建设，统筹城市地上地下建设。"生态"是特点也是优势，因而需要摒弃"先发展、后治理"的短期思维。以往在城乡融合发展过程中，容易陷入发展目标求高、发展速度求快和发展方向求全的误区，伴生广泛的环境破坏。茅台镇水源保护的案例，可成为樟树四特酒业发展的参考对标。这些基于"产品—产业—区域"的城乡融合发展样本，都是具有较强实践意义的案例。类似的，江西的其他特色城市，如九江、景德镇、吉安、赣州等，可以基于"江西样本"发展视角下挖掘自身的生态资源与文化资源。借鉴案例积极探寻适合自身特点的城乡融合新模式与新路径。

五、江西城乡融合发展机制设计的核心要素

基于国家整体发展格局中不同区域间所形成的发展梯度，客观评价江西发展阶段、要素禀赋和资源特点等，是探寻契合江西现阶段城乡融合发展体制机制的前提。本书认为，当前江西城乡融合体制机制的着力点和引导方向，可以选择"产业""人口""服务"三个维度进行聚焦和扩展，简洁、凝练的政策思路更容易转化为推进效率。其中，"产业"是解决城乡融合发展可推进性和可持续性的事实依托，也是整体发展、融合推进与前向演化的内在动力；"人口"强调在城乡融合发展背景下，通过市场机制对人口资源进行基础配置，但在制度设计上偏向于乡村振兴和城市聚集。"人口"城镇化在城乡融合发展背景下的动态发展，有利于实现城市和乡村的良性资源流动；"服务"显然指向政府为主导的基本社会公共服务。无论从"共享"和"平等"的广义层面，还是和谐发展的城乡融合目标，推进"服务"为诉求的基本公共服务体系都是城乡融合机制的重要内容。而且，随着经济、科技和社会的发展，公共服务的深度和广度也将持续拓展。

发挥市场机制与侧重"产业""人口""服务"进行机制设计并无矛盾，本质上是在江西城乡融合发展的实践过程中，将此作为制度设计的依托点和实践推进的着力点。从其他省份的发展经验来看，许多城乡融合问题具有共性，例如农村土地资源的流转问题、人口流动的制度安排问题等，我们都可以选择将其归类于某个核心点为依托，结合江西现阶段的发展情况，加以吸收形成具有针对性的政策、措施或安排。

（一）以"产业"为核心的城乡融合机制

产业发展是乡村振兴、城乡融合和城镇化推进的根基。江西在城乡融合发展的过程中的重中之重仍是产业和经济。以"产业"为核心的城

乡融合机制应该包括以下措施。

1. 加速引入先进产业、企业群与企业

推进城乡融合，既包括振兴农村，也需要提升城市的聚集度。城市聚集的根本动力在于依托产业、企业构建具有包容性和多元化的就业生态。显然，以"产业"核心的城乡融合机制，加快引入和培养具有先进技术、高端产品、广阔市场的产业、企业群和企业，是提升城市聚集度，构建和优化就业生态的重要内容。江西目前拥有绿色能源、医药制造和有色金属等优势产业，但尚未就此形成较强号召力的产业群。未来阶段可以通过引入、聚集和拓展等方式，结合市场、区域、就业等形式进一步扩展相关产业。

2. 激活区域性优势产业的形成与发展

区域性优势产业的形成与发展，主要依赖于挖掘区域优势资源。尤其需要结合市场发育程度，利用本区域资源，形成区域性优势产业。这是推进就地、就近城镇化的重要路径。一方面，通过区域产业的特色发展和优势发展实现城乡之间的产业合理分工；另一方面，区域性优势产业能够获得更好的市场绩效，在逐渐平衡城乡差距的同时，能够提供和吸附更多的就业，获得持续发展的能力。

从城乡分工体系的角度来看，资源型产品开发、农业初级产品加工和一些劳动密集型产业更多地布局到广大农村，从而降低生产成本、增加农村就业机会，活跃农村经济。区域性优势产业的激活与发展，可以促进农村生产设施建设，推进农村一二三产业融合，培育城乡新业态、新动能，健全要素在城乡流动，提升城乡互动和产业融合效率。

（二）以"人口"为核心的城乡融合机制

城乡融合发展的主体，显然建立并决定于城乡分布的人口规模、数量、质量和活力等因素。近年来，江西人口出生率呈现出稳中趋降趋势。虽然客观上比安徽、山西等省略好，但作为传统的人口输出大省，江西人口规模和人口结构面临挑战。城乡融合发展的主体是人，尤其是具有可持续发展的高素质劳动力。从人口发展与区域发展的角度，江西必须立刻推进人才吸收的相关政策，在人口流动的过程中未雨绸缪，夯实人口基础，实现高质量的人才储备。

1. 完善城乡人口流动相关制度

基于江西省情统筹城乡人口流动管理、城乡户籍管理以及城乡户籍附着权益管理等内容，一定程度上赋权地市因地制宜、因事制宜并开展先行先试。例如，借鉴河南省"人地挂钩"政策，实行城镇建设用地增加规模与吸纳农村人口进入城市定居规模挂钩，有效破解城镇发展用地等矛盾。

人口流动是工业化、城镇化和市场的必然结果，城市也是市场的结果。包括人口在内的多类型资源聚集是城镇化的重要优势，人口聚集则是资源集聚的特征和动力。市场网络外部性使"聚集"放大了资源的交易效率，人口的聚集则是激励、维持和扩展这一功能的重要因素。高效率聚集不仅能推进城市演化，同时也能激活城市周边产业。

2. 围绕市场配置拓展就业指导

缩小城乡居民收入差距，推进居民收入均衡，是乡村振兴战略的基本目标。城乡收入差距的根本原因，是城乡居民就业能力的差异。因此，城乡融合的发展，无法离开城乡就业能力和就业制度的动态平衡。实行城乡平等的用工政策，包括以技能而非户籍的用工政策、透明开放的就业岗位、城乡统一的劳动力市场等，成为江西需要重点保障的微观层面内容。浙江的农民工就业技能培训，值得江西在拓展就业指导方面借鉴。加强省、市多层级的城乡就业服务体系建设，建立市、县、乡（镇）三级公共就业服务机构网络，实现信息共享、服务互动，引导农村转移劳动力、转岗职工、高校毕业生等各类劳动者平等享有公共就业服务权利，做好劳动力资源的市场安置引导和保障，推进"人口"维度的城乡融合机制运行与完善。

（三）以"服务"为核心的城乡融合机制

原则上以"服务"为核心的城乡融合机制，应该纳入针对乡村、城市和城乡交流三个方面的内容。现阶段整体来看，乡村的"服务"相对弱势，因而目前更加需要关注，在这一方面进行"补足"和完善。当然，在城市方面推进基本公共服务均等化，也同样具有重要意义。

1. 提升和优化农村基层治理能力

随着市场经济发展，传统的农村治理结构逐渐改变。对于江西而言，传统的劳动力输出在城镇化和工业化进程中，一定程度上弱化了农村基层治理效率。因此，提升和优化农村基层治理能力，是实现江西乡村振兴的重要内容，也是城乡融合发展的重要构成。

优化和提升基层乡村治理效率，需要促进农村各类组织协调配合与有机衔接，鼓励和引导符合省情农情以及符合自治、法治、德治相结合的乡村治理体系。加强基层党组织建设，为乡村振兴提供相应组织保障。在微观实践层面，完善村务公开管理、议事协商，村级监督机制；引导和加强村民自治组织建设，培育公益性组织和乡贤组织等农村微组织，以此对接新型城镇化，形成"城市—乡村"治理差序。加快完善农村法律体系，规范农村经济秩序，健全乡村矛盾纠纷化解机制。充分利用互联网低成本高效率的特点，降低农村公共服务成本，提高社会管理能力和质量水平。

2. 基本公共服务均等化的推进

城乡间公共服务差距过大，既是城乡非平衡发展的结果，一定程度上也是加剧非平衡发展的原因。平等享有公共服务，是农民的基本权利，也是乡村振兴的重要标志。不缩小城乡基本公共服务差距，农村无法留住人才、吸引人才，乡村振兴必然缺乏可依赖主体和可持续发展动力。江西应基于提高水平、优化安排、完善制度的思路，逐步推进和实现基本公共服务均等化。尽快细化内容，明确关键时间点，加快完善农村社会保障制度。建议江西省政府给出指导方向，各地市根据现实情况细化和试行，最终形成具有地域性的公共服务包，覆盖城乡居民养老、农村低保、城乡统一医疗和大病保险制度等。

相比保险和医疗等公共服务，基础教育资源的城乡配置问题更具迫切性。因此，优化和推进城乡基础教育资源的配置，应当列为江西城乡基本公共服务均等化的重点工作。从更广阔的视角看，加快发展农村教育事业，统筹配置城乡师资，吸引更多优秀教师到农村任教是弱化城乡教育资源失衡的重要措施。基本公共服务也包含加强文化建设等内容，推动公共文化资源向农村倾斜，提供更多农民喜闻乐见的文化产品和服务。

六、结论与建议

党的十九大报告提出"城乡融合发展"，这是新时代中国特色社会主义的本质要求，也是实施乡村振兴战略，加快推进农业农村现代化的根本保障。从宏观政策方向聚焦于微观现实问题，选择"生产""人口""服务"对接江西城乡融合的体制机制探索，能够更好把握发展过程中的具体问题。

从宏观上来看，城乡融合的机制设计需要包含诸多方面，如深化城乡综合配套，构建城乡统一的户籍登记、土地管理制度、社会保障制度以及公共服务体系等；但从微观层面，激活主体并促进要素自由流动、平等交换和公共资源均衡配置，是机制设计的核心思想。特别是全面激活农村资源，打通"资源变资产、资产变资本"渠道，实现农村资源资产化、资本化、财富化，是使市场经济发展中相对弱势的"三农"逐渐走向均衡发展的重要基础。

基于江西的发展基础与发展诉求，选择"产业""人口"和"就业"三个维度聚焦城乡融合的体制机制设计。其中："产业"是推进城乡融合的平台和动力，建议加速引入先进产业、企业群与企业的同时，激活区域性优势产业的形成与发展；"人口"是城乡融合机制的主体元素，也是新型城镇化的核心变量，宜快不宜迟，尽快规范和完善各地市城乡人口流动管理，并围绕市场机制拓展相应的就业指导；"服务"是平衡城乡权益差异、完善人口资源配置、促成城乡有机融合的关键步骤。建议江西在乡村振兴战略下，提升和优化农村基层治理能力，细化和推进城乡基本公共服务的均等化。

第八章

中部地区人口均衡发展：
新形势与新挑战

人口的均衡发展在不同历史背景下有不同的内容，也有不同的侧重点。工业化前期人口在预期寿命、婚姻年龄、生育率、新生儿存活率等方面，与后工业化社会显然存在极大差别。经济发展、社会结构、文化传统和生活方式等，也成为人口发展的客观基础，既提供物质基础，也包含非物质约束。从宏观视角看，人口的均衡发展已经成为世界性的问题。

克里斯托弗·英格拉汉（Christopher Ingraham, 2019）基于美国综合社会调查（GSS）数据得出的结论，2018 年全年美国成年人一直保持独身的人数占比为 23%。60 及以上岁数的人在总人口中的占比，从 1996 年的 18% 攀升到 2018 年的 26%。未婚、无性和老龄化情况在东亚的经济发达地区更加严重，其中以日本、韩国和中国香港为代表。日本国家人口与社会保障研究所每五年收集一次国家生育率数据，这些数据来源于 1987 年至 2015 年间的调查，涉及 11 553~17 859 名 18~39 岁已婚或单身的参与者。Peter Ueda（2017）考察以 18 岁为起点，40 岁为终点的生育活跃期女性，没有性经验的人数比例从 1992 年的 21.7% 上升到 2015 年的 24.6%；对于男性来说，同年龄段缺乏性经验的人数比例在此期间从 20% 上升到 25.8%。参与者之间年龄差距匹配是该研究缺陷。与此同时，他们发现在 30~34 岁的人群中，报告从未与异性发生过性行为的女性人数从 1987 年的 6.2% 上升到 2015 年的 11.9%；在男性参与者中，这个数字从 8.8% 跃升至 12.7%。Ueda 对此的解释是，这可能只是一个经济发达时代下的理性选择。稳定与较高的收入是择偶市场吸引力的决定因素，而这种联系可以被解释为金钱和社会地位对吸引伴侣十分重要。

类似的情况正在我国逐渐呈现。国家统计局和民政部数据显示，2018 年全国结婚率为 7.2‰，创下了 2013 年以来的新低。从各省区市来看，

第八章　中部地区人口均衡发展：新形势与新挑战

经济越发达结婚率越低，比如2018年上海结婚率只有4.4‰，为全国最低，浙江5.9‰为倒数第二，广东、北京、天津等地结婚率也偏低。结婚率最高的几个地区是西藏、青海、安徽、贵州等欠发达地区。整体来看，我国2010～2013年结婚率处于上升的状态，2013年则是拐点，迄今仍未出现上升的情况。①

人口均衡发展对于当前我国人口发展的意义，其本质是从过去机械的人口规模控制，转向全面、客观和科学的均衡发展。人口发展战略不能是短期思维，因为人口发展具有长周期甚至不可逆性。人口均衡发展的长期思维，需要建立于人口规模、人口质量、人口结构、人口分布、人口种群等多维度均衡，也需要如人口与经济、社会、空间、环境、资源、竞争力等要素协调和可持续发展外部系统均衡。其中的基础和核心是人口均衡发展。

一、问题的提出

适度生育是人口均衡发展的基础。生育率具有自然属性和社会属性，"适度生育率"水平受社会发展阶段和自然因素等约束，通常要高于人口更替水平。在我国，生育文化是传统文化的重要模块，"传宗接代"和"多子多福"传统一度成为核心内容。类似思想根源于落后生产力前提下的"养儿防老"风险意识。随着生产力和生产关系的演进，生育文化也日趋多元和开放。

我国在20世纪70年代之后，通过计划生育政策的宣传、倡导和强制，少生优生成为社会主流生育观念，传统生育文化逐渐重塑。在传统生育文化被打碎，新的均衡生育尚未形成的过程中，现代生育观念可能冲击原有平衡生育状态，从而在失衡的状态下较大幅度偏离，甚至有可能跌入"低生育率陷阱"。我国的工业化进程启动的时点、发展阶段和发展方式，决定了人口发展问题的重心长期倾向于人口规模和人口流动方面，人口结构问题并未受到关注，人口均衡发展问题也非迫在眉睫。随着计划生育政策推行，并执行长达30余年后，以性别结构、年龄结构为核心的人口结构问题日益突出。

中部六省是我国的重要组成部分，人口政策的执行显然也是统一于国家层面。中部地区占土地供给面积约为全国的10.7%，人口却占全国

---

① 2013年全国结婚率为9.9‰，2014年降低为9.6‰，2015年为9‰，2016年降到8.3‰，2017年再降到7.7‰，2018年仍继续下降。

人口数近30%，达到3.7亿人规模，创造全国约22%的生产总值。中部地区是我国人口的"蓄水池"，也是劳动力输出的重要区域，中部地区的人口发展现状、格局和趋势，对于全国的人口发展战略而言，具有重要的现实意义。

中部地区的人口发展问题，不是简单的政策执行，而是综合经济、社会等多维因素的动态平衡，既脱离国家层面又无法脱离国家层面。原因在于，中部地区人口的生育激励，已从最初以宗族为核心的传统文化转向以经济为核心的现代意识。党的十九大提出加强人口发展战略研究，厘清和探析中部地区人口均衡发展相关问题尤为迫切。在人口结构失衡基础上回到全面均衡的人口发展路径，需要剖析人口发展失衡的原因、形态和程度，针对人口发展进程的某些具体问题、具体目标和空间区域，设定合理节点与针对策略。基于这一背景，本书聚焦中部地区人口均衡发展若干问题进行思考，并提出相关对策和建议。

二、我国人口均衡发展研究进展

人口研究既为我国人口发展战略提供理论基础和发展建议，也在国家发展战略的方向下夯实和深耕。人口研究须围绕我国人口发展现实踏实推进，脱离事实的盲目预测于国于民都将造成难以估量的损失。新中国成立初期，由于战争等因素造成人口减损较多，人口政策偏向人口规模恢复和扩张，随后逐渐转向人口规模适度发展时期。我国早期人口发展研究的核心内容包含人口健康、教育和医疗卫生等方面的人口均衡发展等方面。随着社会进步和人口发展形势的变化，日趋宽松的人口政策背景下，人口发展失衡问题逐渐成为研究的热点。

（一）宏观人口均衡发展

我国自20世纪70年代以来，逐渐形成严格的计划生育政策体系。从人口更替角度来看，一对夫妇生育一个孩子，从长期来看无疑是一种"自杀"式人口发展方式；从短期看，它却有助于"冷冻"式降低人口增长速度。人口学、社会学和经济学领域的学者意识到机械的管控思维在社会的动态发展背景下，可能导致人口发展危机。欧美国家和东南亚部分国家也曾短暂实施人口生育控制，事实证明这是无效政策。基于部分国家的人口发展试错经验，均衡发展理念已成为工业化国家的共识。

基于我国历次人口普查数据，邬沧萍等（2003）分析了人口规模和

第八章　中部地区人口均衡发展：新形势与新挑战

人口结构变化路径后，认为严控新生儿的政策利大于弊。类似观点的包括王金营（2006）等，他从量化分析角度推导，计划生育政策在30年间实现出生人口减少2.64亿~3.20亿人，总人口累计少增加2.31亿~2.99亿人。以此再进行推断，计划生育政策对人口出生率降低的最小贡献为57.88%，对人口自然增长率的降低贡献了61.21%。计划生育政策的实施，使总的劳动负担得到减轻，使20世纪末、21世纪初迎来中国人口年龄结构的"黄金时期"，为社会经济发展提供最佳的机会、人力资源和条件，为实现人口可持续发展创造了可供选择的良好人口环境和初始条件。

通过严控人口出生率来实现人口规模控制的乐观效果，持续的时间很短，老龄化的提前到来、人口性别结构的失衡以及高比例独生子女家庭衍生出的一系列问题，给人口后续发展造成了许多难题。中国人口与发展研究中心2010年在北京召开"中国人口与发展咨询会"，"促进人口均衡发展，建设人口均衡型社会"成为会议主题。翟振武（2010）提出建设"人口均衡型"社会，与"资源节约型"社会、"环境友好型"社会具有一致性，即"人口均衡型""资源节约型"和"环境友好型"。翟振武、张现苓和靳永爱（2014）同时认为，放开"二孩"会导致人口快速增长，但能在一定程度上改善我国总人口进入负增长趋势，延缓人口老龄化进程。

人口均衡发展是社会发展过程中的必然要求。但是，经历了长期计划生育宣传教育的我国当前社会急需更新人口发展理念，从而形成社会共识。在我国人口大范围流动的客观现实与人口均衡型社会关系的构建目标之间，我国城镇化演进路径、节奏与范围，与人口流动、就业、管理和发展之间的挑战日益严峻。近百年间我国相继经历"生存型""增长型"和"发展型"等多种人口发展形态，人口均衡理论实现了现代人口科学的重大突破，是构建人口发展的"引力中心"（人口长期均衡发展课题组，2010）。人口均衡是辩证统一体、多位立体和多元综合体，因此人口均衡理论和实践需要更动态视角与更丰富的内涵。

陆杰华和黄匡时（2010）指出，人口均衡型社会是一种以人口均衡为特征的人类社会发展形态，与资源节约型社会、环境友好型社会共同构成可持续发展社会建设的主体目标。它包含从出生到死亡、从性别结构到婚姻结构、从人口空间分布结构到空间生活质量等一系列问题。这些问题可以转化为空间发展的城乡均衡、人口结构的老龄化问题、性别比差异过大问题、人口年龄结构问题、城市规模与人口资源消耗等具体层面，其归根结底都是人口与自然均衡发展的适应性问题。

人口结构和人口素质问题已成为未来我国的主要人口矛盾。以习近平新时代中国特色社会主义思想为指导，用马克思主义理论的立场、观点、方法研究人口发展问题，充分认识我国人口发展取得的成就，统筹谋划我国新时代人口发展战略，促进人口长期均衡发展。明确现阶段我国人口发展战略研究着力的重点：深化生育友好型政策体系研究；深化人口素质提升配套政策体系研究；深化人口与经济发展互动研究；深化人口与社会发展协调研究；深化人口与科技进步相促进研究；深化人口与资源环境相协调研究（何维，2019）。李江涛（2011）认为人口发展的"四大转型"，即：单一化的规模调控目标向多元化的结构调整目标转型，结构调整的简单化向多元结构之间的复杂化和冲突化转型，经济社会发展的"人口数量依赖型"模式向"人口质量内生型"模式转型，资源环境经济社会承载力短期内从"相对宽松"向"迅速偏紧"转型。因此推进国家人口发展战略由"数量控制"向"数量控制、素质提高和结构调整并重"转型成为必由之路。费之光（2018）基于人口红利消退、老龄化压力、超低生育率、性别比严重失衡的复杂人口形势，认为体制障碍导致人口发展机会与竞争环境不均，人口素质难以全面提高。实现人口长期均衡发展，必须打破旧体制造成的人力资本发展不公平，为经济可持续发展提供强有力的支撑。

科学的人口均衡发展需要构成要素间相互匹配、互为依存、协同发展，是人口供给和人口需求在数量与结构等维度的相对平衡与动态协调。低水平人口均衡着重于人口数量，高水平人口均衡聚焦于动态结构。人口均衡发展的人文含义包含生命尊严、人权保障、人类发展、家庭幸福、人口优化和社会和谐的价值追求；政策含义是确保人口的优化发展，即警惕和防止人口的逆向发展或者是负向发展，引导和促进人口的积极发展或者是正向发展。人口均衡、资源节约、环境友好是经济社会可持续发展的必要前提，缺一不可。人口均衡发展的路径选择必须内嵌多个模块：适度低生育是实现人口长期均衡发展的基本保证；建设"健康家庭"是实现人口长期均衡发展的微观基础，成立人口发展、家庭发展和教育发展相关的直接委员会，使其成为人口长期均衡发展的体制保障；"适度生育、调衡人口、投资人口"是实现人口长期均衡发展的理性选择和战略取向。

（二）中观人口均衡发展

宏观层面的人口均衡发展虽然纳入环境和资源等因素，但最终仍需

第八章 中部地区人口均衡发展：新形势与新挑战

回到"人"的因素。人口生育问题的客观依托是就业环境和就业质量，因此在中观层面思考人口均衡发展的问题，以家庭和就业为核心的相关因素，对人口生育率变化形成重要冲击。

就业和收入是一个生活人口发展的物质基础，也为社会的良好发展提供润滑和支撑。李路路等（2018）认为就业机会大部分来源于社会职业结构变化。比如1900年进入劳动力市场的求职表中，只有14%的人能够成为非体力劳动者。这种情况随着社会发展不断变化，体力劳动人员的比例从1990年的86%下降到2016年的51%。一个对偶问题是，就业机会与社会财富分配情况具有印证功能。李小云等（2018）在《中国减贫四十年：基于历史与社会学的尝试性解释》中提到，以2011年不变价为基础，按照人均1.9美元/天的购买力平价衡量①，中国农村的贫困发生率从1990年的66.6%下降到了2014年的1.4%，近年呈加速下降趋势。

城镇化是现阶段人口空间分布问题的重要背景，省域视角人口流动和分布数据通常会参考中国人口普查分县资料、中国城市统计年鉴等。在产业和城镇之间的均衡发展程度对于实现可持续发展的新型城镇化尤为重要。长三角城市群已成为国内发展最好的地区之一，周健（2017）以长三角城市群为例，测度人口在产业和城镇之间的均衡发展程度及其对经济增长的影响。钱程（2014）基于"六普"数据，也研究了我国省际流动人口及地区经济发展均衡性。规模特征、流动省份的流动率分类、流入流出地的人口流动方向性影响和省际人口流动中心的布局形成四个维度，同时引入基尼模型与基尼商指数，从而获得反映人口与地区经济发展均衡性水平的基尼商指数。袁方成和陈泽华（2018）以人口要素为核心、土地要素为载体、财政要素为保障，形成三大要素耦合协调机制；利用2006~2016年全国及省际面板数据，测度全国及三大区域城镇化要素耦合协调程度。结果显示：东、中、西部"人、地、财"耦合协调程度出现积极改进，区域间差异明显。全国及地区内部城镇化协调水平差距缩小。人口要素取代土地要素成为新型城镇化主导因素。建议以财政要素为转型突破口，抑制土地要素快速膨胀，推进"人、地、财"联动改革和政策协同为新型城镇化发展思路。

对比省内层面与省域层面研究，二者具有相似性和差异性。李国平

---

① 这个标准来自世界银行的评价体系。在近几十年中，世界银行也根据经济发展和社会进步等因素进行适度调整。

(2013)明确人口均衡发展包括人口内部均衡和外部均衡发展。人口发展均衡是一定时期内人口自身的规模、结构、素质达到协调状态，以及人口与经济、社会、资源、环境等外部系统达到一个协调可持续发展的和谐状态。人口空间分布应与资源及经济发展水平相适应，人口内部均衡和外部均衡在空间上体现为人口的空间均衡发展。北京作为城市样本，具有很强的特质。由于政治、经济、教育等各种资源的高度密集与功能重叠，北京长期面临人口规模快速增长、户籍人口老龄化突出、环境负载压力过重、公共服务供需矛盾尖锐等问题。梁岩（2015）通过人口均衡发展指标体系量化北京市人口内外部系统的均衡发展现状，提出解决之道在于功能区重新定位。具体包括：人口规模调控在首都功能核心区；改善人口与社会的协调关系重点在城市功能拓展区，比如医疗、教育设施的空间布局等；人口内部和外部的均衡发展需要生态涵养发展区，应通过新兴产业的发展吸引中心区人才转移。郭显超（2016）提出协调人口、经济、社会、资源和环境五个系统来调整城市人口的空间配置效率。以此为基础建立评价体系并以北京、上海和广州三地人口数据为例，发现2000~2014年北上广三地人口城镇化的均衡发展状况均得到改善，但系统间关系脆弱。

北京、上海和广州是我国的一线城市，人口聚集程度高、资源紧张以及户籍人口老龄化的情况，必然高于其他城市。因此，考察其他非一线城市的人口与空间配置情况成为必然。龚文海（2014）基于中原经济区内28个地市统计数据，构建人口长期均衡发展评价体系后发现：中原经济区人口均衡发展水平略低于全国平均水平；区域内各地市之间的发展水平不均衡，各指标发展程度也不均衡。其中，人口质量和人口分布是制约均衡发展的主要因素，人口与社会、人口与资源的均衡状况，对人口与外部系统均衡制约最大。类似逻辑也存在于其他城市人口研究，周炎炎（2016）在测度成都人口均衡发展过程中发现，单极驱动的省会城市，极化现象日益普遍且显著。城市人口压力趋增后直接影响城市人口均衡发展。以成都为例，人口低生育率持续下行，人口老龄化程度加剧难以避免。因此，实现从"单极"到"多点多极"和城乡统筹发展，成为破题的重要环节。

（三）微观人口均衡发展

人口均衡发展的空间视角，尤其是配置与流动等问题，只是人口均衡发展研究的一个部分。在空间配置之外，人口均衡发展研究的诸多其他领域，比如性别均衡发展、年龄均衡发展、城乡均衡发展等，也引起学者关注。李文琴（2017）结合绿色发展目标调动人口潜力角度，思考天人合一、生态平衡等中国哲学与绿色生活方式，用以倡导中国人口的绿色发展，提出资源节约型、环境友好型社会建设的人口发展路径。

国防实力的强弱，显然与一国人口规模、人口结构和人口质量有重要关系。丁学洲（2014）围绕"促进人口长期均衡发展"和国防发展进行思考，认为国防人口的长期均衡是国防人口的"长期安全"，包括数量均衡、质量均衡和结构均衡。基于"量"的维度，认为当前我国国防人口的"非均衡"状态是客观现实；对于"质"，身体素质偏低影响部队战斗力。据此他提出完善人口调节、加强人力资源开发、完善社会保障等，强调各项政策须密切协调和合理搭配。

"全面二孩"政策执行多年，政策的生育激励目前已基本恢复，但生育激励效果不符合预期。统计数据显示2018年全国人口出生率已全面回落。人口均衡发展的宏观背景下，微观的个人与家庭是生育行为的基本决策单元。因此，当家庭和个体激励受到抑制，人口均衡发展的宏观目标必然无法达成。温勇（2018）意识到机构改革背景下生育政策调整对计划生育工作队伍的冲击、分流和转型等问题。显然，延续几十年的计划生育政策转向，牵一发而动全身。微观人口系统及其行为所形成的聚合效应和外部效应，延续"结构—过程—结果"路径影响宏观的人口发展（吴越，2017）。我国生育政策调整的长效机制，立足于微观个体激励，重视家庭保障，完善社会待遇，才可能持续有效并最终达成人口均衡发展。

城镇化与工业化密不可分，不同国家的发展轨迹说明二者联系的阶段和程度存在差异。"人口城镇化"与"土地城镇化"是城镇化的重要路径，也是推动城镇化可持续发展的关键。魏玮（2014）认为城镇化进程需要宏观调控和科学统筹，做到内部整齐划一、协同并进、均衡发展。欧美发达国家工业化启动比我国早，城镇化程度也更高，因此适度借鉴欧美、日、韩等地的城镇化经验具有必要性。时空差异要求我国城镇化推进过程中坚持中国道路，发展的空间梯度也需要兼顾发达省份和后发省份的需求差异，在人口城镇化政策与土地城镇化政策等领域更需注意区域性、异质性和连续性。

三、中部地区人口均衡发展思路

中部地区人口发展从静态维度看，均衡性要强于全国水平；动态维度视角下则处于失衡发展状态。形成这一现象的直接原因，是中部地区人口的流动刚性，其中主要以就业为目的的人口流出为主。人口均衡发展包括人口规模性别结构、年龄结构及城乡分布结构等。中部六省人口发展的问题与预期存在差异。以人口出生率为例，山西和湖北现阶段在中部地区人口出生率较低，但城镇化程度最高，老龄化程度也较高，养老负担相对而言更重。养老压力不仅在未来一段时间持续加大，而且很难走出困境。因此，山西和湖北在年龄结构维度已陷入均衡发展困境。江西现阶段不存在类似问题。统计显示，江西人口出生率即使在计划生育政策执行最严厉的时期，也保持在12‰左右。现阶段江西0~14岁、15~59岁以及60岁以上人口年龄结构相对合理。但是，江西人口均衡发展面临性别比例的挑战，2018年统计数据结合抽样数据显示，目前总体的男女性别比例为108∶100，在婚姻核心年龄段20~40岁可能要超过110∶100。随着10~20岁年龄段的逐渐成年，未来江西性别比失衡程度可能更高。河南的年龄结构和性别结构相对均衡，面临的失衡问题主要来自城乡分布结构。

显然，目前我国人口发展状态的考察和人口发展思路的探析，如果选择不同的视角，如宏观的国家视角、中观的省际视角以及微观的省市视角，获得的人口发展判断显然具有较大差异，与此对应的人口发展战略自然有所不同。从当前来看，中部六省在行政规划和发展目标上是基于省际为单位，因此，人口均衡发展研究选择以省份作为依托，具有现实可行性和操作性。

（一）基本目标

通常情况下，人口均衡发展包括人口总量适度、人口素质全面提升、人口结构优化、人口分布合理及人口系统内部各要素之间的协调平衡发展；人口发展需要与经济社会发展水平相协调、与资源环境承载能力相适应。"人口均衡发展"并无统一标准。不同社会发展阶段的人口均衡发展目标，需要从实际情况出发制定，存在显著差异性。即使在同一个经济区域内部，国家与区域层面的人口均衡发展目标也具有一致性和矛盾性。

历史上绝大部分时期的人口发展以自然繁衍为主。从人口发展到人口均衡发展，是基于生产力提升、社会文明进步和人口发展认识深化的多方因素协同。与人口自然发展不同，人口均衡发展是有意识的人口发展规划。相比战争、饥荒等社会发展不稳定时期对于人口的规模和数量的强需求，稳定社会对于人口均衡发展的要求偏重人口增量稳定与人口增速可控。

发达国家经济发展与人口发展相关性变化可为我国人口均衡发展提供经验。通常地，在经济逐渐转入快速发展的过程中，劳动力价值攀升至某一特定时期，通常是工业化进程的中后期，人口的自然增长率会下降。长时期的计划生育政策，使我国在经济发展并未达到较高水平的前提下，也实现了包括人口出生率下降的"人口转变"。

中部地区的人口均衡发展目标具有层次性，包括基础性目标、发展性目标和高层次目标。中部地区是我国的人口"蓄水池"，基础性目标是维持适度的人口规模。过高和过低的人口规模都不利于人口的长期发展，而"适度"需基于省情差异规划落地目标。无论人口规模较小的山西，或是人口规模较大的河南，基于人口发展的客观基础和人口发展特点，制定符合自身特点的人口发展规模目标是人口均衡发展的基础性内容。

人口流动的普遍化、城镇化和集中化趋势明显。我国的"胡焕庸线"以东地区以43.71%的国土面积养育了94.39%的人口，经济发展的不平衡加剧了这种人口聚集的地理偏差。总体上，中部地区人口持续外流趋势难以改变，但其流动节奏能够被经济发展冲击并减缓。机械的人口规模静态管理，应对"抽血"式人口输出无能为力，将动摇中部地区崛起的人口基础。人口均衡发展必须结合人口流动，形成动态的人口管理和服务理念，才有可能将中部崛起与人口平衡发展融合。

与人口规模相对应的问题是人口的年龄结构问题。如果说年龄结构是相对抽象的挑战，老龄化则是迫切需要面对的问题。老龄化是相对概念，对应的是青少年数量和比例的收缩。老龄化加速，尤其是独生子女家庭的增加，以及人口出生率的持续下降，是老龄化加速的核心原因。按目前趋势看，我国老年人群将加速扩张。不能忽视的是，由于老年人照顾孙辈、帮做家务、自身照料等原因，"老漂"现象日益普及。老龄化、流动人口、生育率等问题交织，增加了中部地区人口均衡发展的难度。

中部地区人口均衡发展的目标包含人口性别结构、人口城乡结构等细化指标：其中规模目标、结构目标、分布目标是人口发展静态指标；基于这些指标之上是覆盖医疗、健康、保险、收入等维度的人口发展质量指标。这些指标具体化在中部地区这一空间背景下，迫切性不如基础性指标。中部地区设定现阶段的人口均衡发展目标时，基础性目标是短期的重点内容。

性别结构、年龄结构和空间结构等人口目标，需要考虑人口流动的冲击与缓释对区域内的经济和文化冲击。例如，老年人流动通常不是求学和务工，亲情为纽带的因素占绝大部分，其指向性显然与青壮年流动不同。因此，流动老人的社会融合，包括经济融合、社会融合、文化融合、心理融合等，也是流动人口均衡发展的重要维度。流动老人融入社会存在一系列问题，包含父母权威失落、家庭关系异位、家务劳动繁重、社会交往障碍、精神生活匮乏等多方面因素。因此，平衡家庭人口结构特征变化等新情况，也包含于中部地区人口均衡发展过程中。

（二）数量规模

中部地区人口规模在 3.6 亿人左右，占全国人口总数接近 30%，是我国劳动力供给的"安全堤"。现阶段中部地区人口均衡发展的规模平衡包含三方面问题：其一，中部地区人口出生率趋于下降；其二，发达地区人口"虹吸"机制增强；其三，老龄化冲击实际影响超出数量影响。

"全面二孩"未曾改变人口出生率下降的总体趋势。中部地区人口出生率长期难以维持适度的期望规模。维持社会人口正常更替的总和生育率需在 2.1 以上，卫健委公布的当前我国总和生育率处于 1.5~1.8 之间，部分研究机构认为实际总和生育率低于 1.3。现有的统计数据显示结婚率下降，叠加生育率下降等因素，人口规模面临较大风险。客观上中部地区的人口出生率高于全国水平，但动态视角下，中部的人口发展不可能独立于国家总体趋势。

中部地区人口增速一直低于全国增速。计划生育政策非平衡的执行，导致人口高速增长主要集中在少数民族比例高的地区，尤其当民族和宗教等因素结合在一起，使单纯的人口发展问题具有更多维的影响。中部六省中汉族占绝大部分，在"全面二孩"之前和之后，中部六省的人口出生率相比 20 世纪 80 年代已经大幅度下滑。

人口数量规模均衡需要尊重人口发展规律。如果存量资源和增量资源发展并不同步，发展必然存在分歧。中部地区人口如不能保持适度人口结构和规模，必然将失去人口规模优势，在人口年龄结构上的老龄化，也必然日益严重。中部地区人口均衡发展的基础驱动力，是保持一定人口发展规模。没有规模，单纯强调人口质量将面临诸多人口发展风险。

发达地区对中部人口的"虹吸"加强。从传统的"空间城镇化"发展到"人口城镇化"，新型城镇化已从人口单向输出至经济发达地区，转型为就地、就近城镇化的互动式发展。就地、就近是一种城镇化途径而非结果，存在发展级差的发达地区与中部地区，必然存在资源的"虹吸"机制，人口就是其中重要的经济资源。中部地区人口规模若不能保持持续增长，人口流出效应必然加剧中部地区的人口发展危机。从人口规模的发展维度分析，中部地区若不能高于正常人口更替发展速度和超出全国平均人口出生率，中部地区流动人口与常住人口的缺口将持续扩大。发达地区对中部地区的人口"虹吸"机制具有持续性，与内地城市提升人口密度和城市规模存在矛盾，这是中部地区需要保持更高人口增长速度、扩大人口发展规模的一个重要原因。

老龄化对人口发展的冲击超出预期。我国老龄化发展的速度较快，尤其对人口规模的冲击、缓解和扭转，已难以限制在人口规模调整层面。我国当前人口发展正走向深度老龄化，未来10年全国和各省老龄化趋势都无法逆转。在老龄化趋势既定、老龄化人口剧增以及老龄化比例走高的背景下，中部地区需要通过增加0～59岁区间人口规模，才可能冲破和扭转老龄化程度上升趋势。当前人口生育意愿在传统生育文化被破坏的基础上，叠加社会竞争和经济压力等因素，人口出生率反弹几无可能。面对中部地区的老龄化趋势，保持、提升目前的人口出生率，实现中部地区人口规模的稳定增长，是中部人口均衡发展的基础性目标。

人口均衡发展的较高层次目标聚焦于人口结构优化、人口分布优化、人口素质提升等方面。对于中部地区而言，如何在持续几十年的计划生育政策背景下，扭转基于经济、社会和文化等压力渐成的独生子女"标配"生育理念，推进人口发展的"规模"稳定与扩张，是中部地区人口均衡发展的前提和基础。

（三）性别结构

通常一个国家的人口性别结构，包括出生人口性别比、死亡人口性别比、国际迁移人口性别比等。日常生活中所提及的人口性别结构，主要是静态男女性别结构，其中育龄期或生育期男女性别比，对于人口发展具有重要意义。我国不是传统意义上的移民国家，外来人口数量占比基本可以忽略不计。因此，动态人口性别比由出生人口性别比和死亡人口性别比共同决定。生育期男女性别比具有更加核心的作用，因为它决定了人口发展的速度和结构。男性和女性生理特点与生育特点差异，决定了处于生育期的女性比例、规模，对于人口性别结构而言具有实质性价值。

中部地区男女性别比例偏离度较高的省份主要是湖北、江西和山西；河南由于人口基数较大，性别比失衡情况不显著。需要说明的是，由于统计口径和统计数据的发布周期，各年龄段性别比数据获得难度较大。基于各省份人口的抽样数据，结合现有文献的相关研究结论，我国生育期男女性别比例失衡已远超107：100正常区间。从生育率和人口规模的视角考察中部六省的性别比，人口规模较小的山西对比人口最多的河南，河南的性别比例失衡情况要小于山西。通过人口规模的扩展，中部地区相关省份可以利用时间缓解性别比失衡的影响，最终实现人口的均衡发展。

动态视角下缓解中部地区的人口性别结构问题，不仅要关注出生人口性别比例，更需重视生育期人口性别比例。中部地区是重要的劳动力输出区域，人口流动的规模和频率已经对现有生育率形成较大冲击。冲击有两个具有代表性的变化，其一是婚姻匹配的选择动机。我国文化传统的婚姻价值取向偏向男方物质基础、社会地位、经济资源或者文化层次等，通常要高于女方。基于这种假设，女性更倾向于选择具有资源优势的男方。宏观来看，中部地区在经济发展等层面与发达地区尚有距离。男女性别结构的动态调整和互动选择中，男方择偶优势一定程度上低于女方。这种判断具有客观事实依据，例如，改革开放以来北京、上海、广州和深圳等地的涉外婚姻案例中，男女国籍分布比例绝大多数是国内女性与国外男性。这一现象可以借用于中部地区的男女婚姻考察，中部地区的性别结构与实际上的婚姻挤压等问题相联系，结论是中部地区的婚姻挤压程度要超出统计数字所反映的男女性别比例。其二是婚姻匹配的驱动机制。当前我国的人口出生率下降已得到广泛关注，与此同时，结婚率下降的关注度也居高不下。我国新生儿机会全部来源于婚生家庭，非婚生婴儿比例可以忽略不计。结婚率的下降是人口出生率下降的重要基础。此外，随着生活成本等各种因素的影响，结婚率下降客观上反映了一种传统"家文化"的冲击与变迁。这些都是导致人口出生率下降的重要因素。

人口性别结构维度的中部地区人口均衡发展，需要基于中部地区人口失衡发展的原因和现实为基础。中部地区1950~1980年出生人口的性别比例处于正常区间，人口性别结构失衡集中于"80后"人群。现阶段缓解15~49岁年龄段男女性别比例失衡的途径极其有限，以汉族为主体民族的省份大都如此。从大环境来看，单从性别比维度难以达到人口均衡发展的目标；时间是窗口和通道，基于合理政策引导增加新生人口的规模，或者引入移民等，是扭转人口性别比例失衡的根本途径。

(四) 城乡结构

城乡结构均衡对应当前我国新型城镇化，也与工业化演进路径与发展阶段匹配，相比规模均衡与性别结构均衡而言，更易达成发展愿景。我国国家层面城镇化率逼近60%，但户籍城镇化、人口城镇化、就业城镇化等仍有较大差异。从通常的人口城镇化角度比较，山西和湖北目前的城镇化率较高，江西、湖南、安徽和河南城镇化程度正处于快速提升过程。中部地区的城乡结构均衡发展，需要从省内维度和中部地区维度分别定位。

整体测度中部六省城乡结构，乡村比例仍过高。中部六省以农业为主，整体工业化水平不高。湖北和山西工业基础扎实，是最早启动和推进城镇化的省份。即便如此，湖北和山西人口城镇化率也不高，也未能形成城镇化经济基础。江西、河南等农业占较大比重的省份，现阶段正处于城镇化转型关键期。从发展角度看，区域经济的推进力量和推进效率，优先于人口均衡发展视野下的城乡分布调整。"空间城镇化"向新型城镇化的"人口城镇化"转型，关键点和着力点是以"就业"为抓手，把农业人口转移到城市，从流动人口转化为户籍人口，实现"城镇化"。依赖于经济发展的人口流动，城乡封闭的"均衡"偏重静态统计，具有过于机械的缺陷。借鉴欧美发达国家城镇化和工业化进程案例，中部地区城镇化程度偏低、城镇化方式单一、城镇化基础较弱现象较为普遍。人口均衡发展视野下的中部地区城乡分布结构演进方向，是继续以经济发展、就业提升为方式，加快新型城镇化的推进力度和演进效率，实现更高质量的就地、就近城镇化。

省际维度各省都有战略发展规划，包含经济发展、人口发展、产业定位等多方面。人口均衡发展层面上的城乡分布，通常是基于经济发展和战略目标的综合。以湖北为例，作为中部地区工业基础较好的省份，人口均衡发展目标下的人口城乡分布目标是以武汉为中心，周边城市为连接点，构建"大武汉"聚集区，吸收并扩大城市人口聚集规模，将就地、就近人口城镇化作为湖北新型城镇化推进的一个重要载体，实现人口城镇化率60%~70%。湖北的人口分布规划不适合中部其他省份，如江西、河南和安徽等。以河南为例，河南目前人口规模居全国第三，人口输出规模排名也在前三，是典型的劳动力输出为主省份。河南城镇化程度低于全国平均水平，一方面农业人口比重过大，人口流动规模也大，人口流动过程中的城镇沉淀率有待提高。另一方面，省内城市的产业发展和经济发展提供的有效岗位、市场信息匹配以及相应的城镇化基础设施等，未能提供足够的沉淀机会。

基于人口均衡发展语境下的城乡结构均衡发展，更加偏重于企业数量、产业形态、产业结构、经济基础等方面，需要以就业驱动人口流动，最终实现农业人口有序、有效的就地就近城镇化，真正实现人口均衡发展的城乡流动。城乡资源流动是市场经济发展的客观需求，也是人口城镇化的重要路径。在城镇形成人口的聚集，从而实现资源的集约化、市政公共服务的平均成本降低，城市居民的幸福指数提高，是人口均衡发展框架中城乡均衡分布的重要目标。

四、发展对策与建议

我国人口生育政策具有民族差异性。中部地区有部分区域是少数民族聚居区，如湖南和湖北等一些民族自治县、乡等。和新疆、内蒙古、西藏、青海和宁夏这些地区相比，中部六省是汉族为绝对主体的省份。这是中部地区人口发展速度受生育政策冲击较大的重要原因。经济发展和社会发展过程中，中部地区的传统生育文化受到冲击后也不断演变。上述因素对中部地区人口均衡发展的未来具有极其重要的影响。

（一）科学定义均衡内涵

中部地区人口均衡发展的首要步骤，是思想认识上统一"人口均衡发展"目标，坚定人口均衡发展对于经济和社会发展的价值，探索人口均衡发展的本地化路径与对策。思想意识的统一是内在核心和逻辑支撑。如果没有思想的认可和统一，人口均衡发展的实践层面推行必然阻力重重。计划生育政策在我国之所以影响深远，潜移默化的影响不容忽视。以"70后""80后""90后"，以及"00后"为例，出生成长于"只生一个好""人口过多""人口大国"的氛围之中，绝大部分人仍未能从中抽离。在严格的计划生育时期，政策从紧与执行失范等行为，多生孩子被强化和异化，逐渐形成一种非主流感。从逆向审视，当前阶段从精神意识层面统一人口均衡发展的思想，合理定位中部地区人口发展的重要性，是人口均衡发展的首要措施。

在"单独二孩"到"全面二孩"政策的演进过程中，人口出生率虽有短暂回升，但并未出现前期预测的人口高增长，而且持续时间极短，2018年中部六省的人口出生率全部回落。"单独二孩"和"全面二孩"政策冲击效果有限。科学的人口发展观不提倡机械的人口规模控制，应该逐步演进为均衡视角下人口规模合理和人口结构优化等内容。适度增加人口规模是缓解人口结构问题的必由之路。

目前迫切需要扭转"只生一个好"的观念，把生育从家庭行为扩展为社会奉献，从过去对生育的惩罚性限制调整为鼓励性扶持，坚决摒弃机械、粗暴和生硬的生育管控。在过去几十年的生育严格限制时期，曾经过度渲染人口众多导致人均资源紧张，从科学发展观的角度来看，这显然是一种片面、局限、狭隘的落后观点，已对生育回归形成一定的负面效应。因此，迫切需要对以往的宣传内容进行调整。强化人口资源、人力资源、人口代际传承的内涵、本质与科学规律。要把人口发展观点、思想和认识统一到党的十九大所提倡的"人口均衡发展"理念，用思想认识的统一实现人口发展均衡的实践，缓解中部地区人口结构失衡的压力，实现中部地区人口的均衡发展。

（二）适度放松生育制度

中部地区的人口均衡发展依赖政府、家庭和社会各方的共同努力。思想认识的统一是意识层面的共识，落实到微观层面，既需要家庭的执行，也需要政府和政策的保驾护航。现阶段，政策制度等方面的适度宽松，是缓解生育困境和生育焦虑的一个重要方面。通过对27个已发布2018年人口数据的省份统计梳理发现，2017年有广东、山东、河南3个省份的出生人口超过了100万大关，广东出生人口首次跃居榜首，山东出生人口量下滑明显。从出生率来看，西部边疆省份、华南、山东出生率较高，辽宁的自然增长率为负数。中部地区河南人口生育率仍具有一定的优势。作为传统的人口输出区域，人口流动的规模较大，因此大量的劳动力多数时间仍在异地。从人口的三个重要年龄段来看，巩固稳定人口发展规模,适度宽松的相关政策,需要更加细化的对策。例如,针对0~14岁的青少年,在孕妇福利、婴幼儿的看护和经济支持、学前教育等方面,政策既需要在婴儿出生前的积极引导、鼓励和支持,也需要在婴儿出生后相关的各项配套设施等方面做好服务。

生育制度适度宽松的关键,是政府对于生育的制度安排、服务内容和福利协调。过去的生育服务强调"管"与"控",倾向于制造壁垒、增加难度、拉长流程,其作风来源于过去一票否决的刚性生育政策。这些思路和做法相悖于当前人口均衡发展的需要,也违背党的十九大会议精神。我们强调对于生育的"适度宽松",是基于上层建筑和民间氛围之间的行政宽松,包括各项政府审批、报备、服务等多种内容,目的都是从过去那种生育严控的一票否决氛围中转向家庭生育意愿自主。目前很多城市,如深圳、上海等,给予流动人口、非户籍人口诸多生育服务,在婚前服务、育前服务、产后服务等很多方面也简化了流程,扩大生育指导与生育服务的范围,不断提升生育服务质量。中部地区可以根据自身财政基础,合理借鉴上海、广州和深圳等发达城市做法,在生育的政策和制度"宽松"等方面逐渐提升。

(三) 重塑现代生育文化

我国人口出生率的持续走低,生育政策只是一个方面,其中经济发展、社会进步、文化演化等因素不能忽视。生育意愿的改变,或许有很大因素是政策强行限制的客观约束,主观意愿的改变也是生育率变化的重要力量。多重因素的叠加、交叉与放大,最终会削弱社会的整体生育意愿。一方面,生产方式的改变,社会与经济发展形成更高的生活成本,现代化生活压力使生育成本高企,生育率下降成为必然,这已在国外诸多先发国家和地区得到印证;另一方面,诸多国情因素的互相叠加与放大,如金字塔型家庭结构、人口流动的频率与广度、城镇化梯级演进等,传统"多子多福"生育文化日渐消亡。

合理定位中部省份的经济、文化与人口地位,统一人口均衡发展理念的同时,也需要在社会层面重塑现代生育文化,树立现代的科学人口发展观念,打破过去为强化计划生育政策的过度宣传,纠正和消除某些不符合客观规律的内容,如"只生一个好"等。目前阶段迫切需要更新人口观念,认识到人口发展问题对于国家未来发展的重要性。建议从宣传渠道增加提倡和鼓励"全面二孩";在医疗服务方面增加对"全面二孩"的孕、育、护的关怀和指导，相关部门也应该酌情给予物质支持。

中部地区的江西、河南等省份，人口出生率仍具有一定惯性和优势。当前应从文化宣传、舆论引导和经济支持等方面入手，在"二孩"生育意愿和能力具有实现基础的前提下，重塑人口均衡发展的生育文化，加大对育龄人口的支持，使中部地区人口发展从失衡中逐渐恢复平衡。人口发展具有长周期性质，人口生育政策变更对社会发展具有较长的滞后性，偏离正常轨道的修复成本和修复周期是难以承受的代价。这些因素客观上要求相关部门慎重的同时，也需要迅速和果断。

(四) 发展经济推进就业

就业是人口流动的"催化剂"，也是人口发展的加速器，是家庭在社会发展过程中的定位仪。人口均衡发展具有丰富内涵和广泛内容，是新时代新形势下人口发展理念的演化和更新。人口发展的均衡需要动态视角的人口生育均衡，也包含人口性别结构、人口空间分布等方面的均衡。从人口流动方面看，当前是城镇化建设转型的重要时期，原有的大方位、大规模东向聚集趋势，从中西部省份流向京津冀、长三角和珠三角等地区，逐渐转型为就地、就近城镇化聚集。"新"的达成依赖地方政府规划和政策，但更关键的是所在地区的就业机会、就业收入和就业配套政策，这才是人口聚集的内在驱动力。

空间视角的人口均衡发展，依赖人口资源空间配置的适度均衡。我国长期以来推行非均衡发展战略，"让一部分人先富裕起来"的同时，让一部分地区先富裕起来。城镇化转型需要空间的"先富带动后富"，需要落实和推进就地、就近城镇化的产业与就业发展。单纯的人口聚集不是城镇化，人口有机聚集的资源有效循环，形成具有吸引力、吸附力的经济体才是可持续的城镇化，其中就业是重要支撑。只有解决区域经济的发展问题，才能提供具有竞争力和发展潜力的就业机会；当拥有足够的就业渠道和就业机会，拥有良好的职业发展空间和平台，区域发展才能吸附更多人口，就地、就近城镇化进程才能落地生根。因此，人口均衡发展应该注重区域经济发展，激活、推进和鼓励生产要素的流动与效率，创造更多就业机会，实现人口的高质量聚集。

(五) 加大公共资源投入

现代生活中社会公共服务是文明程度的重要指标，也是人口均衡发展的重要构成。人口聚集驱动来自多方面,在经济和社会的不同发展阶段,这些驱动因素有较大区别。我国近年来城镇化推进速度很快,短时间从农村地区涌入城市的大量人口,直接导致城市社会公共服务的供养短缺,如教育、医疗和养老服务等。公共服务短缺短期对生育决策影响不明显,但长期来看会形成社会资源配置效率的降低与扭曲。社会公共服务的供应短缺、质量下降等现象,必然进一步刺激社会公共服务市场分化,形成基于收入差异带来的服务差异。适度的差异化服务是市场竞争的必然结果,也是专业化发展的激励因素。但国民生活必需的各种基本公共服务,过度依赖市场化资源配置,会伤害社会公平原则和平等原则。供给短缺的背景下,无论如何进行改进配置方式,始终不可能解决供给与需求的矛盾。因此,从人口流动与聚集角度出发,对于人口规模较大,尤其是流动人口规模较大的城市,增加政府的公共基础设施和基本公共服务投入,扩大医院、教育等公共服务数量,逐渐提升公共服务质量,是人口均衡发展的必要内容。

人口均衡发展是系统工程,需从多方思考和行动。从控制人口转向放松控制,逐渐偏向鼓励的人口政策改革,是对人口发展认识的深化。从人口空间分布视角,完善土地政策体系、完善城镇公共财政政策、落实就业政策与社会保障政策等,是促进人口城镇化与土地城镇化均衡发展的具体对策措施。解决人口出生率、人口流动与集聚等问题后,推进城镇化需要重视基本公共服务的供给、质量和分配。人口均衡发展具有持续性和演进性,最终人口的均衡发展离不开包括公共医疗、保险、教育等在内的社会公共服务,这一切又都建立在经济与社会发展的大环境。

五、结论

放松生育限制只能对强生育意愿群体有效,对弱生育意愿群体无效,这是人口低"生育率陷阱"的基本现实。正处于中等收入跨越阶段的我国,女性生育意愿已大幅下降。从年龄维度划分,"70后"女性的生育意愿强于"80后","80后"又强于"90后"。人口转变之后的低生育率成为常态,提高生育率成为后工业化国家的普遍难题。

我国过去推行非均衡发展模式,取得成绩的同时,也给生态环境和城市治理带来负面影响。根据国外发达国家的人口和城市发展经验,人口、经济、社会和城镇化最终需要回到均衡模式,才具有可持续发展的

第八章　中部地区人口均衡发展：新形势与新挑战

能力。均衡发展是综合体系，包括人口、社会、城市等内部均衡、多维因素间的均衡及城市与经济社会、资源、环境之间的动态均衡。中国人口均衡发展进程中的失衡问题包括人口数量、质量、结构等方面，特别是老龄化的难以逆转，成为迫在眉睫的困难。此外，农村剩余劳动力转移的压力，资源、环境与城镇化发展的相互制约，城市贫困人口问题对城市发展形成的阻碍，以及中国城市规模与产业结构制衡等，都是难以回避的影响因素。综上所述，我国的人口均衡发展必须依赖相应公共政策，要求打破行政区域界限，实现城市联动。统筹城乡发展，推进城市乡村的基本公共服务均等化，在硬件和软件等方面平衡推进。

人口均衡发展需要平衡微观人口决策单位与宏观人口目标，为家庭生育决策提供系统性支持。以我国生育制度为例，"单独二孩""全面二孩"是生育政策从激进政策回归平衡发展的起点。更宏观的推进，还需要为家庭提供优质公共资源与母婴服务，优化家庭生育选择的决策基础。一系列制度安排通常也涉及带薪产假、婴幼儿照顾、妇幼保健、早教等方面的家庭政策支持。家庭是社会生产的最基本单元和微观细胞，不能解决好家庭单位的激励机制，就无法达成人口均衡发展的微观基础。改善家庭微观结构，提高家庭发展能力，增强家庭抚幼功能，增进家庭福利水平，只有落实家庭的微观激励，才能达成人口均衡发展的宏观目标。

"全面二孩"政策需要卫生健康系统外的多部门联动配套政策。现阶段很多家庭对于生育"二孩"的成本难以承受，主要集中在妇女就业、孩子照料、子女入托入学等直接和间接生育成本。解决好"全面二孩"配套政策问题，需要社保、教育、财政、民政等多部门参与。目前国际社会的生育促进政策，对于我国均衡人口发展有借鉴意义。如减免父母税收、带薪产假、带薪育儿假、父亲假、弹性工作时间等政策。减少母亲的工作和家务冲突，增加学前教育及义务教育服务供给，提供妇幼保健和生育家庭住房福利保障等，都是可以先行先试的有效措施。

附录

附录1：我国人口发展速度数据（1954～2018年）

单位：‰

年份	出生率	死亡率	自然增长率	年份	出生率	死亡率	自然增长率
1954	37.97	13.18	24.79	1978	18.25	6.25	12.00
1955	32.60	12.28	20.32	1979	17.82	6.21	11.61
1956	31.90	11.40	20.50	1980	18.21	6.34	11.87
1957	34.03	10.80	23.23	1981	20.91	6.36	14.55
1958	29.22	11.98	17.24	1982	22.28	6.60	15.68
1959	24.78	14.59	10.19	1983	20.19	6.90	13.29
1960	20.86	25.43	-4.57	1984	19.90	6.82	13.08
1961	14.33	18.13	-3.80	1985	21.04	6.78	14.26
1962	37.22	10.08	27.14	1986	22.43	6.86	15.57
1963	43.60	10.10	33.50	1987	23.33	6.72	16.61
1964	39.34	11.56	27.78	1988	22.37	6.64	15.73
1965	38.00	9.50	28.50	1989	21.58	6.54	15.04
1966	35.21	8.87	26.34	1990	21.06	6.67	14.39
1967	34.12	8.47	25.65	1991	19.68	6.70	12.98
1968	35.75	8.25	27.50	1992	18.24	6.64	11.60
1969	34.25	8.06	26.19	1993	18.09	6.64	11.45
1970	33.59	7.64	25.95	1994	17.70	6.49	11.21
1971	30.74	7.34	23.40	1995	17.12	6.57	10.55
1972	29.92	7.65	22.27	1996	16.98	6.56	10.42
1973	28.07	7.08	20.99	1997	16.57	6.51	10.06
1974	24.95	7.38	17.57	1998	15.64	6.50	9.14
1975	23.13	7.36	15.77	1999	14.64	6.46	8.18
1976	20.01	7.29	12.72	2000	14.03	6.45	7.58
1977	19.05	6.91	12.12	2001	13.38	6.43	6.95

续表

年份	出生率	死亡率	自然增长率	年份	出生率	死亡率	自然增长率
2002	12.86	6.41	6.45	2011	11.93	7.14	4.79
2003	12.41	6.40	6.01	2012	12.10	7.15	4.95
2004	12.29	6.42	5.87	2013	12.08	7.16	4.92
2005	12.40	6.51	5.89	2014	12.37	7.16	5.21
2006	12.09	6.81	5.28	2015	12.07	7.11	4.96
2007	12.10	6.93	5.17	2016	12.95	7.09	5.86
2008	12.14	7.06	5.08	2017	12.43	7.11	5.32
2009	11.95	7.08	4.87	2018	10.94	7.13	3.81
2010	11.90	7.11	4.79				

注：数据来自历年中国统计年鉴。

附录2：我国按年龄和性别分人口数（2017年）

年龄（岁）	人口数（人）	男（人）	女（人）	占总人口比重（%）	男（人）	女（人）	性别比（女=100）
总计	1 145 246	586 072	559 174	100.00	51.17	48.83	104.81
0~4	68 313	36 468	31 845	5.96	3.18	2.78	114.52
5~9	63 314	34 344	28 969	5.53	3.00	2.53	118.55
10~14	60 727	32 929	27 798	5.30	2.88	2.43	118.46
15~19	59 251	32 034	27 217	5.17	2.80	2.38	117.70
20~24	73 185	38 496	34 689	6.39	3.36	3.03	110.98
25~29	100 701	51 451	49 251	8.79	4.49	4.30	104.47
30~34	88 959	44 709	44 249	7.77	3.90	3.86	101.04
35~39	82 553	41 944	40 609	7.21	3.66	3.55	103.29
40~44	87 713	44 730	42 983	7.66	3.91	3.75	104.06
45~49	105 476	53 661	51 815	9.21	4.69	4.52	103.56
50~54	96 760	48 982	47 778	8.45	4.28	4.17	102.52
55~59	59 823	30 244	29 579	5.22	2.64	2.58	102.25

续表

年龄（岁）	人口数（人）	男（人）	女（人）	占总人口比重（%）	男（人）	女（人）	性别比（女=100）
60~64	68 044	34 027	34 017	5.94	2.97	2.97	100.03
65~69	51 552	25 281	26 271	4.50	2.21	2.29	96.23
70~74	32 590	15 790	16 799	2.85	1.38	1.47	93.99
75~79	22 553	10 774	11 779	1.97	0.94	1.03	91.46
80~84	14 708	6 660	8 048	1.28	0.58	0.70	82.76
85~89	6 606	2 758	3 849	0.58	0.24	0.34	71.66
90~94	1 964	660	1 304	0.17	0.06	0.11	50.61
95+	455	131	324	0.04	0.01	0.03	40.36

注：根据2017年全国人口变动情况抽样调查样本数据，抽样比为0.824‰。

附录3：中部地区城乡分布部分数据（2007～2017年）

指标	省份	2007年	2008年	2009年	2010年	2011年	2012年	2013年	2014年	2015年	2016年	2017年
城镇人口数（万人）	山西	1 494	1 539	1 576	1 717	1 785	1 851	1 908	1 962	2 016	2 070	2 123
	安徽	2 368	2 485	2 581	2 562	2 674	2 784	2 886	2 990	3 103	3 221	3 346
	江西	1 739	1 820	1 914	1 966	2 051	2 140	2 210	2 281	2 357	2 438	2 524
	河南	3 214	3 397	3 577	3 621	3 809	3 991	4 123	4 265	4 441	4 623	4 795
	湖北	2 525	2 581	2 631	2 847	2 984	3 092	3 161	3 238	3 327	3 419	3 500
	湖南	2 571	2 689	2 767	2 845	2 975	3 097	3 209	3 320	3 452	3 599	3 747
城镇人口占比（%）	山西	44	45	46	48	50	51	53	54	55	56	57
	安徽	39	41	42	43	45	47	48	49	51	52	53
	江西	40	41	43	44	46	48	49	50	52	53	55
	河南	34	36	38	39	41	42	44	45	47	49	50
	湖北	44	45	46	50	52	54	55	56	57	58	59
	湖南	40	42	43	43	45	47	48	49	51	53	55

续表

指标	省份	2007年	2008年	2009年	2010年	2011年	2012年	2013年	2014年	2015年	2016年	2017年
乡村人口数（万人）	山西	1 899	1 872	1 851	1 857	1 808	1 760	1 722	1 686	1 648	1 612	1 579
	安徽	3 750	3 650	3 550	3 395	3 294	3 204	3 144	3 093	3 041	2 975	2 909
	江西	2 630	2 580	2 518	2 496	2 437	2 364	2 312	2 261	2 209	2 154	2 098
	河南	6 146	6 032	5 910	5 784	5 579	5 415	5 290	5 171	5 039	4 909	4 764
	湖北	3 174	3 130	3 089	2 881	2 774	2 687	2 638	2 578	2 525	2 466	2 402
	湖南	3 784	3 691	3 639	3 725	3 621	3 542	3 482	3 417	3 331	3 223	3 113
乡村人口占比（%）	山西	56	55	54	52	50	49	47	46	45	44	43
	安徽	61	60	58	57	55	54	52	51	50	48	47
	江西	60	59	57	56	54	52	51	50	48	47	45
	河南	66	64	62	62	59	58	56	55	53	52	50
	湖北	56	55	54	50	48	47	45	44	43	42	41
	湖南	60	58	57	57	55	53	52	51	49	47	45
城镇就业人数（万人）	山西	488	508	518	565	589	651	696	703	713	—	—
	安徽	600	576	637	770	832	917	1 044	1 177	1 269	—	—
	江西	517	511	520	545	679	722	813	916	998	—	—
	河南	958	963	1 067	1 127	1 287	1 383	1 535	1 713	1 839	—	—
	湖北	732	790	901	962	1 143	1 233	1 320	1 516	1 565	—	—
	湖南	722	758	816	878	1 042	1 105	1 254	1 408	1 497	—	—

注：本表是基于历年全国1%人口抽样调查样本数据，抽样比为1.55%，数据来自EPS。

附录4：中部六省基本公共服务部分指标（2010～2017年）

指标	省份	2010年	2011年	2012年	2013年	2014年	2015年	2016年	2017年
失业保险年末参保人数（万人）	山西	305.71	309.35	390.96	400.73	407.70	411.29	415.15	420.56
	安徽	384.04	397.72	402.16	409.04	422.00	436.64	448.49	472.41
	江西	265.33	263.48	272.20	271.06	271.80	281.49	282.64	286.25
	河南	696.73	701.19	724.20	741.29	773.30	783.34	788.07	805.57
	湖北	469.66	498.18	508.59	511.27	519.00	528.39	541.88	561.31
	湖南	399.51	415.63	449.92	461.66	509.50	521.16	537.54	563.72

续表

指标	省份	2010年	2011年	2012年	2013年	2014年	2015年	2016年	2017年
生育保险年末参保人数（万人）	山西	211.61	253.74	407.60	445.55	454.20	456.52	458.49	464.22
	安徽	346.92	400.11	430.06	458.54	482.80	499.27	517.60	554.12
	江西	169.97	200.10	204.15	217.79	241.10	251.29	258.91	279.31
	河南	412.87	460.69	520.30	569.60	590.20	609.46	646.80	692.73
	湖北	381.81	420.89	452.88	465.30	480.60	500.21	511.85	522.13
	湖南	527.13	538.77	546.00	535.96	537.60	544.04	542.94	561.91
失业人员数（万人）	山西	20.40	21.10	21.00	21.10	24.50	25.57	26.07	26.53
	安徽	26.90	33.10	31.30	32.40	31.50	30.91	30.45	28.99
	江西	26.30	24.60	25.70	27.40	29.40	29.95	31.33	32.33
	河南	38.20	38.40	38.30	40.20	40.00	42.46	43.58	40.67
	湖北	55.70	55.10	42.30	40.20	37.90	33.43	32.91	37.07
	湖南	43.20	43.10	44.10	45.60	47.30	45.10	44.94	44.46
结婚登记（万对）	山西	36.10	33.96	36.28	38.40	35.07	34.68	30.01	28.77
	安徽	65.20	71.14	76.49	80.56	79.89	73.91	71.34	67.38
	江西	36.10	37.30	42.11	39.37	37.12	30.62	30.20	28.91
	河南	101.40	106.31	119.13	126.24	117.58	109.44	96.90	86.97
	湖北	57.10	62.69	61.59	64.58	62.19	57.30	51.38	47.21
	湖南	63.50	65.87	64.38	62.06	62.20	54.27	49.94	45.77
年末参加工伤保险人数（万人）	山西	292.38	337.57	529.56	549.95	563.11	573.09	576.00	582.57
	安徽	351.06	422.02	457.93	473.22	508.34	528.88	544.59	565.51
	江西	371.71	387.93	410.90	431.49	461.22	500.63	502.11	517.09
	河南	551.74	655.54	720.57	773.09	805.71	856.70	876.97	900.88
	湖北	443.98	480.98	522.63	556.93	576.71	640.09	651.08	656.62
	湖南	515.97	635.48	693.83	731.15	747.86	777.98	773.26	782.82

注：数据来自中国国家统计局、中国人力资源和社会保障部。

附录5：中部六省部分人口指标（2009～2018年）

指标	省份	2009年	2010年	2011年	2012年	2013年	2014年	2015年	2016年	2017年	2018年
总人口（万人）	山西	3 427	3 574	3 593	3 611	3 630	3 648	3 664	3 682	3 702	3 718
	安徽	6 131	5 957	5 968	5 988	6 030	6 083	6 144	6 196	6 255	6 324
	江西	4 432	4 462	4 488	4 504	4 522	4 542	4 566	4 592	4 622	4 648
	河南	9 487	9 405	9 388	9 406	9 413	9 436	9 480	9 532	9 559	9 605
	湖北	5 720	5 728	5 758	5 779	5 799	5 816	5 852	5 885	5 902	5 917
	湖南	6 406	6 570	6 596	6 639	6 691	6 737	6 783	6 822	6 860	6 899
城镇人口数（万人）	山西	1 576	1 717	1 785	1 851	1 908	1 962	2 016	2 070	2 123	2 172
	安徽	2 581	2 562	2 674	2 784	2 886	2 990	3 103	3 221	3 346	3 458
	江西	1 914	1 966	2 051	2 140	2 210	2 281	2 357	2 438	2 524	2 604
	河南	3 577	3 621	3 809	3 991	4 123	4 265	4 441	4 623	4 795	4 967
	湖北	2 631	2 847	2 984	3 092	3 161	3 238	3 327	3 419	3 500	3 568
	湖南	2 767	2 845	2 975	3 097	3 209	3 320	3 451	3 599	3 747	3 865
乡村人口数（万人）	山西	1 851	1 857	1 808	1 760	1 722	1 686	1 648	1 612	1 579	1 546
	安徽	3 550	3 395	3 294	3 204	3 144	3 093	3 041	2 975	2 909	2 865
	江西	2 518	2 496	2 437	2 364	2 312	2 261	2 209	2 154	2 098	2 044
	河南	5 910	5 784	5 579	5 415	5 290	5 171	5 039	4 909	4 764	4 638
	湖北	3 089	2 881	2 774	2 687	2 638	2 578	2 525	2 466	2 402	2 349
	湖南	3 639	3 725	3 621	3 542	3 482	3 417	3 331	3 223	3 113	3 034

注：数据来自中部六省相应年份的统计年鉴，其中2018年数据来自相应省份的统计公报。

参 考 文 献

[1] 蔡辉. 城镇化背景下失地农民养老保障问题研究 [D]. 山东大学, 2010.

[2] 曾红颖. 我国基本公共服务均等化标准体系及转移支付效果评价 [J]. 经济研究, 2012 (6).

[3] 陈利锋, 钟玉婷. 人口老龄化对积极财政政策有效性的影响——兼析延迟退休的宏观经济效应 [J]. 西部论坛, 2019 (4).

[4] 陈宁. 全面二孩政策实施对我国人口老龄化的影响研究 [J]. 华中科技大学学报（社会科学版）, 2017, 31 (2).

[5] 陈卫. 中国未来人口发展趋势: 2005~2050 年 [J]. 人口研究, 2006 (4).

[6] 陈晓凯. 我国城镇化中的基本公共服务均等化研究 [D]. 山东师范大学, 2015.

[7] 陈彦斌, 陈小亮. 人口老龄化对中国城镇住房需求的影响 [J]. 经济理论与经济管理, 2013 (5).

[8] 城镇化进程中的农村养老服务研究课题组. 城镇化进程中农村养老供给现状及困境分析——以安徽为例 [J]. 老龄科学研究, 2014 (3).

[9] 崔治文, 韩清. 基本公共服务均等化水平与城镇化互动关系研究 [J]. 华中农业大学学报（社会科学版）, 2016 (2).

[10] 戴建兵. 我国人口老龄化程度以及老年人口量与质的实证分析——基于"四普"、"五普"和"六普"数据 [J]. 兰州学刊, 2017 (2).

[11] 戴稳胜. 农村城镇化进程中解决农村养老问题研究 [J]. 管理世界, 2015 (9).

[12] 邓金钱. 政府主导、人口流动与城乡收入差距 [J]. 中国人口·资源与环境, 2017, 27 (2).

[13] 邓睿. 健康权益可及性与农民工城市劳动供给——来自流动人口动态监测的证据 [J]. 中国农村经济, 2019 (4).

[14] 丁学洲. 国防人口长期均衡发展研究 [J]. 人口研究, 2014 (5).

[15] 杜春林, 张新文. 乡村公共服务供给: 从"碎片化"到"整体性" [J]. 农业经济问题, 2015, 36 (7).

[16] 杜群阳, 俞航东. 2003～2015年中国城市劳动力技能互补、收入水平与人口城镇化 [J]. 地理科学, 2019 (4).

[17] 范和生, 唐惠敏. 新常态下农村公共服务的模式选择与制度设计 [J]. 吉首大学学报（社会科学版）, 2016, 37 (1).

[18] 范毅. 城区人口降低不代表城市活力下降 [N]. 北京日报, 2019 - 04 - 29 (14).

[19] 冯怡琳. 中国城镇多维贫困状况与影响因素研究 [J]. 调研世界, 2019 (4).

[20] 伏润民, 常斌, 缪小林. 我国地区间公共事业发展成本差异评价研究 [J]. 经济研究, 2010, 45 (4).

[21] 耿志祥, 孙祁祥. 人口老龄化、延迟退休与二次人口红利 [J]. 金融研究, 2017 (1).

[22] 龚文海. 中原经济区人口长期均衡发展评价模型及实证研究 [J]. 地域研究与开发, 2014 (2).

[23] 辜胜阻, 曹冬梅, 韩龙艳. "十三五"中国城镇化六大转型与健康发展 [J]. 中国人口·资源与环境, 2017, 27 (4).

[24] 辜胜阻, 吴华君, 曹冬梅. 构建科学合理养老服务体系的战略思考与建议 [J]. 人口研究, 2017, 41.

[25] 郭显超, 张俊良. 人口城市化的均衡发展状况研究——以北上广为例 [J]. 生态经济, 2016 (12).

[26] 郭小聪, 代凯. 国内近五年基本公共服务均等化研究: 综述与评估 [J]. 中国人民大学学报, 2013, 27 (1).

[27] 郭震威、王颖, 从人口转变到人口均衡 [J]. 人口研究, 2016 (1).

[28] 郭志刚. 清醒认识中国低生育率风险 [J]. 国际经济评论, 2015 (2).

[29] 郭志刚. 中国低生育进程的主要特征——2015年1%人口抽样调查结果的启示 [J]. 中国人口科学, 2017 (4).

[30] 郭志刚. 重新认识中国的人口形势 [J]. 国际经济评论, 2012 (1).

[31] 国家人口发展战略研究课题组. 国家人口发展战略研究报告 [J]. 人口与计划生育, 2007 (3).

[32] 韩华为, 高琴. 中国农村低保制度的保护效果研究——来自中国家庭追踪调查（CFPS）的经验证据 [J]. 公共管理学报, 2017, 14 (2).

[33] 韩玥. 我国人口发展战略研究 [J]. 国家行政学院学报, 2016 (5).

[34] 韩增林, 李彬, 张坤领. 中国城乡基本公共服务均等化及其空间格局分析 [J]. 地理研究, 2015, 34 (11).

[35] 何艳冰. 精准扶贫要求下农村职业教育发展新路径 [J]. 继续教育研究, 2017 (3).

[36] 洪秀敏, 朱文婷. 二孩时代生还是不生？——独生父母家庭二孩生育意愿及影响因素探析 [J]. 北京社会科学, 2017 (5).

[37] 侯亚非. 人口城市化与构建人口均衡型社会 [J]. 人口研究, 2010 (6).

[38] 胡鞍钢, 刘生龙, 马振国. 人口老龄化、人口增长与经济增长——来自中国省际面板数据的实证证据 [J]. 人口研究, 2012, 36 (3).

[39] 胡美娟. 中国生育政策调整与人口发展分析 [J]. 西北人口, 2015, 36 (3).

[40] 皇甫小雷. 新型城镇化对农村养老服务业发展的双重效应及其对策——以河南省为例 [J]. 中国统计, 2015 (10).

[41] 黄强, 刘滨, 刘顺伯. 江西省精准扶贫绩效评价体系构建及实证研究——基于AHP法 [J]. 调研世界, 2019 (4).

[42] 黄荣清. 中国各民族人口发展状况的度量 [J]. 人口学刊, 2009 (6).

[43] 贾晓俊, 岳希明, 王怡璞. 分类拨款、地方政府支出与基本公共服务均等化——兼谈我国转移支付制度改革 [J]. 财贸经济, 2015 (4).

[44] 姜晓萍, 吴菁. 国内外基本公共服务均等化研究述评 [J]. 上海行政学院学报, 2012, 13 (5).

[45] 蒋彧, 全梦贞. 中国人口结构、养老保险与居民消费 [J]. 经济经纬, 2018, 35 (1).

[46] 蒋远营, 王想. 人口发展方程模型在我国人口预测中的应用 [J]. 统计与决策, 2011 (15).

[47] 靳卫东, 宫杰婧, 尹义龙. 我国人口的社会结构失衡：理论机

制与经验事实［J］. 财经研究，2017，43（4）.

［48］孔雪松，谢世姣，朱思阳，何义国，银超慧. 湖北省人口—土地—产业城镇化的时空分异与动态耦合分析［J］. 经济地理，2019（4）.

［49］蓝相洁，文旗. 城乡基本公共服务均等化：理论阐释与实证检验［J］. 中南财经政法大学学报，2015（6）.

［50］黎红梅，文杰. 基于农地视角的城乡人口双向融合阻碍及影响机制分析［J］. 西北人口，2019（3）.

［51］李阿萌，张京祥. 城乡基本公共服务设施均等化研究评述及展望［J］. 规划师，2011，27（11）.

［52］李斌，李拓，朱业. 公共服务均等化、民生财政支出与城市化——基于中国286个城市面板数据的动态空间计量检验［J］. 中国软科学，2015（6）.

［53］李国平，罗心然. 京津冀地区人口与经济协调发展关系研究［J］. 地理科学进展，2017，36（1）.

［54］李国平. 特大城市人口均衡发展及其举措研究——以北京为例［C］. 北京论坛（2013）文明的和谐与共同繁荣——回顾与展望.

［55］李焕，黄贤金，金雨泽，张鑫. 长江经济带水资源人口承载力研究［J］. 经济地理，2017，37（1）.

［56］李徽. 人口均衡发展中社会保障研究——以昆明市为例［J］. 云南行政学院学报，2014（6）.

［57］李佳洺，陆大道，徐成东，李扬，陈明星. 胡焕庸线两侧人口的空间分异性及其变化［J］. 地理学报，2017，72（1）.

［58］李嘉楠，游伟翔，孙浦阳. 外来人口是否促进了城市房价上涨？——基于中国城市数据的实证研究［J］. 南开经济研究，2017（1）.

［59］李建民. 中国的人口新常态与经济新常态［J］. 人口研究，2015，39（1）.

［60］李建新，杨珏，姜楠. 结构差异视角下的新疆人口转变［J］. 西北人口，2019（3）.

［61］李江涛. 建设人口均衡型社会推进国家人口发展战略转型［J］. 国家行政学院学报，2011（6）.

［62］李金哲. 困境与路径：以新乡贤推进当代乡村治理［J］. 求实，2017（6）.

［63］李进涛，刘彦随，杨园园，刘继来. 1985~2015年京津冀地区城

市建设用地时空演变特征及驱动因素研究［J］. 地理研究, 2018, 37 (1).

［64］李俊, 方鹏骞, 陈王涛, 陶思羽, 乐虹. 经济发展水平、人口老龄化程度和医疗费用上涨对我国医保基金支出的影响分析［J］. 中国卫生经济, 2017, 36 (1).

［65］李玲, 颜慧. 从全面放开二胎政策看我国人口均衡发展的影响因素及对策［J］. 统计与管理, 2017 (6).

［66］李敏芳. 随迁老人城市适应性新探［J］. 城市学刊, 2017 (3).

［67］李拓, 李斌, 余曼. 财政分权、户籍管制与基本公共服务供给——基于公共服务分类视角的动态空间计量检验［J］. 统计研究, 2016, 33 (8).

［68］李小建, 杨慧敏. 中原城市群产城协调发展分析［J］. 区域经济评论, 2017 (4).

［69］李一花, 李静, 张芳洁. 公共品供给与城乡人口流动——基于285个城市的计量检验［J］. 财贸研究, 2017 (5).

［70］李怡涵, 牛叔文, 沈义, 胡莉莉. 中国人口发展对家庭生活基本能耗及碳排放的影响分析［J］. 资源科学, 2014, 36 (5).

［71］李永红. 以基本公共服务均等化推进"人"的城镇化——基于陕西省31个重点示范镇建设实践的调查与思考［J］. 理论导刊, 2014 (6).

［72］梁岩. 北京市人口均衡发展测度与综合评价分析［J］. 商业经济研究, 2015 (16).

［73］林宝. 中国农村人口老龄化的趋势、影响与应对［J］. 西部论坛, 2015, 25 (2).

［74］刘华军, 何礼伟, 杨骞. 中国人口老龄化的空间非均衡及分布动态演进: 1989~2011［J］. 人口研究, 2014, 38 (2).

［75］刘穷志, 何奇. 人口老龄化、经济增长与财政政策［J］. 经济学（季刊）, 2013, 12 (1).

［76］刘修岩, 李松林, 秦蒙. 城市空间结构与地区经济效率——兼论中国城镇化发展道路的模式选择［J］. 管理世界, 2017 (1).

［77］陆杰华, 郭冉. 从新国情到新国策: 积极应对人口老龄化的战略思考［J］. 国家行政学院学报, 2016 (5).

［78］陆杰华, 张芳, 汤澄. 顺应经济发展新常态 引领人口发展新格局——中国人口学会2015年年会综述［J］. 人口研究, 2015, 39 (6).

［79］陆杰华. 新时代积极应对人口老龄化顶层设计的主要思路及其

战略构想[J]. 人口研究, 2018, 42 (1).

[80] 逯进, 苏妍. 人力资本、经济增长与区域经济发展差异——基于半参数可加模型的实证研究[J]. 人口学刊, 2017, 39 (1).

[81] 马馼, 秦光荣, 何晔晖, 王乃坤, 李路, 郑功成, 于建伟, 刘新华, 朱恒顺, 杜榕. 关于应对人口老龄化与发展养老服务的调研报告[J]. 社会保障评论, 2017, 1 (1).

[82] 马雪松. 结构、资源、主体：基本公共服务协同治理[J]. 中国行政管理, 2016 (7).

[83] 莫龙. 人口老龄化对中国人口发展战略的制约及对策[J]. 人口与发展, 2013, 19 (1).

[84] 莫龙. 中国的人口老龄化经济压力及其调控[J]. 人口研究, 2011, 35 (6).

[85] 牟新娣, 李秀婷, 董纪昌, 董志, 朱琳琳. 老龄化对房价的影响机制：基于中国的实证研究[J]. 系统工程理论与实践, 2019 (4).

[86] 穆光宗. 构筑人口均衡发展型社会[J]. 北京大学学报（哲学社会科学版）, 2011 (3).

[87] 穆光宗, 武继磊, 张敏才, 姜军, 潘宪君, 刘文, 洪毅. 超低生育率阶段的区域人口发展战略[J]. 人口学刊, 2008 (6).

[88] 穆光宗. "全面二孩"政策实施效果和前景[J]. 中国经济报告, 2017 (1).

[89] 穆光宗. 对人口安全大势的几点认识[J]. 北京工业大学学报（社会科学版）, 2016, 16 (4).

[90] 穆光宗. 中国人口转变的风险前瞻[J]. 浙江大学学报（人文社会科学版）, 2006 (6).

[91] 倪红日, 张亮. 基本公共服务均等化与财政管理体制改革研究[J]. 管理世界, 2012 (9).

[92] 宁光杰, 段乐乐. 流动人口的创业选择与收入——户籍的作用及改革启示[J]. 经济学（季刊）, 2017, 16 (2).

[93] 宁莜. 快速城镇化时期山东村镇基本公共服务设施配置研究[D]. 天津大学, 2013.

[94] 庞亚威, 朱运亮, 李丽, 任远. 人口老龄化和城镇化背景下农村养老资源的配置现状及问题研究[J]. 江西农业学报, 2016, 28 (10).

[95] 彭希哲, 胡湛. 公共政策视角下的中国人口老龄化[J]. 中国

社会科学, 2011 (3).

[96] 钱程. 我国省际人口流动与地区经济发展的均衡性研究 [D]. 首都经济贸易大学, 2014.

[97] 邱晓东, 吴福象. 外来人口、产业结构与房地产市场调控 [J]. 经济与管理研究, 2017, 38 (2).

[98] 人口长期均衡发展课题组. 以科学发展为主导, 构建人口均衡型社会 [J]. 人口研究, 2010 (5).

[99] 任远. 中国人口格局的转变和新人口发展战略的构造 [J]. 学海, 2016 (1).

[100] 申秋红. 印度人口发展状况与人口政策 [J]. 人口学刊, 2014, 36 (1).

[101] 宋言奇. 城镇化进程中集中居家养老的发展 [J]. 苏州大学学报 (哲学社会科学版), 2012 (5).

[102] 孙嘉临. 新型城镇化背景下西部地区农村养老体系构建 [D]. 西北大学, 2016.

[103] 孙鹃娟, 沈定. 中国老年人口的养老意愿及其城乡差异——基于中国老年社会追踪调查数据的分析 [J]. 人口与经济, 2017 (2).

[104] 孙军涛, 牛俊杰, 张侃侃, 邵秀英. 山西省传统村落空间分布格局及影响因素研究 [J]. 人文地理, 2017, 32 (3).

[105] 田雪原, 王金营, 李文. "软着陆": 中国人口发展战略的理性选择 [J]. 社会科学战线, 2005 (2).

[106] 童光辉, 赵海利. 新型城镇化进程中的基本公共服务均等化: 财政支出责任及其分担机制——以城市非户籍人口为中心 [J]. 经济学家, 2014 (11).

[107] 万东升, 周孟亮. 新型城镇化进程中城镇基本公共服务的金融支持理念 [J]. 安徽农业大学学报 (社会科学版), 2014 (6).

[108] 汪伟, 艾春荣. 人口老龄化与中国储蓄率的动态演化 [J]. 管理世界, 2015 (6).

[109] 汪伟, 刘玉飞, 彭冬冬. 人口老龄化的产业结构升级效应研究 [J]. 中国工业经济, 2015 (11).

[110] 汪伟. 人口老龄化、生育政策调整与中国经济增长 [J]. 经济学 (季刊), 2017, 16 (1).

[111] 王锋, 李紧想, 陈进国, 刘娟, 吴从新. 人口密度、能源消

费与绿色经济发展——基于省域面板数据的经验分析 [J]. 干旱区资源与环境, 2017, 31 (1).

[112] 王桂新, 干一慧. 中国的人口老龄化与区域经济增长 [J]. 中国人口科学, 2017 (3).

[113] 王金营, 戈艳霞. 全面二孩政策实施下的中国人口发展态势 [J]. 人口研究, 2016, 40 (6).

[114] 王录仓, 武荣伟, 李巍. 中国城市群人口老龄化时空格局 [J]. 地理学报, 2017, 72 (6).

[115] 王敏, 文红梅, 卿锦威. 城镇化对我国农村人口养老保障的影响及对策 [J]. 重庆社会科学, 2006 (1).

[116] 王敏, 杨宇霞. 城镇化进程中失地农民养老保障问题研究 [J]. 重庆社会科学, 2006 (4).

[117] 王培安. 鼓励按政策生育促进人口长期均衡发展 [J]. 人口研究, 2017, 41 (4).

[118] 王培安. 人口新形势与人口研究 [J]. 人口研究, 2016, 40 (5).

[119] 王平, 谢守红, 沈佳涛. 专业市场经营户的市民化意愿及影响因素研究 [J]. 经济地理, 2019 (4).

[120] 王浦劬. 政府向社会力量购买公共服务的改革意蕴论析 [J]. 吉林大学社会科学学报, 2015, 55 (4).

[121] 王盛, 黄芝兰, 白雨晨. 产业结构、外来人口结构与房地产价格的关系 [J]. 华东师范大学学报 (哲学社会科学版), 2017, 49 (1).

[122] 王曙光, 王丹莉. 中国扶贫开发政策框架的历史演进与制度创新 (1949~2019) [J]. 社会科学战线, 2019 (5).

[123] 王文刚, 孙桂平, 张文忠, 王利敏. 京津冀地区流动人口家庭化迁移的特征与影响机理 [J]. 中国人口·资源与环境, 2017, 27 (1).

[124] 王晓峰, 温馨. 劳动权益对农民工市民化意愿的影响——基于全国流动人口动态监测 8 城市融合数据的分析 [J]. 人口学刊, 2017, 39 (1).

[125] 王晓洁, 王丽. 财政分权、城镇化与城乡居民养老保险全覆盖——基于中国 2009~2012 年省级面板数据的分析 [J]. 财贸经济, 2015 (11).

[126] 王晓玲. 我国省区基本公共服务水平及其区域差异分析 [J]. 中南财经政法大学学报, 2013 (3).

[127] 王学彬, 郑家鲲. 基本公共体育服务标准化建设: 内容、困境与策略 [J]. 体育科学, 2015, 35 (9).

[128] 王媛媛, 李翔. 基于人口统计学的改进聚类模型协同过滤算法 [J]. 计算机科学, 2017, 44 (3).

[129] 王振军. 新形势下城乡居民社会养老保险的优化设计 [J]. 人口与经济, 2017 (1).

[130] 王志宝, 孙铁山, 李国平. 近20年来中国人口老龄化的区域差异及其演化 [J]. 人口研究, 2013, 37 (1).

[131] 王志宝, 孙铁山, 张杰斐. 人口老龄化区域类型划分与区域演变分析——以中美日韩四国为例 [J]. 地理科学, 2015, 35 (7).

[132] 魏福成, 胡洪曙. 我国基本公共服务均等化: 评价指标与实证研究 [J]. 中南财经政法大学学报, 2015 (5).

[133] 魏后凯. 当前"三农"研究的十大前沿课题 [J]. 中国农村经济, 2019 (4).

[134] 吴帆. 家庭政策是促进人口均衡发展的重要途径 [N]. 中国人口报, 2017-07-10.

[135] 吴节. 新型城镇化进程中红河州基本公共服务均等化研究 [J]. 云南农业大学学报 (社会科学版), 2015 (5).

[136] 吴靖南. 乡村旅游精准扶贫实现路径研究 [J]. 农村经济, 2017 (3).

[137] 吴业苗. "人的城镇化"困境与公共服务供给侧改革 [J]. 社会科学, 2017 (1).

[138] 吴玉鸣. 中国人口发展演变趋势的分形分析 [J]. 中国人口科学, 2005 (4).

[139] 武力超, 林子辰, 关悦. 我国地区公共服务均等化的测度及影响因素研究 [J]. 数量经济技术经济研究, 2014, 31 (8).

[140] 熊湘辉, 徐璋勇. 中国新型城镇化水平及动力因素测度研究 [J]. 数量经济技术经济研究, 2018, 35 (2).

[141] 徐传谌, 王鹏, 崔悦, 齐文浩. 城镇化水平、产业结构与经济增长——基于中国2000~2015年数据的实证研究 [J]. 经济问题, 2017 (6).

[142] 徐辉, 杨烨. 人口和产业集聚对环境污染的影响——以中国的100个城市为例 [J]. 城市问题, 2017 (1).

[143] 许庆, 刘进, 钱有飞. 劳动力流动、农地确权与农地流转

[J]. 农业技术经济, 2017 (5).

[144] 杨成洲. 高原民族地区人口流动特征与模式研究——基于西藏自治区的考察 [J]. 干旱区资源与环境, 2019 (7).

[145] 杨菊华, 陈卫, 彭希哲. 中国离极低生育率还有多远? [J]. 人口研究, 2008 (3).

[146] 杨利春. 从"全面二孩"看人口均衡发展 [N]. 中国人口报, 2016-05-16.

[147] 杨书章, 王广州. 孩次性别递进人口发展模型及孩次性别递进指标体系 [J]. 中国人口科学, 2006 (2).

[148] 杨苏琳. 新型城镇化进程中云南省建水县曲江镇政府基本公共服务供给问题研究 [D]. 云南大学, 2015.

[149] 杨宜勇, 邢伟. 公共服务体系的供给侧改革研究 [J]. 人民论坛·学术前沿, 2016 (5).

[150] 姚锟茜. 城镇化背景下拆迁安置社区养老服务体系创新研究 [D]. 西南财经大学, 2014.

[151] 姚磊. 新型城镇化进程中农村体育基本公共服务供给: 有限性与有效性 [J]. 北京体育大学学报, 2015 (11).

[152] 姚尚建. 城乡一体中的治理合流——基于"特色小镇"的政策议题 [J]. 社会科学研究, 2017 (1).

[153] 尹栾玉. 基本公共服务: 理论、现状与对策分析 [J]. 政治学研究, 2016 (5).

[154] 尹鹏, 李诚固, 陈才, 段佩利. 新型城镇化情境下人口城镇化与基本公共服务关系研究——以吉林省为例 [J]. 经济地理, 2015, 35 (1).

[155] 尹鹏, 刘继生, 陈才. 东北地区资源型城市基本公共服务效率研究 [J]. 中国人口·资源与环境, 2015, 25 (6).

[156] 尹彦文. 新型城镇化进程中基本公共服务均等化的路径选择 [J]. 西安建筑科技大学学报 (社会科学版), 2015 (3).

[157] 于潇, 孙悦. "互联网+养老": 新时期养老服务模式创新发展研究 [J]. 人口学刊, 2017, 39 (5).

[158] 于潇, 孙悦. 城镇与农村流动人口的收入差异——基于2015年全国流动人口动态监测数据的分位数回归分析 [J]. 人口研究, 2017, 41 (1).

[159] 余吉祥, 沈坤荣. 城市建设用地指标的配置逻辑及其对住房市场的影响 [J]. 经济研究, 2019 (4).

[160] 郁建兴,秦上人.论基本公共服务的标准化 [J].中国行政管理,2015 (4).

[161] 袁丹,欧向军,唐兆琪.东部沿海人口城镇化与公共服务协调发展的空间特征及影响因素 [J].经济地理,2017,37 (3).

[162] 原新.我国生育政策演进与人口均衡发展——从独生子女政策到全面二孩政策的思考 [J].人口学刊,2016,38 (5).

[163] 翟振武,陈佳鞠,李龙.2015~2100年中国人口与老龄化变动趋势 [J].人口研究,2017,41 (4).

[164] 翟振武,郑睿臻.人口老龄化与宏观经济关系的探讨 [J].人口研究,2016,40 (2).

[165] 张车伟,林宝."十三五"时期中国人口发展面临的挑战与对策 [J].湖南师范大学社会科学学报,2015,44 (4).

[166] 张车伟.区域治理视域下人口发展策略研究 [J].南京社会科学,2016 (4).

[167] 张航空.人口流动对中国不同省份人口老龄化的影响 [J].人口学刊,2015,37 (1).

[168] 张明珠.新型城镇化下基本公共服务均等化探讨 [J].宏观经济管理,2016 (2).

[169] 张善余.世界大都市圈的人口发展及特征分析 [J].城市规划,2003 (3).

[170] 张为杰,谭树心.城镇化进程中非农产业发展对基本公共服务水平的影响——以辽宁省为例 [J].农业经济,2017 (8).

[171] 张维庆.尊重科学规律 把握时代脉搏 努力探索中国特色统筹解决人口问题的道路 [J].人口研究,2007 (3).

[172] 张晓杰.新型城镇化与基本公共服务均等化的政策协同效应研究 [J].经济与管理,2013,27 (11).

[173] 赵林,张宇硕,焦新颖,吴迪,吴殿廷.河南省基本公共服务质量空间格局与空间效应研究 [J].地理科学,2016,36 (10).

[174] 赵彦博.城镇化与基本公共服务供给的协调度研究 [D].天津财经大学,2014.

[175] 赵梓渝,魏冶,王士君,庞瑞秋.有向加权城市网络的转变中心性与控制力测度——以中国春运人口流动网络为例 [J].地理研究,2017,36 (4).

[176] 郑红, 李英, 李勇. 引入社区货币对互助养老时间储蓄的作用机理——应对人口老龄化的金融创新 [J]. 财经研究, 2019 (5).

[177] 郑伟, 林山君, 陈凯. 中国人口老龄化的特征趋势及对经济增长的潜在影响 [J]. 数量经济技术经济研究, 2014, 31 (8).

[178] 郅庭瑾, 尚伟伟. 新型城镇化背景下义务教育基本公共服务均等的现实困境与政策构想 [J]. 华东师范大学学报 (教育科学版), 2015 (2).

[179] 钟无涯, 鲁志国. 一种基于劳动生产率的就业人口预测方法 [J]. 统计与决策, 2014 (19).

[180] 钟无涯. 深圳主导产业选择研究 [J]. 北京: 社会科学文献出版社, 2016.

[181] 钟奕纯, 冯健. 城市迁移人口居住空间分异——对深圳市的实证研究 [J]. 地理科学进展, 2017, 36 (1).

[182] 周炎炎. 城市人口均衡发展测度指标体系模型与实证 [J]. 统计与决策, 2015 (24).

[183] 朱梦冰, 李实. 精准扶贫重在精准识别贫困人口——农村低保政策的瞄准效果分析 [J]. 中国社会科学, 2017 (9).

[184] 庄晓丹, 范洪保, 孙岩. "人口倒挂"村社会治理的困境与突破——以东部沿海地区 H 市为例 [J]. 北京科技大学学报 (社会科学版), 2019, 35 (2).

[185] 卓乘风, 邓峰. 人口老龄化、区域创新与产业结构升级 [J]. 人口与经济, 2018 (1).

[186] 总报告起草组, 李志宏. 国家应对人口老龄化战略研究总报告 [J]. 老龄科学研究, 2015, 3 (3).

[187] 邹纯青. 新型城镇化之农村医养结合养老模式探析 [J]. 管理观察, 2015 (21).

[188] 邹湘江, 吴丹. 人口流动对农村人口老龄化的影响研究——基于"五普"和"六普"数据分析 [J]. 人口学刊, 2013, 35 (4).

[189] World Bank. World Development Indicators [R]. 2014.

[190] World Bank. Global economic prospects [R]. 2018.

[191] United Nations. World Population Prospects (The 2008 Revision.) [R]. 2015. http://www.un.org/esa/population.

[192] Organisation for Economic Co-Operation and Development (OECD). OECD Economic Surveys [R]. 2005.